CONTENIDO

AGRADECIMIENTOS

Le agradezco a mi preciosa familia, Curt, Grace y Joy, por su apoyo, aliento y amor. También le agradezco a mi papá, Garry Kinder por sus palabras positivas y su ejemplo que han sido una influencia poderosa en mi vida.

Gracias, a mis queridas amigas y a mi dulce hermana por sus oraciones, anécdotas y consejos.

Le doy las gracias a Howard Publishing y Casa Creación por su sostenida excelencia en la producción de literatura cristiana de calidad.

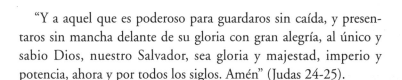

"Y a aquel que es poderoso para guardaros sin caída, y presentaros sin mancha delante de su gloria con gran alegría, al único y sabio Dios, nuestro Salvador, sea gloria y majestad, imperio y potencia, ahora y por todos los siglos. Amén" (Judas 24-25).

¿No es maravilloso que nadie tenga que esperar ni un momento para comenzar a mejorar el mundo?

—Ana Frank

LA AVENTURA MÁS GRANDE

**Vive la vida como una expresión entusiasta
del Dios que vive dentro de ti**

Vive llena de un entusiasmo persistente.
—Florence Nightingale

¿Eres una mujer positiva? Quiero decir: ¿quieres avanzar en una dirección positiva y producir un impacto positivo y duradero en la vida de los que te rodean?

A veces pensamos que una mujer positiva es una mujer alegre y segura de sí que tiene una vida perfecta. Pero quiero confesarte un secreto: *No todo el tiempo soy segura y alegre, y mi vida y mis circunstancias no son perfectas.* (Sé que también es tu secreto. No te preocupes, no se lo voy a decir a nadie.) Las buenas noticias son que no tenemos que ser perfectas, porque tenemos un Dios perfecto que puede usar nuestras imperfecciones de una manera positiva, poderosa y eterna. Podemos ser mujeres positivas sencillamente por nuestra decisión de permitir que el poder y la fuerza de Dios fluyan a través de nosotras. Podemos elegir ver la mano de Dios obrar en nuestra vida y en las circunstancias que nos rodean.

Hace poco, encontré un escrito que llevaba por título "Los diez mandamientos para tener una vida infeliz". Nos puede servir como un recordatorio gracioso de lo que necesitamos tomar en cuenta para nuestras decisiones diarias: ¿Disfrutaremos los desafíos y los dones que la vida nos trae, o vamos a quejarnos y a deprimirnos a lo largo del proceso? ¿Seremos mujeres llenas de esperanza o de resentimiento?

LOS DIEZ MANDAMIENTOS PARA TENER UNA VIDA INFELIZ

1. Te aferrarás a la amargura y al enojo.
2. Nunca tendrás demasiada amistad con nadie. Harás que tus relaciones sean superficiales.
3. Llevarás una expresión sombría en tu rostro en todo tiempo.
4. Dejarás de lado la diversión e infligirás a otros lo que alguna vez te haya sido infligido.
5. Te quejarás de los detalles, y te olvidarás de ver todo el panorama.
6. Ignorarás las necesidades de los demás, y solo pensarás en las propias.
7. Apartarás tiempo para sentir lástima de ti misma, e invitarás a otros para que te ayuden a hacerlo.
8. No tomarás vacaciones.
9. Esperarás lo peor de todas las situaciones, culparás y avergonzarás a los de tu alrededor por todo y tendrás siempre presentes las debilidades, faltas y temores de los demás.
10. Estarás en control de las situaciones todo el tiempo, sin importar el precio.[1]

No sé tú, pero en la aventura más grande de la vida, ¡yo quiero estar llena de gozo durante el viaje, y no de depresión y resentimiento! Quiero que mi vida avance en una dirección positiva. Y, ya que estás leyendo este libro, creo que tú también.

En los capítulos siguientes vamos a explorar siete principios que, si los aplicamos, pueden convertirnos en mujeres positivas: mujeres que avancen en una dirección positiva y que dejen una marca positiva en su familia, su comunidad, su iglesia y su mundo. Estos son principios poderosos porque son principios *bíblicos*. Además de encontrar citas maravillosas, pasajes bíblicos estupendos y mensajes de motivación diseñados para animarte y fortalecerte, vas a leer historias verdaderas de mujeres que con su vida han ejemplificado estos principios. Algunas historias provienen de la Biblia, mientras que otras tratan acerca de mujeres famosas de la historia contemporánea. Otras más son de mujeres poco conocidas que han experimentado la fuerza de Dios de una manera poderosa y que permanecen como ejemplos vivos para todas nosotras.

Cada capítulo termina con una sección llamada "Punto de poder" que te permite usar este libro para tu crecimiento personal o para estudiarlo con otras mujeres de tu iglesia o de tu comunidad. En cada "Punto de poder" vas a encontrar un pasaje bíblico y varias preguntas para meditar. ¡No dejes pasar la oportunidad! Tan bueno como es leer un libro, creo que todavía es mejor meditar en las ideas que se presentan en el texto así como en sus implicaciones. Cuando era niña, una de mis maestras favoritas de escuela dominical vivía en una intersección única en la ciudad de Dallas; vivía en el cruce de las calles Meditación y Reflexión. Creo que, metafóricamente, todas deberíamos de vivir en esa esquina. Necesitamos darnos el tiempo de reflexionar y meditar en las maravillosas palabras que Dios nos habla.

Cada "Punto de poder" también incluye un versículo sugerido para que lo memorices y lo guardes en tu corazón. (En el Capítulo 5 presento una manera sencilla de memorizar la Escritura). Además cuenta con un plan de acción para estimularte a aplicar lo que acabas de aprender. Estoy segura de que vas a ver que estas aplicaciones son sencillas, útiles e incluso divertidas. Este libro tiene el propósito de ser una inyección de energía a tu espíritu. Es fácil de leer, pero contiene verdades profundas. Lo que leas puede cambiar tu estilo de vida, si tú así lo decides.

Quizá te estés preguntando: "¿Puede alguna mujer en realidad ser una mujer positiva? ¿Puede alguien que tiende a ser negativa, temerosa y melancólica cambiar su actitud y su manera de ver la vida?". ¡Sí! ¡Sí! ¡Sí! Cada mujer tiene el potencial de ser una mujer positiva, porque cada una de nosotras tiene la oportunidad de invitar a Dios a obrar en nuestro ser. Tenemos la opción de poner nuestros ojos en nuestro maravilloso Padre celestial y buscar su salvación, su poder y su fuerza. Después de todo, las cualidades de una mujer positiva son las cualidades de nuestro asombroso Dios. Mientras Dios vaya trabajando en nosotras, y a través de nosotras, podrá moldearnos a su imagen. Y esa es la clave: La obra es de Dios, no nuestra.

El salmista reconoció las cualidades positivas de Dios cuando declaró:

Como todas las cosas que pertenecen a la vida y a la piedad nos han sido dadas por su divino poder, mediante el conocimiento de aquel que nos llamó por su gloria y excelencia. —2 Pedro 1:3

Bendice, alma mía, a Jehová,
Y bendiga todo mi ser su santo nombre.
Bendice, alma mía, a Jehová,
Y no olvides ninguno de sus beneficios.
El es quien perdona todas tus iniquidades,
El que sana todas tus dolencias;
El que rescata del hoyo tu vida,
El que te corona de favores y misericordias;
El que sacia de bien tu boca
De modo que te rejuvenezcas como el águila.
Jehová es el que hace justicia
Y derecho a todos los que padecen violencia.
Sus caminos notificó a Moisés,
Y a los hijos de Israel sus obras.
Misericordioso y clemente es Jehová;
Lento para la ira, y grande en misericordia.
No contenderá para siempre,
Ni para siempre guardará el enojo.
No ha hecho con nosotros conforme a nuestras iniquidades,
Ni nos ha pagado conforme a nuestros pecados.
Porque como la altura de los cielos sobre la tierra,
Engrandeció su misericordia sobre los que le temen.
Cuanto está lejos el oriente del occidente,
Hizo alejar de nosotros nuestras rebeliones.

—Salmo 103:1-12

¿No es maravilloso nuestro Padre celestial? Él desea amarnos, perdonarnos, y extendernos su gracia. Levanta nuestra vida del hoyo de nuestras circunstancias y nos corona con favores y misericordia. Amorosamente nos enseña como vivir de acuerdo con su rectitud. No guarda resentimientos. Es lento para la ira y satisface y renueva nuestro espíritu.

Como hijas de Dios, ¡tenemos razones para estar entusiasmadas con la vida! Me encanta esa palabra, *entusiasmo*. Tendemos a pensar que el entusiasmo es una emoción o una pasión, pero su significado original es "inspiración sobrenatural" o "poseída por Dios". De hecho, proviene de dos palabras griegas, *en theos,* que literalmente quieren decir: "Dios dentro de nosotros". ¡Por definición, las cristianas deberíamos ser entusiastas de manera automática!

¿Eso es lo que la gente a nuestro alrededor ve? ¿Pueden ver nuestro entusiasmo? ¿Pueden ver a Dios dentro de nosotras?

Ya que el temor, el dolor y la anarquía dominan nuestro mundo (en particular desde lo sucedido el 11 de septiembre), jamás ha existido un tiempo en el que sea tan importante que el amor de Dios brille a través de mujeres positivas. Si tú y yo decidimos vivir la vida como una expresión entusiasta del Dios que vive dentro de nosotras, nos convertiremos en faros que brillen con amor, fe, sabiduría, oración, gozo, valentía y esperanza en un mundo que necesita con desesperación esas cualidades. Y vamos a dejar la marca poderosa y positiva de Cristo en nuestro hogar, en nuestra comunidad y más allá.

Nunca subestimes el poder de una mujer positiva. ¡Y esa mujer puedes ser tú!

Retrato de una mujer positiva

Alumbra el mañana con el día de hoy.
—Elizabeth Barrett Browning

Y el mismo Jesucristo Señor nuestro, y Dios nuestro Padre, el cual nos amó y nos dio consolación eterna y buena esperanza por gracia, conforte vuestros corazones, y os confirme en toda buena palabra y obra.
—2 Tesalonicenses 2:16-17

ES COSA DE MUJERES

Disfruta las cualidades únicas de ser mujer

Te alabaré; porque formidables,
maravillosas son tus obras;
Estoy maravillado,
Y mi alma lo sabe muy bien.

—Salmo 139:14

Juguemos "Jeopardy" por unos momentos. ¿Qué tienen en común las siguientes actividades?

- Pasar una hora y media mirando herramientas en la ferretería.
- Jugar treinta y seis hoyos de golf bajo una temperatura de 40 °C.
- Sentarse en sillas metálicas bajo temperaturas de congelación para observar como dos grupos de personas se dan una paliza entre sí por una pelota color marrón.
- Usar el control remoto para saltar por diecisiete canales distintos en menos de diez segundos.
- Ponerse furioso cuando el control remoto está perdido o estratégicamente traspapelado.
- Pescar durante horas y decir un total de cinco palabras en todo ese tiempo.

Si tu respuesta es: "¿Qué actividades suelen disfrutar los hombres?", ¡acertaste! ¿Puedes creer que una gran cantidad de hombres consideran que esas actividades son realmente divertidas? Yo preferiría que me sacaran un diente; ¡por lo menos el dentista te inyecta anestesia para no sentir dolor! Aunque es difícil que nosotras comprendamos como es que alguien pueda disfrutar acostarse sobre la tierra congelada al amanecer para cazar gansos azules, por otro lado, los hombres no pueden siquiera sondear porque tantas mujeres:

- Caminan de un extremo al otro del centro comercial buscando los zapatos perfectos.
- Intercambian sus recetas favoritas mientras se toman una taza de café gourmet.
- Lloran en las películas románticas.
- Hablan y hablan de...
- Decoran durante horas álbumes de recortes y fotografías hasta las altas horas de la madrugada.
- Se inscriben a un club de jardinería, a un club de lectura o a un grupo semanal de juego social como el juego de los dados (Bunco™) o de algún juego de naipes.
- Van al baño en parejas después de cenar.
- Se retocan el maquillaje y el peinado cada tres horas.
- Tienen más de cinco pares de zapatos color negro.

Yo supongo que hay un cisma de comprensión entre ambos sexos que es demasiado grande como para poder salvarlo. Incluso en los primeros años de la niñez las diferencias entre niños y niñas son sumamente obvias. Nunca voy a olvidar el día en que llevé a mis hijas al cine a ver *La sirenita* de Disney. Por alguna razón desconocida, el proyector se descompuso, así que el gerente entró a la sala y anunció que tomaría unos quince minutos reparar el desperfecto.

Una vez que se encendió la luz, las niñas se quedaron sentadas en su lugar y esperaron con paciencia a que volviera a empezar la película. ¡No así los niños! De inmediato comenzaron a llenar los pasillos, corrían y jugaban mientras sus madres los perseguían. Cada uno de los niños que estaba jugando en los pasillos era varón (excepto una niña que la estaba persiguiendo su hermano). Fue uno de esos momentos cómicos en los que se puede observar la naturaleza humana, así como las destacadas diferencias innatas en la conducta y los intereses de los niños y las niñas. Debo admitir que una ráfaga de gratitud cruzó por mi mente al observar a algunas de las madres desventuradas: *¡Gracias, Señor, por darme niñas!* (no todas las niñas)

Las diferencias, por supuesto, no terminan en la infancia. En nuestra casa, mi esposo, Curt, y yo representamos dos puntos de vista distintos. La tarde ideal de Curt es cenar en casa, invitar a amigos para tomar el postre y sentarse a conversar durante horas. Mi tarde ideal es salir a cenar a un restaurante tranquilo; ayudarles a mis hijas con sus deberes escolares (sin tener que presionarlas); luego, recostarme para leer un buen libro, mientras tomo un pastelillo de chocolate y un vaso de leche, escuchando música clásica de fondo. (Por supuesto, esto último jamás ha sucedido; ¡pero sigo soñando con ello!)

En el momento de decidir dónde ir de vacaciones, la aventura ideal de Curt sería rentar un velero en el Caribe. Los cuatro seríamos la tripulación del barco, contrataríamos a un capitán experimentado y visitaríamos las islas que quisiéramos; cada una de ellas con un campo de golf en que él pudiera jugar. Mis vacaciones ideales serían irnos en un crucero de lujo (con suites de gran tamaño y comida de alta cocina) que visitara cinco o seis islas con el único propósito de ir de compras y tomar el sol en cada una de ellas.

No es necesario mencionar que Curt y yo tenemos que ceder bastante en nuestra relación. Pero nuestro matrimonio es tan fuerte y unido como lo es hoy porque conjugamos nuestras cualidades e intereses únicos. Nos equilibramos el uno al otro. Así es como funciona el matrimonio y la vida: Dios usa los diferentes dones, talentos, cualidades y debilidades de los hombres y las mujeres para hacer que este mundo sea mejor.

Yo digo: ¡Celebremos las diferencias! Aquilatemos nuestra singularidad como mujeres y reconozcamos que fuimos creadas con características femeninas distintivas.

DISTINTIVAMENTE FEMENINA

En este momento, toma unos minutos para pensar cómo definirías a una mujer. El diccionario Webster define *mujer* como: "persona adulta del sexo femenino, diferente de una niña o un hombre". ¡Discúlpenme, pero creo que Webster olvidó algunas diferencias importantes! Mi definición incluiría palabras como:

:)

Nuestro Creador diseñó a sus hijas para que fueran la gloria del hombre y las madres de los vivientes. Fuimos el toque final de su creación y la solución a la soledad de la humanidad. —Serita Jakes maternal, graciosa, ingeniosa, sensible, cariñosa, valiente y determinada. ¿Qué palabras le añadirías a esa definición? *amorosa*

Desde Eva a María hasta la madre Teresa, Dios ha tenido un plan único para las mujeres en este mundo. Nos creó con su propia definición en mente, para usar nuestras cualidades femeninas, así como nuestros defectos femeninos para pintar un cuadro eterno.

Considera la creación hermosa y llena de propósito de la primera mujer, Eva. En un pasaje fascinante de Génesis capítulo dos leemos: "Y dijo Jehová Dios: No es bueno que el hombre esté solo; le haré ayuda idónea para él" (Génesis 2:18). Qué interesante que todas las cosas que Dios había creado hasta ese punto habían sido declaradas "buenas". La luz, el agua, la atmósfera, la vegetación, los animales: todos eran buenos. El primer hombre, Adán, tenía comunión con Dios en un huerto paradisíaco perfecto. Podríamos pensar que Dios se detendría ahí. Pero no era bueno que el hombre estuviera solo. Dios, en su sabiduría, sabía que Adán necesitaba quien lo completara, quien lo ayudara. El mundo necesitaba un toque femenino.

Los versículos 21-22 dicen: "Entonces Jehová Dios hizo caer sueño profundo sobre Adán, y mientras éste dormía, tomó una de sus costillas, y cerró la carne en su lugar. Y de la costilla que Jehová Dios tomó del hombre, hizo una mujer, y la trajo al hombre". ¿No te parece interesante que Dios no formó a la mujer del polvo de la tierra como lo hizo con los animales y con el hombre? No, la mujer fue hecha del costado del hombre, con lo cual se demuestra nuestra igualdad con el hombre como seres humanos y, no obstante, nuestra creación separada y única como mujeres.

¡Que fascinante es notar que lo que dice la Biblia acerca de los seres humanos es opuesto de lo que dice de otras formas de vida! Génesis 1:27 nos dice que la humanidad fue creada a la misma imagen de Dios. Tanto el hombre como la mujer llevan la imagen y la semejanza de Dios. Pero mientras que tú y yo fuimos creadas a la semejanza de Dios, no somos *exactamente* iguales a Dios. Solo Cristo mismo es "el resplandor de su gloria, y la imagen misma de su sustancia" (Hebreos 1:3). ¿Cómo es que los humanos portamos la semejanza de nuestro Creador? El *Comentario exegético devocional a toda la Biblia por Matthew Henry* señala tres aspectos particulares:

El alma. Generalmente, el término alma se refiera a la voluntad, el entendimiento y el poder activo que se encuentra dentro de cada individuo. El alma es el espíritu inmortal e inteligente dentro de nosotras.

Posición y autoridad. Génesis 1:26 nos dice que los hombres y las mujeres tienen dominio o señorío sobre todos los seres vivos; que somos la representación de Dios para gobernar a las criaturas de la tierra. Ese es nuestro papel y nuestra posición de autoridad en este mundo. También tenemos autoridad sobre nosotras mismas, ya que se nos ha dado un libre albedrío. Tenemos el derecho de tomar decisiones. ¡Qué regalo tan profundo de Dios!

Pureza y virtud moral. Al principio yo no estaba de acuerdo con Matthew Henry en este punto. Sin embargo, al leerlo comencé a entender lo que estaba diciendo. Antes de que el pecado entrara al mundo, Adán y Eva veían las cosas de Dios con claridad. Su voluntad congeniaba con prontitud en todo con la voluntad de Dios, sin resistencia o reticencia. ¡El primer hombre y la primera mujer eran santos y felices; al mismo tiempo que llevaban la imagen de Dios sobre ellos! Es triste pensar acerca de nuestro origen como portadores de la imagen de Dios y darnos cuenta de la destrucción que ha traído el pecado sobre ella. Desde la caída hemos sido de naturaleza corrupta; pero gracias a Dios podemos vestirnos de un nuevo ser en Cristo.[1]

Dios formó a Eva, la madre de la humanidad, a su imagen y conforme a su plan perfecto. Como Adán, ella tenía un alma; se le dio un lugar de dominio y autoridad y reflejaba la pureza de Dios y su virtud moral. ¿Era perfecta? No; de hecho, fue la primera en sucumbir a la tentación. Pero Dios usó tanto sus cualidades como sus defectos con un propósito eterno.

Dios también nos creó a cada una de nosotras a su imagen. ¡Oh, qué pudiéramos tener en cuenta más su creación al tratar con los demás, y al tratar con nosotras mismas! Asgámonos de la verdad de qué Él nos hizo de una forma maravillosa. Y disfrutemos la herencia que tenemos como criaturas hechas de una manera especial, y diseñadas para un plan y un propósito únicos en este mundo.

CREADA CON UN PROPÓSITO

En la Biblia y a lo largo de la historia podemos leer acerca de mujeres que Dios ha usado para cumplir sus propósitos; algunas de una manera grande, y otras, al parecer, de una manera pequeña. Todas con sus cualidades individuales, todas con defectos personales. Cada una con un propósito divino. ¿Por qué Dios no usa solo hombres para hacer su obra? Porque algunas de esas tareas requieren las cualidades femeninas únicas que puso solo en la mujer.

Tomemos un paseo en carruaje por la historia y conozcamos a algunas de las mujeres que ejemplificaron ciertas cualidades que Dios utilizó de maneras perdurables y asombrosas.

Valentía. De acuerdo con el libro de Edith Deen *All the Women of the Bible* (Todas las mujeres de la Biblia), Débora fue "la única mujer en la Biblia que fue puesta en las alturas del poder político por el concenso del pueblo".[2] La valentía de Débora, como la de Juana de Arco, veintisiete siglos después, se basó en su fe en el Señor. Ella fue una consejera, una jueza, y una libertadora en tiempos de guerra. Cuando otros líderes tuvieron temor, ella guió a la nación de Israel a la batalla y a la victoria con estas palabras: "¿No ha salido Jehová delante de ti?" (Jueces 4:14). Relataré la historia de Débora con más detalle cuando consideremos a las mujeres valientes en el capítulo 13.

Lealtad. Rut es la imagen de la lealtad que permanece en circunstancias desfavorables. Cuando su marido judío murió y ella tuvo la libertad de volver con su propio pueblo, decidió quedarse con su suegra, Noemí, y seguir al Dios de Israel. Rut dijo la multicitada declaración: "No me ruegues que te deje, y me aparte de ti; porque a dondequiera que tú fueres, iré yo, y dondequiera que vivieres, viviré. Tu pueblo será mi pueblo, y tu Dios mi Dios" (Rut 1:16). ¡Gracias a su lealtad a Noemí Rut conoció a Booz, con quien se casó más tarde, y tuvo un hijo, Obed, el abuelo del rey David y miembro del linaje de Cristo!

Belleza. ¡La belleza de Ester salvó a su pueblo! Cuando el rey estaba buscando una nueva reina, Ester participó en el certamen de belleza real y ganó. Pero Ester tenía mucho más que solo belleza externa; ella demostró fortaleza, valentía, paciencia, sabiduría y fe. Cuando se publicó un decreto que decía que se matara a todos los judíos, Ester de una manera arrojada se presentó delante del rey y lo invitó a una serie de banquetes, y escogió con cuidado el momento para exponer su caso. Sus acciones tuvieron como resultado la salvación del pueblo judío, quienes hasta el día de hoy celebran esta victoria.

Pureza de corazón. "Entonces el ángel le dijo", a la mujer que llegaría a ser la madre de Jesús, "María, no temas, porque has hallado gracia delante de Dios" (Lucas 1:30). Humilde y pura, María fue altamente favorecida entre las mujeres al ser escogida por Dios como el recipiente para traer a su Hijo al mundo. Su respuesta a Gabriel revela su espíritu precioso: "He aquí la sierva del Señor; hágase conmigo conforme a tu palabra" (Lucas 1:38). Su corazón estaba dispuesto para servir a Dios, y estaba preparada para la gran obra que lograría con su vida. En su cántico de alabanza a Dios, una vez más vemos su pureza de corazón: "Engrandece mi alma al Señor; y mi espíritu se regocija en Dios mi Salvador. Porque ha mirado la bajeza de su sierva; pues he aquí, desde ahora me dirán bienaventurada todas las generaciones. Porque me ha hecho grandes cosas el Poderoso; santo es su nombre" (Lucas 1:46-49).

Organización. Como madre de diecinueve hijos, Susannah Wesley (1669-1742) reconoció la importancia de mantenerse organizada. Dedicó sus hijos a Dios, y se esforzó por pasar tiempo de manera individual con cada uno de ellos cada día. Sus "Trece reglas para criar hijos" son tan vigentes hoy como lo fueron hace doscientos años.[3] A causa de su corazón maternal y cariñoso, en combinación con la organización y la disciplina, sus hijos crecieron y cambiaron este mundo de una manera eterna. Quizá reconozcas a dos de ellos: Juan y Carlos Wesley.

Creatividad. Emily Dickinson (1830-1886) es considerada como una de las poetas más grandes del siglo diecinueve. Peggy Anderson escribe de ella en su libro *Great Quotes from Great Women* (Grandes frases de grandes mujeres): "Emily Dickinson vivió con intensidad, encontró en sus libros, su jardín y sus amigos la posibilidad de una rica experiencia y plenitud".[4] Después de la muerte de Emily, se descubrieron más de mil poemas en su escritorio. Se estima que escribió un total de más de mil ochocientos poemas, varios cientos de ellos considerados como los mejor escritos por un poeta estadounidense. Tan raro como parezca, durante su vida, solo se publicaron pocos de ellos. Sin embargo, el don de Emily permanece con nosotras hasta nuestros días; como ella dice en sus propias palabras: "El poeta enciende la luz y se desvanece. Pero la luz sigue y sigue".

Liderazgo. Harriet Tubman nació en 1820 como esclava en Maryland; escapó hacia Pennsylvania y a su libertad en 1849. Ganó suficiente dinero para regresar al Sur y llevarse a su hermana y a sus hijos a su libertad. Portando un gran rifle, continuó viajando de ida y vuelta entre el Sur y el Norte, llevando un aproximado de trescientas personas a la libertad a través de una red secreta de refugios apodada "El tren clandestino". Llegó a ser conocida como "Moisés" para su pueblo ya que los sacó de la esclavitud a un lugar mejor.

Una vez terminada la guerra civil, Harriet abrió un asilo de ancianos y levantó fondos para construir escuelas para los que antes eran esclavos. Más tarde, trabajó con su amiga Susan B. Anthony en la New England Suffrage Association (Asociación del sufragio de Nueva Inglaterra). La influencia de su amor, valentía y liderazgo permanece como un ejemplo para todas nosotras.

Ingenio. Durante sus años en la escuela media superior, Fannie Farmer (1857-1915) sufrió parálisis como consecuencia de una embolia que provocó que tuviera que abandonar sus estudios. Después de su recuperación, trabajó como nana y adquirió un profundo interés en la cocina. Ingeniosa y decidida, se fue a estudiar gastronomía a la escuela Boston Cooking School (Escuela de gastronomía de Boston), de la cual, con el tiempo, se convirtió en directora. Fue la primera persona en institucionalizar el uso de mediciones exactas en las recetas, con lo cual se garantizaba un resultado más confiable. Escribió una gran cantidad de libros y abrió su propia escuela de gastronomía. ¡Ciertamente, todas las mujeres pueden agradecerle a la señorita Farmer por su perdurable contribución a la gastronomía!

Compasión. Clara Barton llegó a ser conocida como "el ángel del campo de batalla" durante la guerra civil estadounidense. Fundó varias escuelas gratuitas durante la guerra y organizó su propia banda de voluntarios para distribuir provisiones en los campos de batalla. Muchas veces tuvo que conducir ella misma una carreta de cuatro mulas para llevar a todo su equipo al interior del campo de batalla. Después de la guerra instauró una oficina de registros para ayudar a las familias que buscaban soldados desaparecidos.

Más tarde, Clara fundó un hospital militar en Europa durante la Guerra Franco-Prusiana y fue condecorada con la Cruz de Acero por su servicio. Fue en Europa que supo acerca de la Cruz Roja Internacional, lo cual la inspiró para organizar la rama estadounidense en 1881. Hoy, más de un millón de voluntarios de la Cruz Roja Americana ayudan a millones de personas cada año.

Maternidad. El mundo entero ha sido tocado por el genio de Tomás Alva Edison (1847) a quien se le reconoce la creación de la lámpara incandescente, del fonógrafo y del micrófono, entre otros muchos inventos. Pero pocas personas saben acerca de la influencia que su madre ejerció sobre él. Aunque sus maestros y compañeros de escuela lo consideraban un alumno poco brillante, su madre creía en él; hasta el punto de que lo sacó de la escuela y lo educó ella misma. Bajo su tutela, y para la satisfacción de Tomás, su madre le permitió trabajar en diferentes experimentos en el sótano de su casa.

Muchos años después Edison dijo lo siguiente acerca del espíritu maternal de ella: "Mi madre no estuvo con nosotros muchos años, pero ejerció sobre mí una influencia que ha durado toda mi vida. No puedo deshacerme de los resultados tan buenos que su preparación provocó en esos primeros años de mi vida. Si no hubiera sido por su cariño y su fe en mí en un momento crítico de mi vida, quizá yo no hubiera sido inventor. Siempre fui un niño descuidado, por lo que si mi madre hubiera tenido una mentalidad de otro calibre, yo hubiera terminado siendo un desastre. Pero su firmeza, su dulzura y su bondad eran poderes bastante potentes para mantenerme en el camino recto. Mi madre fue la que me hizo ser lo que soy".[5]

Perseverancia. Hellen Keller nos mostró cómo perseverar y vencer los obstáculos que parecen imposibles de franquear. Nació en 1880, y una enfermedad severa la dejó ciega y sorda. Pero a través de la paciente y persistente instrucción de su maestra, Anne Sullivan, Helen aprendió a leer, a escribir y a hablar. Estudió griego y francés en la universidad Radcliffe College y se graduó en 1904. A los veintiséis años publicó la historia de su vida y se convirtió en una reconocida figura pública, así como en una filántropa. Durante su vida dio conferencias en más de veinticinco países y recibió varios premios de gran distinción. "Me da un profundo sentimiento de consuelo que las cosas que se ven son temporales y las que no se ven son eternas."[6] Ciertamente sus logros increíbles son el epítome del potencial humano frente a la adversidad.

Fortaleza mental. María Curie fue una científica francesa nacida en Polonia, quien junto con su esposo Pedro, hizo muchos experimentos con la radiación del uranio. En 1903 la pareja compartió el premio Nobel de física con Henri Becquerel, convirtiendo a María en la primera mujer en recibir el premio Nobel. Después de la muerte de Pedro en 1906, María siguió con sus investigaciones y sustituyó a su marido como profesora de física en la Universidad de París. En 1911 recibió un segundo premio Nobel en química, lo cual la convirtió en la primera persona en recibir dos premios Nobel. Sus descubrimientos no solo fueron útiles a la humanidad, sino que, además, su ejemplo estableció el fundamento para que las mujeres entraran al campo científico.

El poder de una mujer positiva

Determinación. Amelia Earhart fue la primera mujer en cruzar sola el Atlántico en avión. Al principio se dedicó a la aviación como pasatiempo, y después de varios vuelos con los que rompió algunos récords, llevó a cabo un vuelo trasatlántico sola desde Harbour Grace, Newfoundland a Irlanda. En 1937 intentó el primer vuelo alrededor del mundo sobre la línea del ecuador. Despegó el 1 de julio desde Nueva Guinea hacia la isla Howland en el Pacífico, pero su avión desapareció. Se llevó a cabo una búsqueda naval sin resultados; finalmente se decidió que se había perdido en el mar. Aunque su muerte fue un misterio, su valentía y determinación son incuestionables.

Fuerza física. Mildred Didrickson Zaharias ("Babe") fue nombrada "la mejor atleta de la primera mitad del siglo XX" por Associated Press en 1950. Durante sus años en la escuela media superior sobresalió en el básquetbol, lo cual la llevó a jugar diferentes deportes en la Amateur Athletics Union (Unión Deportiva de Aficionados). Más tarde comenzó a correr y a practicar atletismo, y de nuevo sobresalió. Ganó medallas de oro en lanzamiento de jabalina y en la carrera de cien metros con obstáculos, así como una medalla de plata en salto de altura en las olimpiadas de 1932. Luego, Babe comenzó a practicar golf y ganó diecisiete torneos consecutivos de golf, algo que nadie había hecho antes, y se convirtió en la primera estadounidense en ganar el Women's British Open (Abierto Británico Femenino). Su éxito ayudó a abrirles la puerta a las atletas en una amplia variedad de deportes profesionales.[7]

Amor. La madre Teresa dedicó su vida para trabajar con la gente más pobre de la India. En 1948, bajo la dirección de Dios, fundó la orden de las Hermanas Misioneras de la Caridad. Las hermanas de la orden prestan sus servicios como enfermeras y trabajadoras sociales, al mismo tiempo que comparten el amor de Cristo con el pobre y el enfermo. En 1952 la madre Teresa inauguró el Albergue para Desamparados Moribundos "Nirmal Hriday" (Corazón Puro) en la ciudad de Calcuta. Se le otorgó el premio Nobel de la paz en 1975 y la Medalla Presidencial de la Libertad de parte de los Estados Unidos en 1985. Su entrega desinteresada a ayudar a los pobres le permitió llegar a casi ocho mil personas solo en Calcuta; sin mencionar al resto de nosotras que hemos sido motivadas por su ejemplo de amor incondicional desinteresado.

Estímulo. A principio de los años sesenta, Mary Kay Ash se arriesgó a invertir los ahorros de su vida para fundar una compañía de cosméticos que terminó revolucionando la estima y la vida laboral de cientos de miles de mujeres. Es mejor conocida por su credo: "Primero Dios, segundo la familia, tercero el trabajo". Su estímulo amoroso le dio a las mujeres que se unieron a su compañía el poder de alcanzar su máximo potencial como personas talentosas y exitosas. Les dio esperanza a las mujeres, estimuló su fe, fortaleció su confianza y cambió muchas vidas. Puedes leer más acerca de la historia de Mary Kay en el capítulo 4.

Afabilidad. Sería imposible nombrar a todas las mujeres afables que han bendecido este mundo con su amabilidad, hospitalidad y sentido de honor. Muchas me vienen a la mente, pero una de ellas sobresale en nuestros días: Barbara Bush. Como esposa del ex presidente George Bush y madre del presidente actual George W. Bush, su afabilidad e influencia permanente han marcado al pueblo estadounidense en las décadas recientes. Sea que reciba a diplomáticos o les lea un libro a los niños de una escuela, el espíritu positivo y afable de Barbara sigue inspirándonos a todas.

Intuición. Victoria Cross Kelly es la vicedirectora del sistema de trenes PATH, que transporta a las personas que viajan entre Nueva York y New Jersey. En la mañana del 11 de septiembre, pocos minutos después de que la primera torre fue golpeada por el avión secuestrado, Kelly tomó la decisión repentina de detener el descenso de pasajeros en la estación debajo de las torres gemelas. A las 9:06 un tren de rescate pasó por la estación por última vez, recogió a los últimos trabajadores de PATH y a un indigente al que tuvieron que forzar para que subiera al vagón. Fue el último tren en pasar por la estación. A las 10:29 ambas torres ya se habían desplomado.

Se estima que la intuición precisa de Kelly y la rápida toma de decisiones salva entre tres mil y cinco mil personas. Ella reconoce que si la situación hubiera sido una falsa alarma, y su intuición hubiera estado equivocada, "un montón de personas se hubieran molestado con ella". Pero no se equivocó, y miles de personas están vivas hoy gracias a que Kelly tomó una decisión sabia.[8]

ERES ORIGINAL

Al considerar la vida de las mujeres que he mencionado pienso: *¡Qué maravilloso viaje a lo largo de la historia!* Nuestro mundo es un mejor lugar gracias a los dones y a los talentos únicos de mujeres tan especiales como ellas. Y hay muchos más nombres que podría añadir a la lista. Sin que lo sepamos, millones de mujeres han dejado una marca positiva con su vida; algunas de ellas fueron famosas, otras no tanto. Sin embargo, cada una tenía un propósito en este mundo. ¿No es maravilloso saber que Dios nos creó a ti y a mí con un propósito también?

Efesios 2:10 dice: "Porque somos hechura suya, creados en Cristo Jesús para buenas obras, las cuales Dios preparó de antemano para que anduviésemos en ellas". Querida hermana, regocíjate en el pensamiento de que eres la hechura especial de Dios, diseñada por un Creador perfecto que es un Padre amoroso. Llevas una etiqueta con la propia huella digital de Dios. Y fuiste creada para hacer buenas obras que Dios preparó especialmente para ti. ¡Es mi deseo que utilices los dones, los talentos y las habilidades únicas que se te han dado para honrar a Dios, y que recuerdes que tú, como yo, y las mujeres a lo largo de la historia, somos un diseño original!

PUNTO DE PODER

 Lee: Lucas 8:3; Juan 20:10-18; Romanos 16:1-2; 2 Timoteo 1:5. Escribe los nombres de las mujeres que se mencionan en estos pasajes y describe la manera única en que Dios las usó.

 Ora: Maravilloso Creador, Padre amoroso, Señor fiel, te alabo por tu magnífico carácter. Tú eres omnisciente y todopoderoso. Gracias porque con tu sabiduría y tu creatividad me formaste. Gracias por las cualidades únicas que le has dado a las mujeres en general, y gracias por las características que me has dado específicamente a mí. Te pido que yo te glorifique y te honre con estos dones, talentos y habilidades. Gracias por la manera en que has usado a las mujeres a lo largo de las edades. Por favor, úsame para dejar una marca positiva y eterna en este mundo. En el nombre de Jesús, amén.

 Recuerda: "Te alabaré; porque formidables, maravillosas son tus obras; estoy maravillado, y mi alma lo sabe muy bien" (Salmo 139:14).

 Practica: ¿Qué tienes de especial? Menciona algunas de las cualidades y dones que Dios te ha dado. (No digas que no se te ocurre nada; ¡las dos sabemos que tienes algo especial!) ¿De qué manera puede Dios usar tus cualidades para un propósito mayor? ¡Haz una lista y sueña en grande!

Mientras haces esto, considera que Dios puede tomar una pequeña bellota y convertirla en un árbol de gran altura. Y recuerda "grande" puede significar muchas cosas. Para ti "grande" puede significar dirigir una empresa grande, enseñar la Biblia a un grupo de mujeres o marcar la vida de una persona para bien. Lo que puede parecer pequeño a los ojos del mundo puede ser grande en el panorama eterno.

UN AJUSTE PERFECTO
Descubre tu fuente de poder y fuerza

Muchas almas humildes se van a sorprender al descubrir que la semilla que sembraron con debilidad, en el polvo de la vida diaria, ha florecido en flores inmortales bajo la mirada del Señor.
—Harriet Beecher Stowe

Cuando compro ropa, nunca pago el precio de lista. Las medias no son la excepción. Después de todo, puedo encontrar medias de marca en las tiendas de segundas, por una fracción de su precio de lista en las tiendas por departamentos, con solo un detalle: El paquete está marcado con la leyenda "levemente defectuosas". Sin importar la advertencia, nunca he tenido un solo problema con la calidad de estos artículos en los quince años que tengo de comprar medias con descuento. Siempre han salido perfectas.

Bueno, casi siempre. Tú sabes, tan bien como yo, que tenía que suceder lo inevitable, pero ¿tenía que haber sucedido cuando estaba retrasada para llegar a un importante desfile de modas de la alta sociedad?

Hace algunos meses tenía el compromiso de encontrarme con una amiga en la tienda más importante de la ciudad de Dallas para ver una exhibición de moda en la que desfilarían las mujeres mejor vestidas de la ciudad. En mi prisa y furia por estar lista, saqué un paquete de medias y de inmediato descubrí que estaban más que "levemente" defectuosas. La primera señal fue que una pierna era diez centímetros más larga que la otra. Al examinarlas con más detalle descubrí que ambas piernas medían más de un metro y medio. Como yo mido apenas un metro sesenta, rápidamente me di cuenta que las piernas eran demasiado largas para mí. Revisé la caja para asegurarme de haber comprado la talla correcta, y así era. No obstante, estas medias eran demasiado largas para mí (¡creo que incluso le hubieran quedado un poco grandes a Goliat!). La inspectora número 11 seguramente estaba tomándose un café cuando esas medias pasaron por su estación.

La leyenda "levemente defectuosas" se quedó corta. Este par de medias estaba disparejo y más largo de lo normal; o sea, era obviamente defectuoso. Las vi y me reí, porque me acordé de la ocasión en que Florence Littauer habló acerca de los diferentes tipos de personalidad de las mujeres. Como ejemplo, nos mostró un par de medias del tipo "levemente defectuosas". ¡Las suyas tenían tres piernas! Hizo una similitud entre las medias y las mujeres, para reflexionar en que muchas veces nos sentimos levemente defectuosas.

¿Sería demasiado si te dijera que me identifico con mi par de medias? Lo que pasa es que, como madre, como esposa, en mi trabajo, en mi iglesia, cuando presido alguna junta, a menudo siento que no cumplo con las expectativas de la gente, sean estas tácitas o manifiestas. ¿Y tú? ¿Tu paquete también lleva la leyenda "levemente defectuosa"?

El problema es mayor que cualquiera de nosotras. La vida no es perfecta. Las circunstancias no son perfectas. Y la gente no es perfecta. Pero las buenas noticias son que Dios se ajusta de una manera perfecta a nuestra vida más que levemente imperfecta, desequilibrada y desproporcionada. Él tiene el poder de complementar nuestras imperfecciones y darnos la fuerza y el apoyo que necesitamos.

Si queremos experimentar el poder de ser mujeres positivas, debemos llenar nuestra vida con la fuente de poder perfecta. Algunas mujeres creen que la fuente de su fuerza proviene de dentro de sí mismas, y aunque es cierto que como mujeres tenemos ciertas habilidades innatas, solas, en nuestra propia fuerza, siempre nos vamos a quedar cortas. Dios es nuestra única fuente confiable de fuerza y de poder si es que queremos lograr cosas poderosas y grandes que tengan un valor eterno. Como dijo el apóstol Pablo: "Cristo en vosotros" es "la esperanza de gloria" (Colosenses 1:27).

Para nosotras es fácil poner nuestras esperanzas en nosotras mismas. Pero la Biblia dice que el Señor se deleita en los que le temen y ponen su esperanza en Él. Salmo 147:10-11 dice: "No se deleita en la fuerza del caballo, ni se complace en la agilidad del hombre. Se complace Jehová en los que le temen, y en los que esperan en su misericordia". Una y otra vez el salmista declara que su fuerza proviene del Señor. "Jehová es mi luz y mi salvación; ¿de quién temeré? Jehová es la fortaleza de mi vida; ¿de quién he de atemorizarme?", dice el salmista en Salmo 27:1 y en otros pasajes.

Cuando Jesús estaba cerca de su muerte les dio a sus discípulos una ilustración vívida de Dios haciendo su obra en ellos y a través de ellos. Su imagen verbal era una vid, una planta común y un bien importante en la región. Jesús dijo: "Yo soy la vid, vosotros los pámpanos; el que permanece en mí, y yo en él, éste lleva mucho fruto; porque separados de mí nada podéis hacer" (Juan 15:5).

De acuerdo con Jesús, nuestro trabajo no es esforzarnos por lograr una vida fructífera y abundante en nuestra propia fuerza. Nuestra responsabilidad es sencillamente permanecer en Cristo. La palabra *permanecer* significa "morar, habitar, tener comunión y perdurar en" Él. Cuando moramos en Él y Él en nosotras, nos provee la fuerza, la guía, la dirección y la habilidad que necesitamos para llevar "mucho fruto". ¿Cómo permanecemos en Él? Al habitar en su Palabra, al permanecer en su amor, al orar y buscar su presencia durante el día. En los capítulos siguientes vamos a explorar muchas maneras maravillosas para hacer cada una de estas cosas.

En este momento, necesitamos preguntarnos a nosotras mismas: ¿Es Dios nuestra fortaleza, o estamos dependiendo de nuestras propias fuerzas y de nuestro propio poder para vivir? Si queremos ser mujeres positivas, debemos buscar a diario a nuestro Padre celestial para que nos dé fuerza, apoyo y dirección. Él es más que poderoso de obrar en nosotras y a través de nosotras, a pesar de nuestras imperfecciones.

¿ERES UNA MEDIA CON CONTROL ABDOMINAL O DE PUNTA DESNUDA?

"¡Ay no, soy una maniática del control!" ¿Has notado que parece que cada vez más mujeres dicen eso? No estoy segura de si estamos mejorando en reconocer y admitir nuestras debilidades, o si nuestra cultura de competencia que continuamente nos presiona está produciendo personas con más problemas con el control.

Por supuesto, el deseo de controlarlo todo es un problema antiguo. Satanás mismo quería ser como Dios, y estar en autoridad sobre todo. También los fariseos. ¡Ellos sí que eran unos maniáticos del control! Habían cargado con tantas reglas y leyes al pueblo judío que Jesús tuvo que hablar de una manera severa en su contra. En Mateo 23:4-5 condenó a los fariseos diciendo: "Porque atan cargas pesadas y difíciles de llevar, y las ponen sobre los hombros de los hombres; pero ellos ni con un dedo quieren moverlas. Antes, hacen todas sus obras para ser vistos por los hombres. Pues ensanchan sus filacterias, y extienden los flecos de sus mantos".

La mayoría de nosotras queremos controlarlo todo. ¿Pero, qué es lo que queremos controlar, y por qué queremos hacerlo? Puedo responder la primera pregunta con dos palabras: queremos controlar a la *gente* y a las *circunstancias.* (Lo cual abarca bastante, ¿no crees?) Muchas veces queremos moldear a la gente y obligarla a que encaje en nuestra pequeña caja de expectativas. Y queremos controlar las circunstancias para que la vida sea suave, fácil y segura.

Ciertamente, no debemos permitir que la gente nos atropelle ni debemos permitir que las circunstancias se lleven nuestra vida consigo. Pero tampoco debemos exigir que podamos tenerlo todo bajo nuestro dominio. ¡Necesitamos mantener un equilibrio sano en nuestra vida al soltar las cosas que en principio jamás debieron estar bajo nuestro control! Necesitamos quitar nuestras mugrosas manitas de encima de las cosas que solo Dios puede controlar, y buscar su fuerza y poder para poder enfrentarlas.

SE HIZO JUSTICIA POR SU PROPIA MANO

En el Antiguo Testamento, Sarai (más tarde llamada Sara) al parecer tenía problemas con el control. Comencemos su historia dándole una breve mirada a Génesis 15. En una visión Dios le dijo a Abram, el esposo de Sarai, que tendría un hijo que sería su heredero y que sus descendientes serían tan numerosos como las estrellas del cielo. En este punto de la historia, Dios no dio los detalles específicos acerca de cómo iba a llevar esto a cabo; simplemente les dio un panorama general con una promesa.

En Génesis 16, tiempo después, el hijo de la promesa no había llegado todavía, y Sarai comenzó a sentir el impulso de hacerse cargo del asunto.

Desde el principio, ella había tenido sus dudas acerca de si podía tener un bebé. Y le dijo a Abram: "Ya ves que Jehová me ha hecho estéril; te ruego, pues, que te llegues a mi sierva; quizá tendré hijos de ella. Y atendió Abram al ruego de Sarai" (Génesis 16:2), con lo cual Sarai estaba tratando de decir que Dios no había cumplido su promesa.

No podemos ser demasiado duras con Sarai. Probablemente sea mejor asumir que ella había esperado y orado por un hijo durante años. Y que ya se le había pasado por mucho la edad de tener hijos. Por lo cual su esperanza se tambaleó y su fe perdió fuerza. Ella había esperado durante tanto tiempo; y ahora la situación parecía perdida. (¿Te identificas?) Para resolver el problema por sí misma, Sarai le ofreció a Abram su sierva Agar, esperando que Agar concibiera y tuviera un hijo de su esposo. Nos suena un poco raro en esta época, lo sé, pero Sarai de hecho estaba cumpliendo con una costumbre antigua de los pactos matrimoniales asirios que preveían esta situación para asegurar un heredero varón en la familia.

¡Para nosotras es fácil recurrir a soluciones instantáneas de nuestra cultura para resolver nuestros problemas en lugar de esperar en el Señor! En nuestro mundo apresurado y acelerado tenemos la tendencia de querer soluciones, y de quererlas *ahora*. ¿Alguna vez le has rogado a Dios que tu marido cambie en cierto aspecto de su personalidad y al no obtener un cambio inmediato tomas el ministerio del "codazo santo"? Quizá oraste para que una situación en el trabajo mejorara, pero cuando no viste resultados rápidos, sentiste como si Dios no hubiera escuchado tu clamor. ¡Algunas veces esperar en el Señor puede ser lo más difícil de hacer! Pero el Salmo 27:14 nos anima diciendo: "Aguarda a Jehová; esfuérzate, y aliéntese tu corazón; sí, espera a Jehová".

Las soluciones rápidas pocas veces producen los mejores resultados. (En el caso de Sarai, las consecuencias de su decisión todavía pueden verse hoy en los conflictos del Medio Oriente). La gratificación inmediata puede robarnos alegrías que todavía no hemos recibido o lecciones que aprender del plan más profundo y completo de Dios. Recuerda, Dios ve todo el panorama desde su perspectiva celestial; nosotras solo vemos una fracción ya que solo consideramos la situación que está delante de nuestras narices. Isaías 55:8-9 nos recuerda la perspectiva eterna de Dios y nuestra propia falta de visión. "Porque mis pensamientos no son vuestros pensamientos, ni vuestros caminos mis caminos, dijo Jehová. Como son más altos los cielos que la tierra, así son mis caminos más altos que vuestros caminos, y mis pensamientos más que vuestros pensamientos." Estas palabras que edifican nuestra fe nos ayudan a reconocer que no entendemos todo; pero Dios sí.

Cuando enfrentemos un problema, cada una de nosotras debemos preguntarnos: ¿Estamos dispuestas a confiar en la Palabra de Dios y permitir que su propósito se cumpla en nuestra vida? ¿O vamos a meter mano para tratar de arreglar las cosas nosotras mismas? Como dice con claridad Isaías 55, Dios comprende nuestra situación mucho mejor que nosotras mismas. ¡Quizá no seamos las personas mejor indicadas para tomar las decisiones!

De vuelta con Abram y Sarai podemos ver que el plan de Dios siguió llevándose a cabo en ellos. En Génesis 17 Dios le volvió a hablar a Abram, y esta vez le dijo específicamente que Sarai iba a tener un hijo y que la promesa del pacto se cumpliría a través de ese hijo. Además, es interesante que en este punto Dios le cambió el nombre a Abram por Abraham y a Sarai por Sara. Tanto Sarai como Sara significan "princesa", pero al anunciar el nuevo nombre de Sara, Dios añadió estas palabras: "Y la bendeciré, y también te daré de ella hijo; sí, la bendeciré, y vendrá a ser madre de naciones; reyes de pueblos vendrán de ella" (Génesis 17:16). Por lo tanto, con una promesa, Dios le añadió al nombre de Sara realeza y riqueza.

En Génesis 18 Dios le aseguró nuevamente a la pareja que Sara tendría un hijo. Pero observa la respuesta de Sara:

> Entonces dijo: De cierto volveré a ti; y según el tiempo de la vida, he aquí que Sara tu mujer tendrá un hijo. Y Sara escuchaba a la puerta de la tienda, que estaba detrás de él. Y Abraham y Sara eran viejos, de edad avanzada; y a Sara le había cesado ya la costumbre de las mujeres. Se rió, pues, Sara entre sí, diciendo: ¿Después que he envejecido tendré deleite, siendo también mi señor ya viejo? Entonces Jehová dijo a Abraham: ¿Por qué se ha reído Sara diciendo: ¿Será cierto que he de dar a luz siendo ya vieja? ¿Hay para Dios alguna cosa difícil? Al tiempo señalado volveré a ti, y según el tiempo de la vida, Sara tendrá un hijo. Entonces Sara negó, diciendo: No me reí; porque tuvo miedo. Y él dijo: No es así, sino que te has reído.
>
> —*Génesis 18:10-15*

Me da mucha risa este episodio de: "Yo no fui; sí tú fuiste". ¿Pero, no es cierto que todas en algunas ocasiones hemos querido ocultar nuestros errores? ¿A quién estamos tratando de engañar? Dios lo ve todo, así que lo mejor que podemos hacer es ¡confesar! En el caso de Sara, cuando Dios aclaró que su plan era que ella tuviera un hijo, ella se rió dentro de sí, pero Dios la escuchó y manifestó su falta de fe, y no obstante su duda la amó y la fortaleció diciendo: "¿Hay para Dios alguna cosa difícil? Al tiempo señalado volveré a ti, y según el tiempo de la vida, Sara tendrá un hijo" (Génesis 18:14). Con esto le recordó a Sara y a Abraham que para Dios nada es imposible.

La verdad es que la mayoría de las veces nuestra necesidad de estar en control de una persona o de una situación es un reflejo de nuestra falta de fe en que Dios nos protegerá, nos guiará y nos proveerá lo necesario en su tiempo. ¿Estás luchando con la duda? ¿Estás preocupada por el futuro? Quizá estés teniendo problemas en una relación o te sientes como si nunca pudieras obtener la victoria sobre un pecado que te ha atrapado. ¡Recibe consuelo del hecho de que nada es demasiado difícil para Dios! Confía en Él para obtener tus mayores anhelos, tus necesidades más sentidas y tus dudas más fuertes. Él está contigo y ve más allá de lo que tú ves.

Sea que el plan de Dios esté claro para nosotras o un poco difuso, necesitamos entregarle el tablero de control y dejarlo que Él guíe la nave. Pero no debemos tampoco desvirtuar lo que significa darle a Dios el control de nuestra vida. No significa que ya no tengamos responsabilidades o decisiones que tomar. Todavía tenemos que cumplir nuestras obligaciones y responder a las oportunidades que ponga delante de nosotras. Darle a Dios el control no significa que nos relajemos y ya no hagamos nada; significa que avanzamos en sabiduría, que renunciamos a la necesidad de controlar o apresurar el proceso y que confiamos en que Dios hará su obra divina.

Como guante

En cierta ocasión, Corrie ten Boom le mostró a su audiencia un guante blanco común para dama y preguntó: "¿Qué hacen los guantes?". Y siguió adelante, recordándole a sus oyentes el poder y la influencia que una mujer puede tener si depende de Dios para tener fuerza:

Los guantes no hacen nada. Pero si mi mano está dentro de uno de ellos, entonces ese guante puede hacer muchas cosas [...] cocinar, tocar el piano, escribir. Bueno, tú puedes decir que lo que hace esas cosas no es el guante, sino la mano que está dentro de él. Y así es. Quiero decirte que no somos otra cosa sino guantes. La mano dentro del guante es el Espíritu de Dios. ¿Puede el guante hacer algo por sí solo aunque esté sumamente cerca de la mano? ¡No! El guante debe estar lleno de la mano para hacer la obra. Es exactamente lo mismo con nosotras: Debemos estar llenas del Espíritu Santo para hacer la obra que Dios nos ha dado que hagamos.[1]

¡Ay, queridas amigas, tenemos un Dios poderoso! ¿Habrá algo demasiado difícil para Él? ¡Y pensar que, como mujeres que hemos escogido seguir a Jesús, tenemos su Espíritu viviendo dentro de nosotras! El Espíritu de Dios mora en nosotras, y nos da el poder para vivir, caminar y cumplir con las tareas eternas para su gloria. Escucha las palabras de Pablo para los cristianos en Roma: "Pero si Cristo está en vosotros, el cuerpo en verdad está muerto a causa del pecado, mas el espíritu vive a causa de la justicia. Y si el Espíritu de aquel que levantó de los muertos a Jesús mora en vosotros, el que levantó de los muertos a Cristo Jesús vivificará también vuestros cuerpos mortales por su Espíritu que mora en vosotros" (Romanos 8:10-11).

¿No es sencillamente asombroso? Piénsalo: ¡el mismo Espíritu de aquel que levantó de los muertos a Cristo mora dentro de nosotras! Pablo fue un apóstol de gran influencia e increíblemente poderoso, no obstante, no titubeó en decir: "Por lo cual, por amor a Cristo me gozo en las debilidades, en afrentas, en necesidades, en persecuciones, en angustias; porque cuando soy débil, entonces soy fuerte" (2 Corintios 12:10). Él sabía que Jesús es la mano que se ajusta perfectamente a estos guantes humanos débiles, ineptos e imperfectos que somos nosotras.

Como consejera en el campamento Pine Cove del este de Texas, una de mis responsabilidades era ser salvavidas durante las sesiones de nado vespertinas. En mi curso de entrenamiento oficial, aprendí que uno de los desafíos más difíciles para un salvavidas es ayudar a los nadadores que están luchando por mantenerse a flote y que están desesperados. Cuando las víctimas están salpicando agua por todos lados tratando con desesperación de mantenerse a flote, ponen en gran peligro la vida del salvavidas, ya que pueden arrastrarlo con ellos bajo el agua. Pero si dejan de luchar, se relajan y se dejan abrazar por el salvavidas, entonces los puede poner a salvo con su fuerza.

Me gusta ilustrar nuestra entrega a Dios de la misma forma. Muchas veces estamos luchando por resolver las batallas de la vida en nuestras propias fuerzas, y nuestros esfuerzos no logran nada sino hundirnos más. Pero cuando rendimos nuestra vida a Dios y confiamos en que el nos lleva seguros en la palma de su mano, permitimos que su fuerza y su poder nos salven.

¿Qué es lo que realmente significa entregarle el control a Dios? ¿Qué quiere decir que le rindamos nuestra voluntad, nuestra fuerza y nuestro poder a Él? ¿Cómo lo podemos hacer en la vida cotidiana? No estamos hablando de un compromiso de mes a mes o de año con año; estamos hablando de un compromiso diario de someternos a la autoridad de Dios. Jesús les dijo a sus discípulos en Lucas 9:23-24: "Si alguno quiere venir en pos de mí, niéguese a sí mismo, tome su cruz cada día, y sígame. Porque todo el que quiera salvar su vida, la perderá; y todo el que pierda su vida por causa de mí, éste la salvará". Se parece mucho a la situación del salvavidas, ¿no?

Imagínate a dos mujeres, llamémoslas Sonia y Susan, quienes tienen a sus hijas en el jardín de niños. La hija de Sonia era una de las niñas más chicas del salón y no había desarrollado las habilidades necesarias para enfrentar el primer grado de la escuela primaria, así que la maestra le recomendó a Sonia que su hija pasara un año en un grupo de regularización antes de pasar al primer año. Sonia se enojó y se molestó mucho por la sugerencia; ella no quería que su hija estuviera un grado abajo, de la mayoría de sus amiguitas que iban a pasar de grado.

Sonia jamás pensó que podía orar acerca de la situación. En lugar de eso discutió, se quejó y llevó el problema con el director de la escuela. Con reservas el director finalmente aceptó que la niña pasara de grado. No obstante, la niña tuvo dificultades con el programa y se retrasó con respecto a los demás del grupo. Se sintió derrotada y se desanimó; una actitud que terminó influenciando el resto de sus años escolares.

Mientras tanto, a Susan también le dijeron que su hija no estaba lista para pasar a primero. Aunque Susan se sorprendió y se entristeció un poco, le puso atención a lo que la maestra le dijo acerca del retraso de su hija en el desarrollo de sus habilidades. En las semanas siguientes Susan estudió la situación y recopiló la información pertinente sobre el desarrollo infantil y el éxito en la escuela. Comenzó a orar pidiéndole al Señor sabiduría y dirección, reconociendo que

36

Dios sabía con exactitud lo que era mejor para su hija. Le entregó al Señor toda preocupación o necesidad por controlar la situación.

Al final, Susan decidió poner a su hija en el grupo de preprimaria durante el siguiente año escolar. Baso su decisión sobre consejo sabio, mucha reflexión y oración llena de fe. ¡Por supuesto, la solución le quedó a su hija como anillo al dedo! Cuando su hija finalmente pasó a primero, un año después, era la mejor del grupo. Su éxito y su sentido de logro le añadieron un tono positivo al resto de su experiencia escolar.

¿Qué tan a menudo tratamos de aferrarnos a una idea que pensamos que es la mejor en lugar de descansar en el cuidado seguro del Señor? Necesitamos recordar que descansar en el Señor, rendirle el tablero de control, no significa que dejamos de hacer lo necesario para alcanzar nuestras metas. Significa que vamos a orar y a confiar en Dios de una manera activa con respecto a nuestras metas, nuestro trabajo y el resultado. Significa que mientras avanzamos, lo hacemos de manera que creemos que Él nos ama y quiere lo mejor para nosotras. Sabemos que Él ve un panorama mucho más amplio que el que nosotras podríamos ver.

VASOS DE BARRO

Algunos años atrás compramos una chimenea portátil (un calentador de leña para el jardín hecho de barro y que parece una gran jarra). Esta chimenea tiene un gran`hueco en el cuerpo y otra abertura en la parte superior, lo cual la convierte en el receptáculo perfecto para quemar leña de pino piñonero. La leña se quema no tanto por el calor que produce sino por el aroma maravilloso a maderas que emana. Huele como si uno estuviera en medio de un bosque. Y como vivo en una ciudad, ¡en realidad vale la pena! El olor llena todo el vecindario. Muchas veces, si tenemos una cena, encendemos la chimenea justo antes de que lleguen los invitados, y todos suelen comentar sobre el aroma celestial.

La Biblia dice que tú y yo somos como vasos de barro. Lee conmigo 2 Corintios 4:6-11:

> Porque Dios, que mandó que de las tinieblas resplandeciese la luz, es el que resplandeció en nuestros corazones, para iluminación del conocimiento de la gloria de Dios en la faz de Jesucristo. Pero tenemos este tesoro en vasos de barro, para que la excelencia del poder sea de Dios, y no de nosotros, que estamos atribulados en

todo, mas no angustiados; en apuros, mas no desesperados; perseguidos, mas no desamparados; derribados, pero no destruidos; llevando en el cuerpo siempre por todas partes la muerte de Jesús, para que también la vida de Jesús se manifieste en nuestros cuerpos. Porque nosotros que vivimos, siempre estamos entregados a muerte por causa de Jesús, para que también la vida de Jesús se manifieste en nuestra carne mortal.

En la época de Pablo se acostumbraba esconder dinero en los jarrones de barro. Porque esas jarras eran comunes y no tenían belleza o valor, por lo cual no atraían la atención, ni insinuaban que contenían riquezas. ¡Qué contraste: un tesoro en vasos de barro! No obstante, eso nos describe perfectamente bien. El poder y la grandeza supereminente de Dios es colocada en recipientes comunes, frágiles e indignos llamados hombres y mujeres. ¿Quién lo hubiera adivinado? Pablo reconocía sus debilidades; sin embargo, a causa de lo que estaba dentro de él podía avanzar de manera poderosa en la fuerza de Dios. Nosotras también podemos hacerlo.

Nuestra vida en Cristo es como la chimenea que mencioné hace un momento. El aroma que penetra el ambiente, la luz que emite hacia las tinieblas y el calor que disipa el frío es el efecto del fuego que está dentro de nosotras. El poder de Dios toma un receptáculo insospechado, pero dispuesto, y lo usa de una forma poderosa.

Fanny Crosby era un perfecto ejemplo de una chimenea que brillaba para Dios. Era una mujer que brillaba para Cristo y permitía que el Espíritu de Dios alumbrara al mundo a través de ella, aun y cuando su vida estaba oscurecida por la ceguera. A pesar de su discapacidad, Fanny escribió aproximadamente ocho mil canciones cristianas. ¡Imagínate la cantidad de canciones que son! No fueron ochenta, lo cual hubiera sido un gran logro para cualquiera. Ni fueron ochocientas, lo cual hubiera sido una proeza heroica. Sino que una cantidad abrumadora de canciones, *ocho mil*, salieron de esta mujer que tenía un corazón para Dios y una mano dispuesta para escribir. ¡Dados los obstáculos físicos que ella enfrentaba, sabemos que esto fue nada menos que un milagro!

Fanny nació en un hogar humilde en Southeast, Nueva York, en 1823 y quedó ciega a las seis semanas de nacida a causa de un tratamiento médico inadecuado. Estudió en la New York School for the Blind (Escuela para ciegos de Nueva York) y con el tiempo comenzó a dar clases ahí mismo. Sus primeros escritos fueron versos seculares, pero a través de la influencia de W.B. Bradbury, un músico de iglesia popular en esa época, comenzó a escribir la letra de canciones cristianas al inicio de su cuarta década de vida, lo cual la convirtió, en sus propias palabras, "en la criatura más feliz sobre la tierra".

Su talento y su corazón para Dios fueron obvios desde chica. A los ocho años escribió el siguiente poema:

> ¡Qué feliz soy!
> Aunque no pueda ver
> Estoy decidida que en este mundo
> Contenta viviré.
> Cuántas bendiciones disfruto
> Que otras personas no;
> Llorar y suspirar porque estoy ciega,
> No lo puedo hacer y no lo haré.[2]

Fanny escribió varios himnos muy conocidos como "Grata certeza", "Corazones jubilosos", "Jesús, Salvador, te pido" y "Con voz amiga te llama Jesús". Se dice que nunca escribió la letra de un himno sin antes arrodillarse en oración sincera para pedir la dirección de Dios.

En su libro *101 Hymn Stories* (101 Historias detrás de los himnos), Kenneth W. Osbeck señala que "Fanny J. Crosby murió a la edad de noventa y cinco años. Solo la eternidad va a revelar la multitud de individuos que fueron ganados para una fe salvadora en Jesucristo o cuyas vidas fueron enriquecidas espiritualmente a través de la letra de sus muchos himnos".[3] En su lápida está grabada una frase sencilla: "Hizo lo que pudo". En realidad, era una vasija de barro que permitió que el poder de Dios fluyera a través suyo.

UNA TRIPULACIÓN DIVERSA

Agustín dijo: "Ten cuidado de no decepcionarte de ti mismo; se te ha mandado que pongas tu confianza en Dios, y no en ti mismo".[4] Cuando pienso en los doce discípulos que Jesús escogió para continuar la obra de su Reino, pienso que era un grupo de personas insospechado. La banda incluía a varios pescadores, un recolector de impuestos, un celote y algunos hermanitos exigentes. Ciertamente no habían sido entrenados en las escuelas más finas del país ni habían sido preparados para una carrera exitosa como conferenciantes. Pero Dios no los llamó a que confiaran en sus propias habilidades. Los llamó a confiar en Él. A través de su poder, dirección y fuerza, fueron capaces de convertirse en los voceros de Jesús para difundir las Buenas Nuevas del Reino de Dios.

Si Dios dispuso utilizar a esta tripulación tan diversa para llevar el Evangelio al mundo, ¿qué podría hacer con vasijas dispuestas como tú y yo? ¡La respuesta no tiene nada que ver con nuestro poder o capacidad, sino con su poder y su capacidad! ¿Cuál es tu fuente de poder y fuerza? Recuerda que el Espíritu Santo de Dios está obrando en tu vida para cumplir con la obra que te ha llamado a hacer como una mujer positiva en este mundo. Él es el fuego en la vasija de barro, la mano en el guante. ¡Él es el ajuste perfecto!

PUNTO DE PODER

Lee: Juan 6:5-15, la historia de la alimentación de los cinco mil. ¿Qué era lo que el muchacho del pasaje podía ofrecer? ¿Cuál fue su participación en el milagro? ¿Cuál fue la participación de Dios? Observa cuantas personas fueron beneficiadas por la disposición de este muchacho combinada con el poder de Dios. ¿Qué mensaje personal crees que recibieron los discípulos de este suceso?

Ora: Querido Señor, Luz del mundo, te alabo por hacer brillar tu luz a través de mí. Sé que solo soy un vaso de barro en manos del alfarero. Ayúdame a ser una vasija dispuesta y no una mujer ansiosa y controladora. Moldéame con tu toque poderoso. Lléname con tu maravilloso Espíritu. Permite que tu obra sea hecha en mi vida y usa mis defectos y cualidades para un propósito eterno. Confío en que me guiarás con fidelidad porque eres mi amoroso padre celestial. En el nombre de Jesús, amén.

Recuerda: "¿Hay para Dios alguna cosa difícil?" (Génesis 18:14).

Practica: Aparta entre treinta minutos y una hora para pasar tiempo a solas con Dios con el único propósito de rendirle tu vida a Él. Pídele que te revele las áreas en las que tiendes a exigir tener el control. Ríndeselas a Él una por una y pídele que te dé el poder y la fuerza para llegar a que Él tenga el tablero de control de tu vida.

Principio poderoso 1

Conviértete en una mujer de fe

La fe no opera en el plano de lo posible.
No hay gloria para Dios en lo que es humanamente posible.
La fe comienza donde termina el poder del hombre.

—Jorge Müller

Porque por gracia sois salvos por medio de la fe;
y esto no de vosotros, pues es don de Dios;
no por obras, para que nadie se glorie.
                                    —Efesios 2:8-9

3

LA CARRERA DE LA VIDA

**Encuentra el paso que puedas mantener
durante toda la travesía**

*Por tanto, nosotros también, teniendo en derredor nuestro tan grande
nube de testigos, despojémonos de todo peso y del pecado que nos asedia, y
corramos con paciencia la carrera que tenemos por delante, puestos los ojos
en Jesús, el autor y consumador de la fe, el cual por el gozo puesto delante
de él sufrió la cruz, menospreciando el oprobio, y se sentó a la diestra del
trono de Dios.*

—Hebreos 12:1-2

Uno tiene que dudar de una persona que permite que un pitón de casi tres metros ande rondando libre por su casa. Lamentablemente, un joven llamado Grant soslayó el riesgo abierto, al creer que su familiaridad con su pitón mascota, Damien, lo dejaba fuera de todo peligro. El 11 de octubre de 1996, Grant se dispuso a alimentar a Damien con un pollo, de la misma forma que la semana anterior. Los herpetólogos sospechan que Grant olvidó lavarse las manos para deshacerse del olor a pollo, o que Damien sencillamente quería un bocado más grande. Sin importar la razón, ese día fatal el pitón decidió envolver a Grant.

Cuando un pitón burmés está a punto de cazar una presa, puede moverse con una velocidad letal y pocas veces la víctima puede escaparse de sus anillos. Grant se las arregló para salir a rastras al pasillo para pedir ayuda, pero pronto se desplomó gracias al abrazo de Damien. Con mucho trabajo los paramédicos que llegaron al lugar pudieron remover el reptil de veintiún kilogramos de peso y trece centímetro de ancho, y lanzarlo a otra habitación. Se llevaron de prisa a Grant al hospital.

Más tarde se supo que Grant y su hermano tenían varias serpientes rondando libres en su apartamento en el Bronx. Su madre les había rogado que abandonaran ese pasatiempo, pero no había logrado convencerlos. Grant pagó caro el precio de poner su fe en Damien el pitón.[1]

¿Qué es fe? Según el escritor de Hebreos la fe es "la certeza de lo que se espera, la convicción de lo que no se ve" (Hebreos 11:1). Es una convicción profunda; que no es estática ni complaciente, sino de naturaleza dinámica. Es la acción de creer como fruto de la confianza que tenemos en que algo es verdad o en que se va a llevar a cabo. Vamos más allá de lo que podemos ver, tocar o sentir y ponemos nuestra fe en algo o alguien que es digno de nuestra confianza.

El problema de Grant fue que puso su fe en una fuente no confiable. Proverbios 13:16 nos recuerda que "todo hombre prudente procede con sabiduría; mas el necio manifestará necedad". Los actos de Grant no se basaron en la sabiduría o la prudencia, sino en la insensatez. Pensó que podía confiar en su pitón sin considerar su naturaleza. Un pitón puede parecer dócil en ciertas ocasiones, pero es, y siempre será, un depredador que caza, asfixia y digiere para poder sobrevivir.

A diferencia de Grant debemos poner nuestra fe en una fuente confiable. ¿Pero cómo sabemos si algo o alguien es digno de nuestra confianza? Consideras su carácter (algo que Grant no hizo con su pitón). Pongo mi peso en la silla en la que estoy sentada en este momento, porque confío en que me va a sostener. Es fuerte y sólida, todas las ocasiones anteriores me ha sostenido y estoy segura de que no me va a fallar ahora. (Mi computadora es otro cuento.) Cuando quiero hablar de mis secretos más profundos y oscuros, no se los despepito a una chismosa reconocida, sino a una amiga leal, alguien que haya demostrado ser digna de confianza una y otra vez. Puedo poner mi confianza en ella con tranquilidad porque su carácter ha sido probado.

La forma en que veamos nuestro mundo y vivamos nuestra vida depende en definitiva de nuestra fe. ¿Ponemos nuestra confianza en nuestras capacidades y talentos? ¿Confiamos en las circunstancias o en el destino? ¿Nuestra confianza está solamente en la bondad de nuestros semejantes? ¿O ponemos nuestra fe en nuestro amoroso Padre celestial?

El objeto de nuestra fe es importante porque es lo que inunda nuestras vidas de propósito. Yo comencé a reconocer mi propósito en la vida cuando decidí poner mi fe en Cristo. También empecé a experimentar una paz interna profunda que solo proviene de la fe en la única Fuente confiable. Quizá hayas escuchado la expresión "fe en Cristo" antes, pero ¿comprendes lo que implica? Cuando ponemos nuestra fe en Cristo encontramos tanto paz como propósito. Vamos a considerar más de cerca estos productos secundarios de nuestra fe en Jesús.

Paz. "Justificados, pues, por la fe, tenemos paz para con Dios por medio de nuestro Señor Jesucristo" (Romanos 5:1). A una edad temprana aprendí que Dios es un Dios perfecto y santo. El hombre, por otro lado, es pecador e imperfecto (¡nadie tuvo que decirme esa parte!). Aunque yo era lo que la mayoría de la gente llamaría "una linda niña", me di cuenta en esa época de que no me podía ganar mi entrada al cielo. La Biblia nunca promete que vamos a entrar al cielo si nuestras buenas obras pesan más que las malas. Yo sabía que no podía ser lo suficientemente buena; pero alguien más sí podía: Jesús. Él era el regalo perfecto de Dios para la humanidad. Jesús entregó su vida por nosotras como un sacrificio para que, a través de creer en Él, podamos tener paz con nuestro Dios.

Nunca voy a olvidar ese momento en el que de niña entendí por primera vez que Jesús era más que un bebé cuyo nacimiento lo celebrábamos en Navidad; Él era y es el Salvador de la humanidad. A una edad temprana decidí poner mi fe en Él, e hice una oración como esta:

> Querido Dios, gracias por haber tenido misericordia de mí. Sé que no soy perfecta. Se que no me puedo ganar la entrada al cielo. Gracias por mandar a tu Hijo, Jesús a morir en la cruz como sacrificio por mi pecado. Pongo mi fe en Él como mi Salvador. Creo que resucitó de los muertos para darnos la esperanza de la vida eterna en el cielo un día. Gracias, Señor, por tu gracia hacia mí por medio de Jesús. En su nombre te lo pido, amén.

Mi oración fue sencilla, pero con fe en un Dios que me ama y desea tener una relación conmigo. Ninguna luz brillante bajó del cielo ese día, pero supe que había dado un paso importante. Fue el inicio de una vida de fe basada en la única fuente confiable en este universo: Dios mismo. Jesús vino para traer paz entre Dios y el hombre, y porque puse mi fe en Cristo, esa paz ahora es mía.

Espera grandes cosas de parte de Dios. Trata de hacer grandes cosas para Dios. —William Carey

Propósito. Desde ese día en adelante comencé a reconocer el propósito mayor en mi vida. No estaba viviendo solo para mí misma. La vida era mayor que mis circunstancias. Finalmente, entendí que Dios me ama y que tiene un plan para mi vida. Honrarlo en todo lo que hago se convirtió en mi deseo. Sé que no tengo que hacerlo todo bien para ser perfecta: solo necesito caminar en su gracia.

Muchas veces, la Escritura menciona el plan o el propósito que Dios tiene para su pueblo. El rey David dijo: "Has aumentado, oh Jehová Dios mío, tus maravillas; y tus pensamientos para con nosotros, no es posible contarlos ante ti. Si yo anunciare y hablare de ellos, no pueden ser enumerados" (Salmo 40:5). No siempre he conocido el propósito de Dios en diferentes etapas de mi vida. Él no revela sus intenciones de una vez, sino que, paso a paso, al ir caminando con Él, me he dado cuenta de que me ha guiado con fidelidad de acuerdo con su plan.

ÉL ES DIGNO DE NUESTRA CONFIANZA

Quizá hayas pasado por un tiempo en tu vida en el que te hayas preguntado: "¿Puedo confiar en Dios?". A lo mejor te desanimaste por la muerte trágica de un ser querido, o por un despido injustificado en el trabajo o por un divorcio sorpresivo. Quizá sientas incluso ahora que Dios te dejó sola en el foso de la vida. Tu fe ha sido sacudida.

No estás sola. Incluso Juan el Bautista experimentó un tiempo de dudas cuando estuvo encerrado en prisión. (Puedes leer el relato en Lucas 7:18-28.) Al principio Juan había sido el que declaró con firmeza cuando vio que Jesús venía a él: "He aquí el Cordero de Dios, que quita el pecado del mundo" (Juan 1:29). Pero ahora que estaba en prisión su fe estaba fallando. Envió a sus discípulos a preguntarle a Jesús: "¿Eres tú el que había de venir o esperaremos a otro?"

Juan solo podía ver lo inmediato. En prisión, comenzó a pensar: *De seguro que este no puede ser el plan perfecto de Dios. A lo mejor me equivoqué. Quizá Dios ya me abandonó.* Como nosotras, Juan no podía ver todo el panorama; solo podía ver el presente. No entendía completamente lo que Dios quería hacer.

Una cosa es saber de Dios y de sus caminos, pero confiar en fe en Él es otra. Quizá tengamos momentos en que no podamos comprender los pensamientos de Dios o podamos discernir su plan, no obstante, todavía podemos confiar en Él. Como nuestro Creador y nuestro amoroso Padre celestial, tiene un plan eterno en mente. Él ve todo el panorama, mientras que tú y yo vemos solo una parte. En 1 Corintios 13:12 esto se explica así: "Ahora vemos por espejo, oscuramente; mas entonces veremos cara a cara. Ahora conozco en parte; pero entonces conoceré como fui conocido".

Yo recuerdo que hubo ocasiones cuando adolescente en que no entendía las decisiones de mis padres o que no me gustaban. No obstante, sabía que podía confiar en su amor paternal. Mis papás tuvieron mucho cuidado con las fiestas a las que asistí en la escuela media y en la media superior. Me horrorizaba que insistieran en llamar al anfitrión o anfitriona de la fiesta para asegurarse de que íbamos a estar debidamente supervisadas. Solían pedirme que volviera a casa cierto tiempo antes de que la fiesta terminara por completo. No me podía salir con la mía, no me gustaba y ni siquiera lo entendí en esa época; pero sabía en lo profundo de mi ser que mis padres me amaban y que al hacer lo que hacían estaban buscando mi beneficio. Como conocía su carácter sabía que eran dignos de confianza.

DIOS NO LO DEJÓ A LA IMAGINACIÓN

Lo mejor de todo es que Dios no nos dejó el conocimiento de su carácter a la imaginación. La Biblia revela bastante acerca de la naturaleza de Dios. Vemos su omnisciencia y autoridad en la creación. Vemos un atisbo de su poder en la liberación de su pueblo de la opresión cruel del faraón en Egipto. La paciencia de Dios se revela en cómo trató a los israelitas en el desierto y en los ciclos de apostasía y reconciliación de Israel. La protección de Dios es evidente en el relato de Daniel en el pozo de los leones. Su abundante amor se muestra al enviar a su único Hijo, Jesús, para morir por nosotras. Su omnipotencia se revela en la resurrección. Vemos su gentil provisión al enviar a su Espíritu Santo para que more dentro de nuestro ser.

Además, numerosas declaraciones en la Biblia que indican el carácter de Dios:

- *Él es bueno.* "Alabad a Jehová, porque él es bueno; porque para siempre es su misericordia" (Salmo 118:1).
- *Él es compasivo.* "Misericordioso y clemente es Jehová; lento para la ira, y grande en misericordia" (Salmo 103:8).

- *Él es justo.* "Jehová es el que hace justicia y derecho a todos los que padecen violencia" (Salmo 103:6).

- *Él es nuestro protector.* "Dios es nuestro amparo y fortaleza, nuestro pronto auxilio en las tribulaciones" (Salmo 46:1).

- *Él es nuestro ayudador.* "Yo estoy afligido y menesteroso; apresúrate a mí, oh Dios. Ayuda mía y mi libertador eres tú; oh Jehová, no te detengas" (Salmo 70:5).

- *Él es eterno.* "Porque así dijo el Alto y Sublime, el que habita la eternidad, y cuyo nombre es el Santo: Yo habito en la altura y la santidad, y con el quebrantado y humilde de espíritu, para hacer vivir el espíritu de los humildes, y para vivificar el corazón de los quebrantados" (Isaías 57:15).

- *Él es todopoderoso.* "¡Oh Señor Jehová! he aquí que tú hiciste el cielo y la tierra con tu gran poder, y con tu brazo extendido, ni hay nada que sea difícil para ti" (Jeremías 32:17).

- *Él es omnipresente.* "¿A dónde me iré de tu Espíritu? ¿Y a dónde huiré de tu presencia? Si subiere a los cielos, allí estás tú; y si en el Seol hiciere mi estrado, he aquí, allí tú estás" (Salmo 139:7-8).

- *Él es omnisciente.* "Pues si nuestro corazón nos reprende, mayor que nuestro corazón es Dios, y él sabe todas las cosas" (1 Juan 3:20).

- *Él es fiel.* "Porque ha engrandecido sobre nosotros su misericordia, y la fidelidad de Jehová es para siempre. Aleluya" (Salmo 117:2).

- *Él es perfecto.* "En cuanto a Dios, perfecto es su camino, y acrisolada la palabra de Jehová; escudo es a todos los que en él esperan" (Salmo 18:30).

¡Por supuesto, esto apenas y toca la grandeza del carácter de Dios! No obstante, en esta lista breve de algunas de las fabulosas cualidades de Dios, podemos comenzar a sentir que solo Él es digno de nuestra confianza total. Solo Él es el Alfa y la Omega, el principio y el fin. Él es la única fuente confiable en la cual podemos poner nuestra fe con tranquilidad.

VIDA CON UN PROPÓSITO

Hace diez años escribí un libro que se llama *Parties with a Purpose* (Fiestas con propósito). Es un libro divertido lleno de ideas para hacer fiestas temáticas para niños. La mayoría de las personas que ven el título por supuesto que comprenden la parte de las "fiestas", pero la parte del "propósito" no es tan obvia. Junto con cada tema, incluyo una lección para darle un propósito específico a cada celebración. Por ejemplo, la fiesta de la "Sensación dálmata" incluye un breve drama con títeres. La estrella, Danny el dálmata, les explica a los pequeños asistentes que así como cada pequeño perro dálmata tiene un patrón único de manchas, cada persona tiene cualidades únicas especiales. Cada una de nosotras fue hecha por Dios como una creación única. ¡Parece ser que a los niños y a los papás les encanta la idea de organizar fiestas con propósito!

¿Y *vida con un propósito*? ¿Puede ser ese el título de tu propio libro? Las mujeres de fe a lo largo de la historia han sido motivadas por su fe en Dios para honrarlo con su vida. Incluso cuando enfrentaron dificultades, su fe les dio la esperanza y la perseverancia que necesitaban para procurar los propósitos que Dios ponía delante de ellas.

Por ejemplo, veamos a Amy Carmichael quien nació en 1867 en Irlanda del Norte. Amy conoció a Jesucristo a una edad temprana lo cual la llevó a tener un sentido agudo por las diferencias sociales. A los diecisiete años comenzó una escuela dominical para las niñas pobres de los molinos de Belfast. El grupo creció a quinientos asistentes.

A los veintiséis años Amy salió como misionera a Japón, pero regresó a Irlanda quince meses después a causa de una enfermedad. Al año siguiente continuó con su labor misionera en el sur de la India. Se quedó ahí durante cincuenta y seis años hasta su muerte a la edad de ochenta y cuatro. Su principal preocupación en India era la esclavitud de las niñas en los templos. Como un rito religioso, las niñas se dedicaban a los dioses del templo y se entregaban a la prostitución. Amy rescató muchas jóvenes de esta práctica y en 1925 fundó la Dohnavur Fellowship (Comunidad Dohnavur), que se dedica a salvar a niños en riesgo moral, los entrenan para servir a otros y a llevar el amor de Dios al pueblo de India. Cerca de novecientos niños han recibido apoyo a través del programa de Dohnavur.

En 1931 Amy tuvo una caída seria y se rompió una pierna, se torció la espina dorsal y quedó inválida por el resto de su vida. Su recámara y su estudio se convirtieron en su mundo. Ella le llamó a está habitación "la habitación de la paz", y fue desde esta habitación que comenzó a escribir sin parar. Sus obras han inspirado y bendecido a innumerables personas, incluyendo a Elisabeth Elliot, otra

La fe es inseparable de la expectación. Donde hay verdadera fe, siempre habrá expectación. —Catherine Booth mujer de fe. Uno de los libros de Amy, *Si yo... entonces no conozco nada del amor del Calvario,* conmovió a Elisabeth, quien escribió: "Gracias a las páginas de este libro, que leí cuando adolescente, comencé a comprender el gran mensaje de la cruz, al cual la autora llamaba 'el amor del Calvario'". Tiempo después Elisabeth escribió la biografía de Amy, *A Chance to Die* (Una oportunidad para morir).[2]

¿Cuál fue la motivación de Amy Carmichael para dejar su patria, crear un refugio para jóvenes en la India y escribir innumerables libros de inspiración y nuevas formas de ver la vida? *Fe.* La fe en un Dios amoroso que tenía un plan y un propósito para su vida. La misma fe que llevó a Elisabeth Elliot a servir a los aucas en Ecuador, la tribu que mató a su esposo en la jungla en un viaje misionero varios años antes. La misma fe que llevó a una mujer de pequeña estatura pero de un gran corazón, a quién conocemos como la madre Teresa, para comenzar una escuela para niños pobres en Calcuta. Sus comunidades de las Hermanas Misioneras de la Caridad han crecido y se han expandido para llevar el amor de Cristo a los enfermos, a los menesterosos y a los marginados en más de treinta países.

"Todo lo que hacemos, nuestras oraciones, nuestro trabajo, nuestro sufrimiento, es por Jesús", dijo la madre Teresa. "Nuestra vida no tiene otra razón o motivación. Este es un punto que mucha gente no entiende. Yo sirvo a Jesús las veinticuatro horas del día. Todo lo que hago es para Él. Y Él me da la fuerza".[3]

Fue la fe lo que llevó a dos muchachas de la universidad Baylor a hablar del amor de Cristo en un Afganistán predominantemente musulmán. Heather Mercer y Dayna Curry estaban conscientes de los peligros de servir en un país hostil al cristianismo, pero decidieron dar un paso de fe y hacer lo que creían que Dios les estaba pidiendo que hicieran. Fue su fe lo que les dio fuerza durante los tres meses de incertidumbre en que fueron mantenidas en cautiverio por los talibanes a finales de 2001. Fue la fe lo que mantuvo a las preciosas personas de la Antioch Community Church (Iglesia de la comunidad de Antioquía) en Waco, Texas, orando sin descanso por la seguridad y la liberación de las jóvenes. Fue la misericordia y la gracia de Dios lo que permitió que Heather y Dayna fueran liberadas junto con seis personas más.

LA FE SE LEVANTA CUANDO
NUESTRO MUNDO SE DESPLOMA

Nuestra fe en Dios es el ancla que nos mantiene firmes a través de las tormentas de la vida. Nos recuerda que hay un panorama eterno y que esta vida que podemos sentir y tocar solo es temporal. En la introducción de su libro *Tramp for the Lord* (Vagabunda de Dios), Corrie Ten Boom cita un poema de un autor anónimo que habla de una fe sólida en medio de un mundo incierto. Ella presenta el poema diciendo: "La fe es como un radar que puede penetrar la niebla; que puede ver la realidad de las cosas a una distancia que el ojo humano no puede". Este es el verso:

Mi vida no es sino un tejido que estamos haciendo Dios y yo,
Yo no escojo los colores, y Él trabaja sin descanso,
A menudo Él teje dolor, y yo soberbia insensata,
Me olvido de que Él ve el anverso y yo el reverso.
No va a ser sino hasta que el telar esté en silencio y las lanza-
  deras dejen de volar,
Que Dios desenrollará la tela y explicará los porqués.
Los hilos oscuros son tan necesarios en la talentosa mano del
  Tejedor,
Como los hilos de oro y plata en el patrón que ha diseñado.4

¡Ah, la belleza y la bendición de confiar en nuestro Padre celestial quien conoce el principio y el final! Él ve todo el panorama, nosotras solo vemos este lado. Cuando las tormentas de la vida sacuden nuestro bote, nuestra fe en Dios nos permite descansar todo nuestro peso en sus seguros brazos amorosos.

Mientras veíamos suceder los terribles acontecimientos del 11 de septiembre, también vimos personas recurriendo a Dios con fe. Las iglesias se llenaron de hombres, mujeres, jóvenes y viejos que comenzaron a buscar respuestas, esperanza, propósito y salvación. Jim Cymbala, pastor de Brooklyn Tabernacle en la ciudad de Nueva York, vio que su iglesia se llenó en los días que siguieron al ataque terrorista a las torres gemelas. Más de 670 personas se entregaron a Cristo en fe al domingo siguiente. El pastor Cymbala dice que nunca ha existido otro momento en la historia de nuestra nación en el que tantas personas estuvieran buscando a Dios en fe.5

LA FE ES ESENCIAL

¿Cómo es que una prostituta de un pueblo pagano terminó en la lista de los grandes de la Biblia, y en el linaje de Cristo? La respuesta es simple: Ella fue una mujer con una fe firme en el único Dios verdadero. El libro de Josué relata la historia de los espías israelitas que entraron a la ciudad de Jericó y encontraron un lugar para posar en casa de la prostituta Rahab. (No vamos a preguntar por qué o cómo es que los hombres terminaron en casa de Rahab.) Rahab prometió esconder a los espías y ayudarlos si protegían a su familia en la inminente batalla entre su pueblo y los israelitas. Al presentar su oferta reveló sus motivos en una gran declaración de fe:

> Porque hemos oído que Jehová hizo secar las aguas del Mar Rojo delante de vosotros cuando salisteis de Egipto, y lo que habéis hecho a los dos reyes de los amorreos que estaban al otro lado del Jordán, a Sehón y a Og, a los cuales habéis destruido. Oyendo esto, ha desmayado nuestro corazón; ni ha quedado más aliento en hombre alguno por causa de vosotros, porque Jehová vuestro Dios es Dios arriba en los cielos y abajo en la tierra. Os ruego pues, ahora, que me juréis por Jehová, que como he hecho misericordia con vosotros, así la haréis vosotros con la casa de mi padre, de lo cual me daréis una señal segura.
>
> *—Josué 2:10-12*

Rahab había escuchado las historias de las poderosas obras del Dios de Israel. Sin duda esas historias la hicieron temblar, pero también estimularon su fe y le dieron la confianza para declarar que "Jehová vuestro Dios es Dios arriba en los cielos y abajo en la tierra". Su fe la llevó a arriesgar su vida y ocultar a los espías israelitas y ayudarlos a escapar de la ciudad a salvo. Por su fidelidad los espías le dieron un cordón de grana para ponerlo en su ventana. Cuando se acercaran los israelitas, verían el cordón y Rahab y su familia serían guardados en la batalla.

¿No te recuerda esto otra ocasión en la el pueblo se salvó por algo color escarlata? Quizá estés pensando en la Pascua, cuando se les instruyó a los israelitas a que colocaran la sangre de un cordero en los postes de su puerta para que el ángel de la muerte pasara de largo sus casas. Todos los que estuvieran dentro, detrás de los postes marcados, estarían a salvo, mientras que los primogénitos de todas las casas que no estaban marcadas morirían.

Ambos momentos de salvación en el Antiguo Testamento simbolizan la salvación en Cristo por medio de la fe. Hoy, nosotras también somos salvas por algo escarlata: nuestra fe en Jesús, quien derramó su sangre para salvarnos de "la paga del pecado" (Romanos 6:23).

¡Rahab se encuentra en la lista de los miembros del Salón de la Fe en Hebreos 11, junto a los patriarcas más insignes como Noé, Abraham y Moisés! Hebreos 11:31 nos dice: "Por la fe Rahab la ramera no pereció juntamente con los desobedientes, habiendo recibido a los espías en paz". La Biblia también destaca a Rahab en el linaje directo de Jesús en Mateo 1:5: "Salmón engendró de Rahab a Booz, Booz engendró de Rut a Obed, y Obed a Isaí".

A los ojos de Dios, lo que Rahab fue e hizo en el pasado no era tan importante como su fe. Su fe cambió su vida. Rahab creyó en el único Dios verdadero y actuó sobre esa fe; la salvó tanto en lo físico como en lo espiritual. Si Dios pudo tomar una prostituta que vivía en territorio enemigo y levantarla como una gran mujer de fe, ¿qué podrá hacer con nuestras marcadas y rasgadas vidas?

El escritor de Hebreos aborda la naturaleza esencial de la fe: "Pero sin fe es imposible agradar a Dios; porque es necesario que el que se acerca a Dios crea que le hay, y que es galardonador de los que le buscan" (Hebreos 11:6). ¿Y tú? ¿Has tomado un paso de fe en Dios? ¿Crees que Dios te ama y que envió a su Hijo, Jesús, para salvarte? Así como el cordón de grana salvó a Rahab y la sangre de la Pascua salvo a los primogénitos de los israelitas, la sangre de Jesús nos salva. Pablo dijo: "Ellos dijeron: Cree en el Señor Jesucristo, y serás salvo, tú y tu casa" (Hechos 16:31). Solo es por fe.

PERSEVERA EN LA TRAVESÍA

Durante mis años en la universidad Baylor decidí participar en un maratón. (¡Sí, es una carrera de cuarenta y dos kilómetros!) En mi entusiasmo juvenil, decidí entrenar con uno de mis amigos de Baylor y someternos a un programa riguroso de entrenamiento de doce semanas. El día de la carrera, yo sabía que estaba enfrentando uno de los desafíos físicos más grandes de mi vida. Terminé de calentar, me despojé de todo peso extra que pudiera hacer que me retrasara y esperé junto con mi amigo en la línea de salida junto con otros miles de corredores. La adrenalina comenzó a fluir una vez que el tiro de salida marcó el comienzo de la carrera.

Mi amigo y yo nos separamos después de los primeros ocho kilómetros, pero no estaba sola. Mis papás, mi hermana y mi novio, Curt (ahora mi esposo), estaban en un costado del camino dándome aliento. Me mostraron letreros de ánimo a lo largo de la carrera e incluso corrieron junto conmigo en los tramos más difíciles.

Fue cerca del kilómetro treinta y cinco que "di contra la pared". Los corredores de distancia están familiarizados con esta fase. Se refiere al punto mental y físico en el que uno siente como si no pudiera dar un paso más. Algunas personas se detienen en este punto; otros abandonan la carrera. Pero la mayoría simplemente siguen adelante tratando de romper la pared, ya que saben que la meta no está lejos.

Mi meta en esta carrera era terminarla. No me importaba cuánto me tardara; yo solo quería terminar. Cuando di contra la pared, lo único que podía hacer era imaginarme la meta. Bajé el ritmo e incluso caminé unos metros, pero sobre todo mantuve la meta en mi mente. Yo sabía que finalmente llegaría, así que cuando crucé esa línea, el gozo y el sentimiento de logro fueron abrumadores. La carrera me tomó un poco más de cuatro horas de principio a fin, pero fue un hito en mi vida. Aprendí por medio de esa experiencia lo que significa ponerse una meta, prepararse para alcanzarla y seguir adelante hasta el final.

La vida es como un maratón; aunque muchas veces la vivimos como si fuera una carrera de velocidad. Es una larga travesía llena de alegrías y dificultades. Estamos destinados a darnos contra la pared muchas veces durante ella. Por eso Pablo nos anima a que pongamos "los ojos en Jesús, el autor y consumador de la fe" (Hebreos 12:2).

¿Dónde ponemos nuestro enfoque? ¿Está en Aquel que es digno de nuestra fe? Grandes mujeres de fe han transitado por este camino antes que nosotras, manteniendo sus ojos firmes en Jesús. Fueron capaces de mantener el curso, porque se despojaron de las cosas que las ataban y corrieron con diligencia hasta la meta. ¡Como Rahab, Amy Carmichael, Elisabeth Elliot y la madre Teresa, tú y yo podemos correr con perseverancia la carrera de la vida que está delante de nosotras!

PUNTO DE PODER

Lee: La historia de Rut en Rut 1:1-5, 15-18 y 4:13-22. ¿Qué declaración de fe hizo Rut? ¿Qué pasos de fe tomó Rut? ¿Cómo recompensó Dios la fidelidad de Rut?

Ora: Maravilloso Padre celestial, te agradezco la paz y el propósito que me has dado. Pongo mi fe en ti porque tú eres digno. Ayúdame a caminar en fe, confiando en que tú conoces todo el panorama de mi vida. Quizá no entienda todo lo que haces o todo lo que permites que suceda, pero confío en tu gracia amorosa para poder salir adelante en cada circunstancia. Guíame paso a paso en la fe mientras te sigo. Te lo pido en el nombre de Jesús, amén.

Recuerda: "Porque por gracia sois salvos por medio de la fe; y esto no de vosotros, pues es don de Dios; no por obras, para que nadie se gloríe" (Efesios 2:8-9).

Practica: ¿Cuándo fue que tomaste un paso de fe en Dios por primera vez? Escribe tu historia para que puedas mostrársela a tus familiares y a otros. Si nunca has puesto tu confianza y tu fe en Cristo, quizá este sería un buen momento para hacer una oración semejante a la que escribí anteriormente en este mismo capítulo.

4

UNA RENOVACIÓN ESPIRITUAL TOTAL

**Pon tu fe en acción y vístete de un
guardarropa completamente nuevo**

*Porque como el cuerpo sin espíritu está muerto,
así también la fe sin obras está muerta.*
—Santiago 2:26

Al principio de los ochenta (así es, estoy revelando mi edad), varias líneas de cosméticos comenzaron a utilizar una nueva técnica de ventas que dependía de que la mujer identificara los colores que le iban mejor. Las consultoras de belleza colocaban unas telas de color sobre los hombros y el cuello de la mujer para determinar la gama de colores que hacían juego con su color de piel natural. Una mujer con cabello rubio, ojos azules y cutis claro recibía la clasificación típica de "verano", lo que quería decir que se veía mejor si usaba colores cálidos como el rosa, el morado y el negro. Una morena con un color de piel sobrio era catalogada como "otoño", con lo cual se quería decir que se veía mejor con tonos marrones, verdes y naranjas. El cabello oscuro y la piel clara solían ser catalogados como "invierno" y se les asignaba un esquema de colores distinto, así como a las otras que se veían mejor con la paleta "primavera". Me hice la prueba varias veces y en todas fui clasificada como una mujer "verano".

Como yo no sabía que era "verano", hasta que me sometí a la prueba del color, había coleccionado un guardarropa arco iris y no solo prendas rosas o moradas. Por lo que todas las piezas marrones, verdes, amarillas y naranjas de mi armario se tenían que ir. No podía andar por allí vestida de colores "otoño" si yo era una "verano". ¡Qué gran traspié de la moda! Desde ese momento en adelante decidí que nadie me iba a encontrar vestida de marrón. Por supuesto, tenía que afinar mis colores favoritos para maquillarme. Ya no iba a utilizar rubor con visos naranjas; ¡de ahora en adelante solo usaría tonos rosados!

Muchas veces hacemos cambios en nuestra vida de acuerdo con nuestras creencias. Algunos cambios son mayores que otros. Mi renovación total de colores estaba basada en la nueva convicción que recién había adquirido de que yo era "verano". Entre más aprendía acerca de los patrones de color, mi guardarropa comenzó a reflejar más colores "verano".

Cuando ponemos nuestra fe en Cristo, nuestras vidas pasan por otro tipo de renovación total: una renovación total *espiritual*. De acuerdo a como nos vayamos convirtiendo en mujeres de fe, nuestro comportamiento comenzará a cambiar para reflejar las creencias nuevas que adoptemos. Por supuesto, nuestras acciones y nuestra conducta no es lo que nos salva a los ojos de Dios; somos salvos por su gracia solo por medio de la fe (ver Efesios 2:8-9), Nuestras obras no nos llevan a la salvación; si lo hicieran tendríamos una razón para ensoberbecernos. Nuestra fe es lo que le agrada al Señor (ver Hebreos 11:6).

No obstante, nuestras acciones *son* importantes. ¿Por qué? Porque son la evidencia de nuestra fe.

UN EJEMPLO VIVO

En el Nuevo Testamento, Santiago habla apasionadamente acerca de la conexión entre la fe y las obras: "Hermanos míos, ¿de qué aprovechará si alguno dice que tiene fe, y no tiene obras? ¿Podrá la fe salvarle? Y si un hermano o una hermana están desnudos, y tienen necesidad del mantenimiento de cada día, y alguno de vosotros les dice: Id en paz, calentaos y saciaos, pero no les dais las cosas que son necesarias para el cuerpo, ¿de qué aprovecha? Así también la fe, si no tiene obras, es muerta en sí misma" (Santiago 2:14-17).

Aclaremos algo. Santiago no está diciendo que agradamos a Dios o que llegamos al cielo por hacer buenas obras. Está diciendo que si tenemos una fe viva en Cristo, nuestras acciones lo deberían evidenciar.

La "nueva yo" se debería reflejar en nuestro comportamiento.

No importa que podamos citar todos los versículos correctos o que hablemos como si tuviéramos una gran fe, a menos que la fe se ponga en acción en nuestra vida, tenemos muy pocas evidencias de que sea real.

Estas son palabras duras. Pero como mujeres positivas de fe, es importante que seamos congruentes entre lo que decimos y hacemos. Mi papá suele citar un poema que se le atribuye a Edgar Guest, el cual habla del poder de nuestras acciones. Se llama "Sermons we see" (Sermones que vemos):

> Prefiero cualquier día ver un sermón que escucharlo.
> Prefiero que alguien me acompañe en lugar de solo mos-
> trarme el camino.
> El ojo es un mejor alumno; más dispuesto que el oído,
> El consejo elevado es confuso, pero los ejemplos siempre son
> claros.
> Y las mejores personas son las que viven lo que creen,
> Porque ver el bien en acción es lo que todos necesitamos,
> Puedo aprender pronto a hacerlo si me dejas ver cómo lo
> haces,
> Puedo ver tus manos en acción, pero tu lengua puede hablar
> demasiado rápido para mí.
> Los discursos que dices quizá sean sabios y verdaderos;
> Pero prefiero aprender la lección observando lo que haces.
> Porque puedo mal entender tus palabras y el alto consejo que
> das,
> Pero no puedo mal interpretar tus actos y tu manera de vivir.[1]

Los eruditos han luchado durante siglos entre sí a causa del sentido correcto de la relación entre la fe y las obras. C.S. Lewis describió esta tensión cuando escribió: "La controversia entre la fe y las obras ha durado mucho tiempo y es un asunto altamente técnico. Personalmente, confío en el texto paradójico que dice: 'Ocupaos en vuestra salvación [...], porque Dios es el que en vosotros produce así el querer como el hacer, por su buena voluntad' (Filipenses 2:12-13). Parece en un sentido que no hacemos nada y en otro que debemos hacer... mucho. Ocúpate en tu salvación 'con temor y temblor', pero primero debes tenerla antes de poder ocuparte en ella".[2]

De cierto, tenemos que equilibrar la belleza y la grandeza de la gracia de Dios con la poderosa evidencia de su obra en nosotras. Las obras que vemos en nuestra vida no son el resultado de nuestro propio poder; son la evidencia del Espíritu de Dios obrando en nosotras. Dios nos da la salvación de forma gratuita. ¿No nos dará también gratuitamente el poder de vivirla?

Me encanta la ilustración que Jim Cymbala, pastor de Brooklyn Tabernacle en la ciudad de Nueva York, escribió en su libro *Poder vivo:* "Imagínese que mi hermana Pat y su esposo, Frank, vinieran a mi casa a pasar la Navidad y que nos trajeran a Carol y a mí un hermoso regalo. Pat me saluda en la entrada con un cálido abrazo y me dice: '¡Mira, esto es para ti!'. Me entrega una caja envuelta en papel metálico con un moño elegante y me dice: '¡Feliz Navidad! Por cierto, si eres tan amable, son $55 dólares; en efectivo o en cheque, cualquiera de los dos, pero no recibo tarjetas de crédito'".[3]

Qué ridículo sería pensar que alguien nos diera un regalo y que luego nos pidiera que lo pagáramos. Bueno, creo que mis hijas adolescentes a veces me hacen eso, ¡pero Dios no! Dios nos da de manera gratuita su Espíritu para obrar de forma poderosa en nuestra vida. El Espíritu Santo es el consultor de belleza enviado por Dios para llevar a cabo una renovación total espiritual sin cargo alguno. Efesios 4:30 dice: "Y no contristéis al Espíritu Santo de Dios, con el cual fuisteis sellados para el día de la redención". ¡Qué nunca seamos culpables de estorbar la obra del Espíritu!

DESHAZTE DE TU ANTIGUO GUARDARROPA

Yo sé que decir que renové mi guardarropa entero, porque descubrí que era "verano", suena ridículo. ¿Pero qué te puedo decir? Fui víctima de un esquema de mercadotecnia que estaba de moda en esa época. Pero no todas las transformaciones son tan vacías o de poca duración. Por ejemplo, cuando puse mi fe en Cristo, fui sometida a una renovación total espiritual de categoría eterna. Se podría decir que me convertí en una nueva creación; por lo menos así es como lo describe el apóstol Pablo en 2 Corintios 5:17: "De modo que si alguno está en Cristo, nueva criatura es; las cosas viejas pasaron; he aquí todas son hechas nuevas". ¡Qué refrescante es comenzar de nuevo, empezar a caminar en fe, permitir que Dios me cambie de adentro hacia afuera!

¿Cómo es esta "nueva creación"? Encontramos la descripción de nuestro nuevo guardarropa a lo largo de la Biblia. En Colosense 3:1-15 Pablo nos habla de limpiar nuestros armarios, si lo podemos decir así, y vestirnos de nueva ropa. Vamos a ver su consejo de renovación total:

> Si, pues, habéis resucitado con Cristo, buscad las cosas de arriba, donde está Cristo sentado a la diestra de Dios. Poned la mira en las cosas de arriba, no en las de la tierra. Porque habéis muerto, y vuestra vida está escondida con Cristo en Dios. Cuando Cristo, vuestra vida, se manifieste, entonces vosotros también seréis manifestados con él en gloria.
>
> Haced morir, pues, lo terrenal en vosotros: fornicación, impureza, pasiones desordenadas, malos deseos y avaricia, que es idolatría; cosas por las cuales la ira de Dios viene sobre los hijos de desobediencia, en las cuales vosotros también anduvisteis en otro tiempo cuando vivíais en ellas. Pero ahora dejad también vosotros todas estas cosas: ira, enojo, malicia, blasfemia, palabras deshonestas de vuestra boca. No mintáis los unos a los otros, habiéndoos despojado del viejo hombre con sus hechos, y revestido del nuevo, el cual conforme a la imagen del que lo creó se va renovando hasta el conocimiento pleno, donde no hay griego ni judío, circuncisión ni incircuncisión, bárbaro ni escita, siervo ni libre, sino que Cristo es el todo, y en todos.
>
> Vestíos, pues, como escogidos de Dios, santos y amados, de entrañable misericordia, de benignidad, de humildad, de mansedumbre, de paciencia; soportándoos unos a otros, y perdonándoos unos a otros si alguno tuviere queja contra otro. De la manera que Cristo os perdonó, así también hacedlo vosotros. Y sobre todas estas cosas vestíos de amor, que es el vínculo perfecto. Y la paz de Dios gobierne en vuestros corazones, a la que asimismo fuisteis llamados en un solo cuerpo; y sed agradecidos.
>
> —*Colosenses 3:1-15*

Pablo lo abarca todo, desde nuestro corazón a nuestra mente hasta nuestras acciones. Vivir una vida basada en la fe en Cristo debería verse distinta de una vida vivida para una misma y para el aquí y el ahora. Esta renovación total es obra del Espíritu de Dios, no de nuestra carne. Dios, que comenzó la buena obra en nosotras la completará (ver

Si la fe no produce obras, entonces veo que la fe no está viva. Por lo tanto, la fe y las obras creen juntas; no pueden existir separadas una de la otra; son alma y cuerpo; lo que Dios juntó, no lo separe el hombre. —Hannah More

Filipenses 1:6). Su Espíritu nos da el poder para vivir una vida de amor y perdón, y por su Espíritu somos capaces de soportar a los demás y permanecer en unidad.

Lamentablemente, el día de hoy vemos que pocas cristianas están vestidos de estas señales externas de una fe interna. ¿Se secó el manantial de poder en nuestra vida? ¿O estamos fallando en permitirle al Espíritu que viva con poder a través de nosotras?

¿NO SERÍA PRECIOSO?

Si viviéramos en realidad vestidas de las ropas nuevas que Pablo describe, ¿no sería precioso? Más que eso, ¿la gente no sería atraída a Cristo a causa de que viviéramos una vida de fe así de hermosa? ¿Podría haber una mujer más preciosa, o una mujer de fe más positiva que aquella que se viste de misericordia, benignidad, humildad, mansedumbre y paciencia? ¿Qué soporta a los demás y los perdona? ¿Qué exuda amor y paz? A una mujer vestida así le preguntarían a cada rato en qué tiendas compra su ropa; y la respuesta sería: "A los pies de Jesús".

Lamentablemente, es muy raro que el mundo vea un desfile de modas de esta naturaleza cuando ve a los cristianos y a la Iglesia. En lugar de eso, ven chisme, murmuraciones, deslealtad y amargura, celos y envidia. No muy atractivo que digamos. ¡Ay, amiga en la fe, si solo este nuevo estilo de vestir comenzara contigo y conmigo! Quizá podríamos comenzar a mostrar el amor de Cristo a los demás y hacer que este mundo fuera diferente. El fruto del Espíritu de Dios en nuestra vida es hermoso. Escucha la descripción en Gálatas 5:19-25:

> Y manifiestas son las obras de la carne, que son: adulterio, fornicación, inmundicia, lascivia, idolatría, hechicerías, enemistades, pleitos, celos, iras, contiendas, disensiones, herejías, envidias, homicidios, borracheras, orgías, y cosas semejantes a estas; acerca de las cuales os amonesto, como ya os lo he dicho antes, que los que practican tales cosas no heredarán el reino de Dios. Mas el fruto del Espíritu es amor, gozo, paz, paciencia, benignidad, bondad, fe, mansedumbre, templanza; contra tales cosas no hay ley. Pero los que son de Cristo han crucificado la carne con sus pasiones y deseos. Si vivimos por el Espíritu, andemos también por el Espíritu.
>
> —*Gálatas 5:19-25*

Como mujeres positivas, vistámonos de las preciosas prendas del fruto del Espíritu. Permitamos que el Espíritu de Dios se derrame a través de nosotras y toque este mundo con el amor de Cristo.

LOS ACCESORIOS DE LA FE

Esta es una frase que escuchamos que las mujeres dicen demasiado a menudo: "Ay, soy una preocupona". Parece ser que todas tenemos diferentes aspectos de nuestra vida en los que sufrimos de ansiedad. Mi mamá solía preocuparse de si su casa lucía arreglada y limpia. Yo, por otro lado, me preocupo por la seguridad de mis hijas. Una de mis amigas se preocupa por el futuro. Otra amiga que se dedica a las ventas se preocupa por las comisiones. *¿Tú,* de qué te preocupas? La preocupación es un tejido demasiado común entre las mujeres, y nos hemos acostumbrado a ella en nuestra vida. Pero, ¿debería ser así?

Si la fe está en verdad en acción, le deja poco espacio a la preocupación o al temor. Una inscripción en la posada Hind's Head Inn en Bray, Inglaterra, dice: "El temor tocó a la puerta. La fe abrió. Y ya nadie estaba allí".[4] ¿No es increíble? Cuando la fe se encuentra con el temor, la preocupación y la duda desaparecen. Según George MacDonald: "Una fe perfecta nos levantará de forma absoluta sobre el temor".[5]

¿Cómo crecemos en nuestra fe al punto de que ya no nos preocupamos? De manera extraña podemos encontrar respuesta en las palabras de un hombre en prisión. El apóstol Pablo le escribió a los Filipenses: "Por nada estéis afanosos, sino sean conocidas vuestras peticiones delante de Dios en toda oración y ruego, con acción de gracias. Y la paz de Dios, que sobrepasa todo entendimiento, guardará vuestros corazones y vuestros pensamientos en Cristo Jesús" (Filipenses 4:6-7). Cuando parezca que la preocupación y el miedo se están quedando con lo mejor de ti, ¡ora! Echa tus ansiedades sobre Dios a través de la fe en oración. Es algo que debemos hacer todos los días, ya que las preocupaciones con frecuencia vuelven y nos atacan. Pero Pablo nos dice que podemos experimentar una paz que sobrepasa todo entendimiento si ponemos nuestras preocupaciones en las manos de Dios.

Jorge Müller fue un hombre de fe. Como fundador de varios orfanatos en la Inglaterra del siglo XIX, dependía totalmente de Dios para la comida y las provisiones de los huérfanos bajo su cuidado. Nunca pidió ni un centavo en donaciones, sino más bien, a través de la fe,

La fe no hace nada sola; nada por sí misma, pero puede lograrlo todo bajo Dios, por Dios y a través de Dios. —William Stoughton oraba por cada necesidad. Dios bendijo de una forma rica la vida de fe de Müller y los huérfanos jamás se quedaron sin comer. Con respecto a la ansiedad, Müller dijo: "El principio de la ansiedad es el fin de la fe, y el principio de la verdadera fe es el final de la ansiedad".[6]

¿Cómo sería nuestra vida si se caracterizara por menos preocupación y más fe? ¿Si solo confiáramos en Dios para nuestro futuro, para tener fuerza, para recibir dirección? ¿Si avanzáramos en fe en lugar de preocuparnos cómo hacer que las cosas sucedan nosotras mismas? Imagínate la marca que dejaría nuestra vida si viviéramos día a día una vida de fe en oración. Quizá nunca seríamos famosas o tendríamos la oportunidad de influenciar a miles de personas, pero si cada una camináramos en fe justo donde Dios nos ha puesto, juntas cambiaríamos el mundo de una forma positiva.

DAR UN PASO DE FE

Fe es avanzar de acuerdo a como Dios dirija, incluso cuando no sepamos cuál será el posible resultado. Es hacer algo mayor que nosotras mismas; tan grande que dependamos de Dios y no de nuestra propia fuerza o capacidad. Cuando damos un paso de fe, Dios se lleva la gloria, porque lo que logremos es hecho por el Espíritu que está obrando a través de nosotras. Podemos leer una lista de héroes y heroínas de la fe en Hebreos 11. Dios logró grandes cosas a través de cada una de estas personas cuando ellos simplemente dieron un paso de fe. Échale un vistazo al equipo:

- Versículo 7: Por la fe Noé, cuando fue advertido por Dios acerca de cosas que aún no se veían, con temor preparó el arca en que su casa se salvase; y por esa fe condenó al mundo, y fue hecho heredero de la justicia que viene por la fe.

- Versículo 8: Por la fe Abraham, siendo llamado, obedeció para salir al lugar que había de recibir como herencia; y salió sin saber a dónde iba.

- Versículo 9: Por la fe habitó como extranjero en la tierra prometida como en tierra ajena, morando en tiendas con Isaac y Jacob, coherederos de la misma promesa.

- Versículo 11: Por la fe también la misma Sara, siendo estéril, recibió fuerza para concebir; y dio a luz aun fuera del tiempo de la edad, porque creyó que era fiel quien lo había prometido.

- Versículo 17: Por la fe Abraham, cuando fue probado, ofreció a Isaac; y el que había recibido las promesas ofrecía su unigénito.

- Versículo 20: Por la fe bendijo Isaac a Jacob y a Esaú respecto a cosas venideras.

- Versículo 21: Por la fe Jacob, al morir, bendijo a cada uno de los hijos de José, y adoró apoyado sobre el extremo de su bordón.

- Versículo 23: Por la fe Moisés, cuando nació, fue escondido por sus padres por tres meses, porque le vieron niño hermoso, y no temieron el decreto del rey.

- Versículos 24-28: Por la fe Moisés, hecho ya grande, rehusó llamarse hijo de la hija de Faraón, escogiendo antes ser maltratado con el pueblo de Dios, que gozar de los deleites temporales del pecado, teniendo por mayores riquezas el vituperio de Cristo que los tesoros de los egipcios; porque tenía puesta la mirada en el galardón. Por la fe dejó a Egipto, no temiendo la ira del rey; porque se sostuvo como viendo al Invisible. Por la fe celebró la pascua y la aspersión de la sangre, para que el que destruía a los primogénitos no los tocase a ellos.

- Versículo 29: Por la fe pasaron el Mar Rojo como por tierra seca; e intentando los egipcios hacer lo mismo, fueron ahogados.

- Versículo 30: Por la fe cayeron los muros de Jericó después de rodearlos siete días.

- Versículo 31: Por la fe Rahab la ramera no pereció juntamente con los desobedientes, habiendo recibido a los espías en paz.

- Versículos 32-35: ¿Y qué más digo? Porque el tiempo me faltaría contando de Gedeón, de Barac, de Sansón, de Jefté, de David, así como de Samuel y de los profetas; que por fe conquistaron reinos, hicieron justicia, alcanzaron promesas, taparon bocas de leones, apagaron fuegos impetuosos, evitaron filo de espada, sacaron fuerzas de debilidad, se hicieron fuertes en batallas, pusieron en fuga ejércitos extranjeros. Las mujeres recibieron sus muertos mediante resurrección; mas otros fueron atormentados, no aceptando el rescate, a fin de obtener mejor resurrección.

¡Qué increíble! ¿No te sientes como si acabaras de bajar de una montaña rusa a través del Antiguo Testamento en un parque de diversiones lleno de seguidores fieles? A pesar de todas las subidas y bajadas, cada persona en este juego permaneció en el camino de la fe. Cada uno recibió una bendición celestial; y algunas veces también una bendición terrenal.

Como cada uno de ellos descubrió, dar un paso de fe no es garantía de un paseo perfecto y suave en esta vida. De hecho, algunas de las personas que dieron un paso de fe fueron torturadas, flageladas y se burlaron de ellas; otras fueron encadenadas, aprisionadas y apedreadas (ver Hebreos 11:35-39). Claramente, una vida de fe no se encuentra ausente de desafíos. No obstante, es una vida de victoria. El escritor de Hebreos dice de estos seguidores fieles: "de los cuales el mundo no era digno" (versículo 38). El plan de Dios es mayor que lo inmediato; es mayor que lo que vemos y experimentamos en el aquí y ahora. ¿Quién sabe qué obra tan grande puede hacer Él con nuestro simple paso de fe?

Los pasos fieles de estos hombres y mujeres del Antiguo Testamento pavimentaron el camino para nuestra vida de fe hoy en día. Hebreos 11 cierra con la siguiente declaración: "Y todos éstos, aunque alcanzaron buen testimonio mediante la fe, no recibieron lo prometido; proveyendo Dios alguna cosa mejor para nosotros, para que no fuesen ellos perfeccionados aparte de nosotros" (Hebreos 11:39-40). Quizá jamás veamos la bendición completa de cada paso de fe que demos hasta que estemos en el cielo. Qué seamos fieles para escuchar su invitación y tomar los pasos que nos pida que tomemos, dejándole los resultados a Él. A.W. Pink lo dice de esta forma: "La fe es un principio de vida por la que el cristiano vive en Dios; un principio de movimiento por el cual entra al cielo por la calzada de la santidad; un principio de fuerza por el que se opone a la carne, al mundo y al diablo".[7]

UNA MUJER MODERNA DE FE

¿Qué puede suceder si escuchamos la invitación de Dios y damos un paso de fe? Mary Kay Ash, fundadora de la compañía Mary Kay Cosmetics, es un ejemplo moderno de una mujer de fe. Su mensaje de vida fue sencillo: primero Dios, después la familia y luego el trabajo. En su funeral el reverendo C. Robert Hasley dijo: "Mary Kay Ash fue una de las mensajeras de Dios más fieles. Fue una santa".[8] Carolyn Dickinson, directora de desarrollo de ventas para Mary Kay, Inc., me dijo lo siguiente acerca de la compañía y su fundadora:

> Todo comenzó hace treinta y ocho años con el sueño de que todas las mujeres llegaran a ser lo que Dios había planeado que fueran. Ella dio un paso al frente y tomó la decisión de hacer lo que Dios le estaba diciendo que hiciera. En la década de los sesenta, un tiempo de injusticia para las mujeres en el lugar de trabajo, Mary Kay tomó la decisión valiente de invertir los ahorros de su vida (cinco mil dólares) para seguir la voluntad de Dios y cambiar el mundo a través de compasión y esperanza, una lección de la cual todos podemos aprender.

Carolyn también me dijo acerca de la ocasión en 1979 en que fue entrevistada en la televisión en el programa popular *Sesenta minutos*. Se le preguntó: "Mary Kay, usted dice que Dios es su primera prioridad. ¿No está usando a Dios para acrecentar sus negocios?". Ella respondió con la respuesta perfecta: "Realmente espero que no sea así. Espero que Él me esté usando a mí". Y ciertamente lo hizo. Al momento de su muerte en noviembre de 2001, Mary Kay Inc. reportó ingresos de mil trescientos millones de dólares. Pero, sobre todo, a través de la compañía, la vida de miles de mujeres había sido tocada y cambiada.

Mary Kay dijo en cierta ocasión: "La mayoría de la gente vive y muere sin que nadie toque su música. Nunca se atrevieron a intentarlo".[9] Ciertamente Mary Kay Ash se atrevió a dar un paso de fe. Ella no solo actuó sobre su fe en Dios, sino que demostró que también creía en la gente. Animó a su fuerza de ventas con la confianza necesaria para tener éxito.

"Nos enseñó bien", dijo el hijo de Mary Kay, Richard Rogers. "Los que la conocimos y la amamos nos hemos beneficiado de sus enseñanzas. Su fe en el hermoso potencial dentro de cada ser humano era su piedra angular, y se convirtió en la piedra angular de todos los que entraban en contacto con ella".[8]

Se dice que Mary Kay Ash le dio a las mujeres de este mundo una renovación total y que les ofreció la oportunidad de unirse al mundo laboral desde su casa. Yo creo que nos dejó un modelo de mujer que permitió que Dios la renovara por completo. Su amor, gentileza e inspiración (dirigidas por Dios y llevadas a cabo en su poder) nos muestran cómo es una mujer de fe cuando se pone su nuevo guardarropa. Su vida nos recuerda que nunca subestimemos lo que Dios puede hacer a través de un corazón dispuesto y un paso de fe.

Por supuesto, la mayoría de las mujeres positivas de fe en el mundo de hoy, son mujeres de quienes nunca hemos oído. Son mujeres dulces y humildes que viven una vida de fe paso a paso, día a día. Quizá nunca logren tener fama, pero están cambiando la vida de las personas a su alrededor. Son guerreras fieles de oración en la iglesia, madres fieles que animan a sus hijos, empleadas fieles que trabajan con todo su ser como para el Señor. Sin importar que los resultados sean grandes o pequeños, su recompensa en los cielos es profunda. Y cada una puede ver hacia el futuro, hacia el día en que sean recibidas con estas palabras: "Bien hecho, buen siervo y fiel".

PUNTO DE PODER

Lee: en Éxodo 1:6 al 2:10 el relato de tres mujeres que actuaron en fe. ¿Cómo es que las tres parteras hebreas mostraron su fe en Dios? ¿De qué manera la levita que luego es identificada en la Escritura como Jocabed (Éxodo 6:20) mostró su fe? ¿Cuál fue el resultado de sus acciones llenas de fe?

Ora: ¡Oh Dador de vida, gracias por tus obras en mi vida! Gracias por cambiarme y hacerme una nueva creación en ti. En cada área de mi vida, ayúdame a reflejar que tu Espíritu vive dentro de mí. Quiero honrarte y glorificarte en todo lo que haga y diga. Que mi fe sea evidente como resultado de tu obra en mí. Te lo pido en el nombre de mi fiel Salvador, Jesús, amén.

Recuerda: "Pero sin fe es imposible agradar a Dios; porque es necesario que el que se acerca a Dios crea que le hay, y que es galardonador de los que le buscan" (Hebreos 11:6).

Practica: Tómate el tiempo para escuchar a Dios. ¿Te está diciendo que tomes un paso de fe en alguna dirección? ¿Estás titubeando por temor, ansiedad o falta de confianza en ti misma? Recuerda, en lo que somos débiles, Él es fuerte. Permítele a Dios dirigir tus sendas, da el paso de fe y obsérvalo obrar a través de ti.

Principio poderoso 2

Conviértete en una mujer sabia

El conocimiento llega, pero la sabiduría permanece.
—Alfred Lord Tennyson

Porque Jehová da la sabiduría,
Y de su boca viene el conocimiento y la inteligencia [...]
Cuando la sabiduría entrare en tu corazón,
Y la ciencia fuere grata a tu alma
—Proverbios 2:6-10

5

MÁS PRECIOSA QUE LOS RUBÍES

Busca sabiduría en los lugares apropiados

*Es mejor obtener sabiduría que oro. El oro le pertenece a
alguien más, la sabiduría es nuestra; El oro es para el tiempo
y el cuerpo, la sabiduría para el alma y la eternidad.*
—Matthew Henry

La sabiduría y el ingenio se encuentran en los lugares
más extraños. Las etiquetas, los imanes para el refrigerador, las camisetas, las tarjetas de felicitación e incluso
los cojines decorativos llevan algunas de las mejores verdades
de la vida. Esta es una selección de mis preferidas:

- La cintura es una cosa horrible en qué pensar.
- Bien vale la pena pagar por recibir un regalo.
- El ateísmo es una organización sin fines eternos.
- Yo solía ser indecisa, pero ahora no estoy segura.
- Le echaron tequila de mi café negro.
- Todos tienen derecho a conocer mi opinión.
- Pobrecito, todo es un complot en tu contra, ¿verdad?
- ¿Qué pasaría si no existieran las preguntas hipotéticas?
- Con tu ayuda podremos erradicar, suprimir, anular, eliminar y
  extirpar la redundancia innecesaria e irresponsable.
- A mi edad, lo he visto todo, lo he experimentado todo y ya lo he
  oído todo… solo que… no puedo recordarlo.

- ¡Si hubiera sabido que ser abuela iba a ser tan divertido lo hubiera hecho antes!
- *Veni, Vidi, Visa:* Vine, vi, compré.

Qué divertido es descubrir pequeñas gemas de sabiduría en los lugares más insospechados. Estoy segura de que tienes tus preferidas. Una de las que más me gustó fue una camiseta que vi y que hablaba de la fuente máxima de sabiduría. Tenía la imagen de una Biblia abierta y un texto que decía: "Cuando todo lo demás falle, lea las instrucciones". Algunas veces, leer las instrucciones es nuestro último recurso cuando estamos jugando un juego de mesa o armando una casita de muñecas. ¡Pero cuando se trata de obtener dirección para nuestra vida, olvidamos leer las instrucciones de nuestro Hacedor bajo nuestro propio riesgo!

Como mujeres positivas, nuestra búsqueda de sabiduría tiene que ir más allá de los artículos de las tiendas de regalos. Ciertamente las camisetas, las etiquetas y los imanes pueden ser divertidos y darnos una perspectiva superficial sobre la vida; pero cuando necesitamos sabiduría, debemos procurar una base sólida llena de la verdad.

DEFINICIÓN DE SABIDURÍA

La *sabiduría* es una palabra de uso común que se ha utilizado y aquilatado a lo largo de las épocas. ¿Pero que significa ser una mujer sabia? El diccionario Webster define sabiduría como "sagacidad, discernimiento o poder reflexivo". La Biblia *The New Open Bible* (La nueva Biblia abierta) define sabiduría como "conocimiento guiado por el entendimiento". Si lo juntamos todo, podemos decir que la sabiduría es un tipo de aplicación del conocimiento que poseemos. No es conocimiento en sí mismo y por sí mismo. Me gusta lo que Frank M. Garafda dice: "La diferencia entre un hombre inteligente y un hombre sabio es que el hombre inteligente sabe qué decir, y un hombre sabio sabe si es prudente decirlo o no".[1]

Salomón, el antiguo rey de Israel, quien es reconocido ampliamente como una de las personas más sabias que el mundo ha conocido jamás, dijo: "El temor de Jehová es el principio de la sabiduría, y el conocimiento del Santísimo es la inteligencia" (Proverbios 9:10). En otras palabras: "¿Quieres sabiduría? El punto de partida es este: Teme a Dios".

Durante unos minutos, deja de leer y medita en la frase: "el temor de

Jehová". ¿Qué significa? De acuerdo con el comentario Matthew Henry, este "temor" es "reverencia a la majestad de Dios y miedo a su ira". Reverenciar a Dios y asombrarnos de Él, tanto en nuestro corazón como en nuestra mente, es la manera como debemos comenzar el proceso de buscar ser sabias. Es el primer nivel de la torre de la sabiduría.

Nosotras podemos ver esto en acción de muchas formas en la vida. Nuestro temor a Dios nos guarda de tomar decisiones tontas. Allison, por ejemplo, puede garantizar que le ofrezcan un mucho mejor puesto si solamente maquilla un poco los números que indican los niveles de ventas del último semestre. Lo más probable es que nadie revise la contabilidad real. Ella ha estado esperando poder redecorar su casa y el nuevo puesto le daría la remuneración necesaria para lograrlo. Pero Allison teme a Dios y sabe que los que buscan ganancias deshonestas vienen a la ruina. Incluso si nadie se llegara a enterar, Dios lo sabría. Ella decidió con sabiduría mantener los números reales.

La sabiduría tiene que ver tanto con estilo de vida como con discernimiento. Proverbios 8:13 lo explica: "El temor de Jehová es aborrecer el mal; la soberbia y la arrogancia, el mal camino, y la boca perversa, aborrezco". Todos los días hay decisiones que nos confrontan. Algunas son grandes otras son pequeñas, pero todas nuestras decisiones requieren sabiduría. ¿Sobre qué voluntad vamos a basar nuestras decisiones? Una persona sabia toma decisiones basándose en el entendimiento de que Dios y sus principios (que han resistido la prueba del tiempo) son el único fundamento seguro para la vida. Una persona necia no actúa sobre el fundamento de la reverencia a Dios y en lugar de eso vive desenfrenadamente para su propia conveniencia.

En la parábola del hombre sabio que edificó su casa sobre la roca, cuando vinieron las lluvias y los ríos la golpearon, la casa edificada sobre la roca se mantuvo firme. Mientras tanto, el hombre insensato edificó su casa sobre la arena; cuando vinieron las lluvias y la golpearon los ríos, la casa cayó. (Puedes leer esta parábola en Lucas 6:46-49.) Jesús dijo está historia para decir que si venimos a Él, escuchamos sus palabras y hacemos lo que dice, nuestra vida tendrá un cimiento sólido. Si no lo hacemos así (si fallamos en respetar y honrar los principios de Dios) nuestra vida se va a tambalear y va a volverse inestable. Leon Tolstoi dijo lo siguiente: "Cada uno tiene que tomar su propia decisión: oponerse a la voluntad de Dios y edificar la casa de su breve y fugaz vida, o unirse al movimiento eterno e inmortal de la verdadera

El mayor bien es la sabiduría. —Agustín

vida en armonía con la voluntad de Dios".[2]

LA CASA DE LA SABIDURÍA

Todas estamos invitadas a habitar en la magnífica casa de la sabiduría. La invitación se encuentra en Proverbios 9:1-10:

La sabiduría edificó su casa,
Labró sus siete columnas.
Mató sus víctimas, mezcló su vino,
Y puso su mesa.
Envió sus criadas;
Sobre lo más alto de la ciudad clamó.
Dice a cualquier simple: Ven acá.
A los faltos de cordura dice:
Venid, comed mi pan,
Y bebed del vino que yo he mezclado.
Dejad las simplezas, y vivid,
Y andad por el camino de la inteligencia.
El que corrige al escarnecedor, se acarrea afrenta;
El que reprende al impío, se atrae mancha.
No reprendas al escarnecedor, para que no te aborrezca;
Corrige al sabio, y te amará.
Da al sabio, y será más sabio;
Enseña al justo, y aumentará su saber.
El temor de Jehová es el principio de la sabiduría,
Y el conocimiento del Santísimo es la inteligencia.

¿No te encanta saber que la sabiduría se presenta como una mujer en el libro de Proverbios? ¡Yo con mucho gusto se lo señalé a mi marido! Sin embargo, para que no nos inflemos de orgullo demasiado rápido es importante observar que la *insensatez* también se presenta como una mujer en este capítulo y ella también nos invita a sus caminos: "La mujer insensata es alborotadora; es simple e ignorante. Se sienta en una silla a la puerta de su casa, en los lugares altos de la ciudad, para llamar a los que pasan por el camino, que van por sus caminos derechos. Dice a cualquier simple: Ven acá. [...]" (Proverbios 9:13-16).

Estas dos invitaciones nos esperan. ¿Cuál de las dos vamos a aceptar?

Dondequiera que estemos, cual sea nuestra situación, podemos elegir asistir al banquete de la sabiduría y faltar al otro. Si avanzamos un paso a la vez en la dirección correcta, con el temor del Señor como nuestro fundamento, pronto llegaremos a la puerta abierta de la sabiduría. Como dijo Benjamín Franklin: "Las puertas de la sabiduría nunca se cierran".[3]

EL ATUENDO APROPIADO

Como en todos los banquetes, el banquete de la sabiduría requiere del atuendo apropiado. Antes de que visitemos la casa de la sabiduría, primero debemos echar a un lado nuestros caminos de simpleza y caminar sobre la senda del entendimiento, como dice en Proverbios 9:6. De hecho, una búsqueda rápida en el libro de Proverbios nos lleva a identificar una cantidad de cualidades de las que debemos vestirnos:

- *Justicia.* "Da al sabio, y será más sabio; enseña al justo, y aumentará su saber" (Proverbios 9:9).
- *Un corazón obediente y una lengua apacible.* "El sabio de corazón recibirá los mandamientos; mas el necio de labios caerá" (Proverbios 10:8).
- *Un oído presto para oír.* "Ahora, pues, hijos, oídme, y bienaventurados los que guardan mis caminos. Atended el consejo, y sed sabios, y no lo menospreciéis. Bienaventurado el hombre que me escucha, velando a mis puertas cada día, aguardando a los postes de mis puertas" (Proverbios 8:32-34).
- *Discernimiento.* "En los labios del prudente se halla sabiduría; mas la vara es para las espaldas del falto de cordura" (Proverbios 10:13). "Oirá el sabio, y aumentará el saber, y el entendido adquirirá consejo" (Proverbios 1:5).

Necesitamos estar vestidas apropiadamente porque, en la fiesta de la sabiduría, vamos a estar, sin duda, rozándonos con otros invitados. Proverbios 8:12 y 8:14 nos presenta a algunos de los amigos de la sabiduría sin los cuales ningún banquete estaría completo: "Yo, la sabiduría, habito con la cordura, y hallo la ciencia de los consejos [...] Conmigo está el consejo y el buen juicio; yo soy la inteligencia; mío es el poder". Cordura. Ciencia. Consejo. Buen juicio. Inteligencia. Poder.

Encontramos esto cada vez que buscamos la sabiduría divina. En su obra clásica, *El Leviatán,* Thomas Hobbes dijo: "El conocimiento es poder". Pero en realidad: "La sabiduría es poder". La sabiduría es bastante más que solo tener una mente ágil. Requiere conocimiento, sí, pero también cordura, buen juicio y todo lo demás. Sobre todo, la sabiduría incluye un temor sano del Señor. Cuando encontremos la sabiduría, seremos mujeres positivas capaces de tener una influencia poderosa en nuestro mundo.

BUSCA EN LOS LUGARES APROPIADOS

¿La sabiduría es una anfitriona de banquetes pedante y elitista, o es amable y atenta para recibir a sus invitados? Lucille Ball dijo en una ocasión: "En la vida, todas las cosas buenas son difíciles de obtener, pero la sabiduría es la más difícil de todas".[4] Tengo que decir que en parte Lucy tiene razón; la sabiduría *es* difícil de encontrar; a menos de que sepas dónde buscar. Proverbios 8:17 dice: "Yo amo a los que me aman, y me hallan los que temprano me buscan". La sabiduría está esperando que la encontremos. Solo tenemos que buscar en los lugares adecuados. ¿Dónde comenzamos?

La Palabra de Dios. La Biblia contiene las mismas palabras de nuestro Creador omnisciente y amoroso Padre celestial, por lo tanto es un punto de partida perfecto. ¿Por qué razón la dejaríamos de lado? La gente a lo largo de las épocas ha buscado sabiduría en la Biblia. El famoso astrónomo italiano, Galileo, dijo en cierta ocasión. "Me inclino a pensar que la autoridad de las Santas Escrituras tiene el propósito de convencer al hombre de las verdades que son necesarias para su salvación, las cuales, al estar mucho más arriba del entendimiento humano, no pueden ser recibidas por cualquier tipo de aprendizaje, ni por ningún otro medio más que por revelación del Espíritu Santo".[5]

Abraham Lincoln fue otro gran hombre que valoraba la sabiduría de la Palabra de Dios. Dijo lo siguiente cuando recibió una Biblia como regalo: "Con respecto a este gran libro, tengo que decir que la Biblia es el mejor regalo que Dios le dio al hombre. Todo lo que el buen Salvador le dio al mundo ha sido comunicado a través de este Libro. Sin este Libro no podríamos distinguir el bien del mal. Todas las cosas más deseables para el bienestar humano hoy y en lo porvenir se encuentran contenidas en ella".[6]

La Escritura misma confirma la sabiduría poderosa y válida que se encuentra en sus páginas. El apóstol Pedro escribió: "Tenemos también la palabra profética más segura, a la cual hacéis bien en estar atentos como a una antorcha que alumbra en lugar oscuro [...] entendiendo primero esto, que ninguna profecía de la Escritura es de interpretación privada, porque nunca la profecía fue traída por voluntad humana, sino que los santos hombres de Dios hablaron siendo inspirados por el Espíritu Santo" (2 Pedro 1:19-21). Pablo dice en Timoteo que toda la Escritura es "inspirada por Dios" (2 Timoteo 3:16). Eso hace que la Biblia sea la fuente de sabiduría más confiable.

La oración. Santiago nos dice: "Y si alguno de vosotros tiene falta de sabiduría, pídala a Dios, el cual da a todos abundantemente y sin reproche, y le será dada" (Santiago 1:5). ¿Cuándo fue la última vez que le pediste a Dios que te otorgara sabiduría? De acuerdo con la Biblia, todo lo que tenemos que hacer es pedirla, y Él nos la dará en abundancia.

Recuerdo la petición maravillosa que Salomón le hizo a Dios. En 1 Reyes 3:5, Dios le dijo a Salomón: "Pide lo que quieras que yo te dé". Salomón podría haber pedido riqueza, fama, honor o, incluso, felicidad. En lugar de eso pidió un corazón sabio con discernimiento para dirigir a su pueblo. Dios se agradó tanto de la petición de Salomón, que, por supuesto, otorgó, que también le concedió riquezas y honor. ¿Puedes imaginarte la sonrisa que iluminaría el rostro de una madre si su hija le dijera: "Mamá tú eres muy sabia, ¿me puedes ayudar a meditar esta decisión difícil?"? Creo que Dios sonríe así cuando le pedimos sabiduría y discernimiento para ayudarnos en el camino de la vida.

El primer presidente de los Estados Unidos, George Washington, conocía el valor de buscar la sabiduría y la protección de Dios todos los días. El 1 de mayo de 1777, cuando por fin llegaron las noticias de que Francia ayudaría a las tropas de Estados Unidos en la guerra de independencia, oró: "Y ahora, Padre Todopoderoso, si es tu santa voluntad que obtengamos un lugar y un nombre entre las naciones de la tierra, concédenos que seamos capaces de mostrar gratitud por tu bondad en nuestra dedicación a temerte y a obedecerte. Bendícenos con tu sabiduría en nuestros consejos, con éxito en la batalla y permite que todas nuestras victorias sean templadas con humanidad".[7] Obviamente, Washington fue un hombre de gran fe y

Sabiduría ante todo; adquiere sabiduría; y sobre todas tus posesiones adquiere inteligencia. Engrandécela, y ella te engrandecerá; ella te honrará, cuando tú la hayas abrazado. —Proverbios 4:7-8

un gran ejemplo para nosotras. Él sabía dónde buscar fuerza y sabiduría.

Jeremías 33:2-3 dice: "Así ha dicho Jehová, que hizo la tierra, Jehová que la formó para afirmarla; Jehová es su nombre: Clama a mí, y yo te responderé, y te enseñaré cosas grandes y ocultas que tú no conoces". Esa es una oferta que no podemos rechazar. ¡El Dios de toda la creación quiere mostrarnos cosas grandes y ocultas! Me hace imaginarme que un conductor famoso de televisión estuviera esperando detrás de mi puerta con un cheque por un millón de dólares como premio por haber ganado uno de esos sorteos automáticos. Allí está él, con un presente sumamente valioso (en términos terrenales) en sus manos. ¡Y lo único que necesito hacer es abrir la puerta! Dios dice que todo lo que debemos de hacer es clamar a Él y que Él nos va a otorgar uno de los tesoros más grandes de la tierra: sabiduría.

SABIDURÍA BAJO DEMANDA

¿Has visto las nuevas mochilas con provisión de agua diseñadas para corredores y ciclistas de fondo? Es un recipiente que puede llevar casi dos litros de agua y que va sujeto a la espalda del atleta. El agua fluye por una manguerilla colocada sobre uno de los tirantes y que termina cerca de la boca. En realidad es un invento brillante y una forma práctica para que los corredores y los ciclistas dispongan del agua que requieran.

Mientras estaba entrenando para un maratón, recuerdo que mis amigos de la universidad Baylor y yo corríamos grandes distancias, y que durante el curso de la carrera de entrenamiento de 16 kilómetros necesitábamos beber agua. Pero como no queríamos llevar un peso extra en las manos, dependíamos de los restaurantes de comida rápida para que nos suplieran un vaso de agua. Teníamos que cortar nuestro ritmo para reabastecernos, pero el agua es esencial. Creo que la mochila con provisión de agua es la solución perfecta para los atletas que quieren terminar sus recorridos sin interrupciones.

¿Sabías que hay un tipo de "mochila espiritual" que podemos llevar para refrescarnos a lo largo de la travesía de la vida? Se le llama: memorizar la Palabra de Dios. El rey David dijo: "En mi corazón he guardado tus dichos, para no pecar contra ti [...] A toda perfección he visto fin; amplio sobremanera es tu mandamiento. ¡Oh, cuánto amo yo tu ley! Todo el día es ella mi meditación. Me has hecho más sabio que mis enemigos con tus mandamientos, porque siempre están conmigo" (Salmo

119:11, 96-98). En mi propia vida, he descubierto que memorizar la Escritura me ha ayudado en momentos difíciles. Ya habrás notado los versículos para memorizar que he incluido en las secciones de Punto de poder de cada capítulo. Déjame darte algunas claves e ideas para ayudarte a memorizar estos versículos y otros.

Escríbelos. Como ex maestra, conozco el valor de hacer participar tantos de los sentidos como sea posible para sellar ideas, palabras y datos en nuestra mente. Una vez que selecciones un versículo para ponerlo en tu corazón, escríbelo varias veces para comenzar el proceso de sellado. Te sugiero que uses tarjetas de ocho por trece. Tómate el tiempo de escribir el versículo con cuidado y con claridad para que sea fácil de leer. Escribe el mismo versículo en tres tarjetas diferentes y no olvides incluir la referencia. Repite el versículo en voz alta al escribirlo.

Muchas veces escribo el versículo de forma creativa para ayudarme a identificar las palabras clave y recordarlo por frases. Este es un ejemplo con Jeremías 33:3:

Clama a mí,
y yo te **responderé**,
y te enseñaré cosas **grandes** y **ocultas** que tú no conoces.

Si quieres, puedes usar colores para ayudarte a recordar las palabras clave. Entre mejor puedas "ver" el versículo en tu mente, va a ser más fácil que lo recuerdes. Algunas veces sustituyo palabras con números u otros símbolos. También hago dibujos para que sea más fácil memorizarlo. ¡Algunas veces los dibujos más ridículos son los mejores! Sé que suena gracioso pero cuando memorizo un versículo que comienza con las palabras "he aquí", dibujo una gran "E" con una flecha hacia abajo para que sea más fácil recordarlo. Nuestro cerebro tiende a recordar imágenes (especialmente las chistosas) más que las palabras de una página.

Contémplalo. Hace algún tiempo compré tres marcos de plástico a un dólar cada uno en una tienda de artesanías. ¡Esa fue la parte fácil! Ahora cuando escribo un versículo pongo las tarjetas en los marcos y los coloco en ciertos lugares que estoy segura que los voy a ver. Pongo un marco frente a la pila de cocina, uno en el cuarto de servicio y otro en la repisa del baño donde me maquillo.

¿Por qué no lo intentas? Puedes divertirte decorando los marcos con etiquetas u objetos pequeños para que llamen tu atención. También puedes comprar un marco con un imán para colocarlo en la puerta del refrigerador y un marco tamaño llavero para llevarlo contigo en el coche. Entre más veas el versículo más vas a recordar que necesitas repetirlo.

Repítelo. Di tu versículo en voz alta por lo menos una vez al día, quizá justo antes de lavarte los dientes en la mañana. Mi esposo siempre repite su versículo antes de encender la radio de su coche. Cuando lo repites y lo escuchas, ayudas a sellarlo con mayor profundidad en tu mente. Trata de encontrar una oportunidad a la semana para decirle el versículo a alguien más, sea en una conversación casual o como ejercicio con tu familia a la hora de la cena o en el coche.

Repásalo. El domingo suele ser un día de descanso de la rutina normal y a menudo es un día de reflexión espiritual. Te recomiendo que uses este día para escoger un nuevo versículo, escribirlo en tres tarjetas y cambiar los marcos. Coloca una de las tarjetas que acabas de quitar en una "caja de repaso". Que puede ser una linda caja de recetas o una caja para archivo decorada. (¡Soy una persona visual por lo que todo lo que hago tiene que estar decorado y lindo!) Repasa los versículos de tu caja una vez al mes, si quieres el primer domingo del mes. Luego, cada primero de enero, limpia la caja, repasa cada tarjeta, sujeta la pila de tarjetas con una liga de hule y guárdala. Sí, estoy hablando de memorizar cincuenta y dos versículos al año, pero con la ayuda de Dios, ¡puedes lograrlo!

Si necesitas más motivación, considera lo siguiente: de acuerdo con las investigaciones las células cerebrales se van muriendo con la edad. (En realidad, no necesitaba que un científico me lo dijera.) Pero estudios recientes muestran que mueren menos células cuando el cerebro se estimula con nueva información. Así que ahí lo tienes, memorizar la Escritura puede ayudarnos a mantener nuestra mente joven y fresca. ¡Qué beneficio adicional tan increíble!

LA SABIDURÍA DE NUESTRAS AMIGAS

Amy y Leslie son mis amigas del alma. Cada año nos apartamos de nuestras múltiples actividades y tomamos un fin de semana para salir juntas en un viaje "para mujeres", lo cual suele ser en un hotel con desayuno incluido en alguna parte de Texas. Pasamos horas riéndonos, hablando de nuestras intimidades y aconsejándonos. Lo que hacemos es que una de nosotras expone un problema y las otras dos aportan sabiduría, consejo y algunas nuevas ideas. Nos encanta. Y todas estamos de acuerdo en que volvemos de nuestro pequeño viaje siendo mejores mujeres, mejores madres y mejores esposas.

Muchas veces Dios usa a las personas en nuestra vida (sean nuestros amigas, mentoras, compañeras de trabajo o familiares) para darnos sabiduría y dirección. Para las mujeres, la amistad de otras mujeres es una fuerza particularmente poderosa en la vida, tanto que he dedicado un capítulo entero más adelante en este libro (capítulo 11) al tema de las amigas. Sin embargo, sería un poco irresponsable si dejara de lado la importancia de la amistad en este capítulo sobre la sabiduría.

Proverbios 13:20 dice: "El que anda con sabios, sabio será; mas el que se junta con necios será quebrantado". Las verdad es que las amigas se influencian entre sí, como lo ilustra otro versículo de Proverbios: "Hierro con hierro se aguza; y así el hombre aguza el rostro de su amigo" (Proverbios 27:17). Si queremos ser sabias, entonces es importante para nosotras andar por la vida en compañía de amigas sabias. Si, por otro lado, decidimos andar con amigas insensatas, de seguro que terminaremos lastimadas. ¿Cómo podemos saber si nuestras amigas son sabias o insensatas? ¡Fíltralas en lo más básico! Considera: ¿temen a Dios y basan su sabiduría en la reverencia a Él?

Algunas veces recibimos consejo de personas que no son ni amigas ni familiares, sino conocidas o consejeras profesionales. Siempre que recibamos consejo de alguien, es necesario que consideremos la fuente y que confirmemos que la persona que nos aconseja basa sus sugerencias en el temor y la reverencia a Dios, y que las desarrolla a la luz de la verdad de Dios. La Biblia incluso nos da un parámetro para ayudarnos a discernir si estamos recibiendo un consejo sabio o no: "Pero la sabiduría que es de lo alto es primeramente pura, después pacífica, amable, benigna, llena de misericordia y de buenos frutos, sin incertidumbre ni hipocresía" (Santiago 3:17). La sabiduría que no es semejante a ninguna de estas cosas, ni siquiera es sabiduría.

LA SABIDURÍA DIVINA CONTRA LA SABIDURÍA HUMANA

Entre la sabiduría divina y la sabiduría humana hay una vasta diferencia. De hecho, el apóstol Pablo las contrasta con agudeza en 1 Corintios 3:18-19: "Nadie se engañe a sí mismo; si alguno entre vosotros se cree sabio en este siglo, hágase ignorante, para que llegue a ser sabio. Porque la sabiduría de este mundo es insensatez para con Dios; pues escrito está: El prende a los sabios en la astucia de ellos". Por ejemplo, el mundo dice que es sabio cuidar de nosotras mismas; Dios dice que debemos considerar a los demás como superiores a nosotras mismas. El mundo dice que está bien si guardamos rencor y hacer que la gente pague caro el habernos lastimado; Dios dice que debemos perdonar a los demás y dejarle la venganza a Él. Necesitamos estar seguras de que estamos buscando la sabiduría de Dios y que no estamos aceptando lo que el mundo nos dice que es sabio.

Muchas personas confunden la sabiduría con el conocimiento. Ya dijimos en este capítulo que la sabiduría incluye al conocimiento, pero que la sabiduría es mucho más que solo conocimiento. Por sí solo, el conocimiento no es algo malo. H.A. Ironside dijo: "La Escritura jamás condena que adquiramos conocimiento. Es la sabiduría de este mundo, no el conocimiento, lo que es insensatez para Dios".[8] La sabiduría no dice cómo aplicar el conocimiento que obtengamos. El conocimiento se puede enseñar en las aulas de la educación superior; la sabiduría es *captada* cuando la buscamos y permanecemos en las palabras de nuestro Dios eterno.

Se dice que cierto estudiante de la universidad Columbia University tenía la impresión de que la institución aseguraba que le iba a conferir sabiduría. Demandó a la escuela por ocho mil dólares diciendo que le había fallado en este aspecto. No es ninguna sorpresa que la Suprema Corte haya sobreseído el caso, ni que la División de Apelaciones de la Suprema Corte haya confirmado que la demanda había sido rechazada de manera apropiada. Sidney Goldmann, el juez que preside la corte de apelaciones formada por tres hombres, declaró: "Estos cargos fueron presentados en un marco de acusaciones desmedidas, sino es que vulgares. Estamos de acuerdo con el juez del juicio en que la sabiduría no es una materia que pueda ser enseñada y que ninguna persona razonable aceptaría que una institución o un particular lo afirmara".[9]

Walt Whitman se expresó bastante bien acerca del contraste entre conocimiento y sabiduría en su *Song of the Open Road* (Canción del camino abierto):

La sabiduría no se evalúa en las escuelas.
La sabiduría no puede ser pasada de uno que la tenga a otro
    que no,
La sabiduría es del alma, no es susceptible de ser probada,

sino que es su propia prueba.[10]

La procuración de la sabiduría tiene muchos beneficios. El mundo recompensa a las personas que tienen conocimiento con posiciones de prestigio, de importancia y muchas veces con riqueza. Pero así como hay muchas recompensas para el conocimiento aquí en la tierra, hay más recompensas eternas para la sabiduría. La sabiduría produce una bendición que un doctorado no puede producir. El sabio Salomón dice:

Bienaventurado el hombre que halla la sabiduría,
Y que obtiene la inteligencia;
Porque su ganancia es mejor que la ganancia de la plata,
Y sus frutos más que el oro fino.
Más preciosa es que las piedras preciosas;
Y todo lo que puedes desear, no se puede comparar a ella.
Largura de días está en su mano derecha;
En su izquierda, riquezas y honra.
Sus caminos son caminos deleitosos,
Y todas sus veredas paz.
Ella es árbol de vida a los que de ella echan mano,
Y bienaventurados son los que la retienen.
—*Proverbios 3:13-18*

Todas hemos escuchado la frase trillada: "Los diamantes son los mejores amigos de la mujer". Pero para las mujeres positivas, la sabiduría es todavía más valiosa. ¿Amas la sabiduría? Abrázala. Procura obtenerla apasionadamente del mismo sabio Dios. Y vas a recibir abundancia de bendiciones con un valor perdurable y eterno. La mujer sabia está adornada con las mejores joyas de la vida.

PUNTO DE PODER

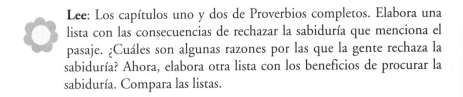

Lee: Los capítulos uno y dos de Proverbios completos. Elabora una lista con las consecuencias de rechazar la sabiduría que menciona el pasaje. ¿Cuáles son algunas razones por las que la gente rechaza la sabiduría? Ahora, elabora otra lista con los beneficios de procurar la sabiduría. Compara las listas.

Ora: Dios de toda sabiduría, ¡qué maravilloso es acudir a ti para obtener sabiduría, dirección y consuelo! Gracias por escuchar mis oraciones. Al procurar sabiduría, ayúdame a comenzar a tus pies, en temor y asombro de ti como mi maravilloso Creador. Ayúdame a crecer en sabiduría para que pueda ser una mujer sabia y una mujer de tu Palabra. Te lo pido en el nombre sin igual de Jesús, amén.

Recuerda: "Porque Jehová da la sabiduría, y de su boca viene el conocimiento y la inteligencia" (Proverbios 2:6).

Practica: Decide procurar la sabiduría desde hoy, y empieza a hacerlo sentada a los pies del Dador de la sabiduría, Dios mismo. Asigna un tiempo a diario para leer y meditar en su Palabra. Puedes escoger un pasaje breve, algunos versículos o una porción más extensa. Sin importar lo que decidas, comprométete a sentarte a diario a la mesa del banquete de la sabiduría y disfrutar de las viandas que ha preparado.

6

OBTÉN SABIDURÍA
Conviértete en una mujer discreta con liderazgo

Antes de que comiences a hacer algo,
recuerda que te esperan retrasos y dificultades imposibles
de prever [...] Solo puedes ver una cosa con claridad: tu meta.
—Kathleen Norris

Lo más probable es que ya hayas vivido lo siguiente: estar sentada en el asiento del copiloto de un coche mientras que el conductor, un varón, busca cómo llegar a su destino durante horas. Sea que el hombre al volante sea tu papá, tu hermano, tu novio o tu marido, el escenario es el mismo. Nunca va a admitir que está perdido. Detenerse a pedir indicaciones es impensable ¡y ni siquiera te atrevas a sugerir que consulte un mapa! "Sé que está por aquí. Estoy seguro de que vamos bien", dice él. Creo que debe de ser un asunto de ego masculino, pero ¿qué tiene de difícil pedir indicaciones cuando ha estado perdido durante más de cuarenta minutos? ¡La verdad, es que muchas veces nosotras necesitamos que nos indiquen cual es el camino correcto!

Como mujeres positivas queremos que la dirección en la que vayamos y los medios que usemos para lograrlo tengan un propósito. Vagar a la deriva no nos va a llevar rápido a ningún lado. Pero, ¿cómo encontramos nuestro rumbo, nuestro propósito y nuestras metas en la vida?

Se dice que el juez Oliver Wendell Holmes mientras iba de viaje en un tren perdió su boleto. Al ver que Holmes buscaba el boleto en sus bolsillos y entre pertenencias con una frustración cada vez mayor, el conductor intentó calmarlo y le dijo: "No se preocupe, Sr. Holmes, si no lo encuentra durante el viaje, envíelo por correo a la central ferroviaria una vez que llegue a su destino". Holmes le agradeció el gesto pero todavía no lograba tranquilizarse. Miró al conductor a los ojos y le dijo: "Joven, mi problema no es si tengo boleto o no, sino averiguar a dónde rayos me dirijo".[1]

De seguro, nosotras también necesitamos tener idea de hacia dónde nos dirigimos en la vida. Consideremos cómo podemos encontrar nuestro camino mientras transitamos por los senderos de la vida.

EL PODER DE UN PLAN ESTRATÉGICO

De niña, establecerme metas siempre fue una parte de mi vida. Cada día de Año Nuevo mi papá nos animaba a mi hermana y a mí a que tomáramos unos minutos para meditar y preparar una lista con nuestras metas anuales. La planificación anual fue un ejercicio saludable para mí, en especial durante los años de educación media superior y educación superior. Establecía metas en cada área de mi vida, desde el promedio de mis notas a mi peso hasta mi crecimiento espiritual.

Mi maestro de escuela dominical, Jim Kennedy, solía decir que: "Si le tiras a nada, vas a terminar atinándole todo el tiempo". La verdad es que necesitamos metas, y un plan de acción para alcanzarlas, ya que nos dan una visión para avanzar en la vida. Pablo tenía este tipo de enfoque, como se puede notar en lo que le escribió a los Filipenses: "Hermanos, yo mismo no pretendo haberlo ya alcanzado; pero una cosa hago: olvidando ciertamente lo que queda atrás, y extendiéndome a lo que está delante, prosigo a la meta, al premio del supremo llamamiento de Dios en Cristo Jesús" (Filipenses 3:13-14).

Al final, nuestra meta, como la de Pablo, es cumplir con el llamado de Dios para nuestra vida. Al extenderte hacia la meta, considera el tomar unos minutos cada primero de enero para escribir un plan estratégico para el siguiente año. Tu plan debe estar equilibrado en cuatro aspectos: mental, físico, espiritual y social. Mantente en oración mientras preparas tu plan y escucha la dirección de Dios. En cada aspecto, establece una meta específica y realista que te haga avanzar hacia obtener tu meta final. Haz que cada meta sea creíble y realizable para que puedas en verdad comprometerte a lograrla. Ve que la puedas medir, también, para que a lo largo del año puedas estar segura de que vas en el camino correcto. Junto con las metas escribe resoluciones específicas o pasos que tomarás para alcanzarlas.

Demos un vistazo breve a los cuatro aspectos estratégicos.

Mental. Las metas mentales tienen que ver con maneras en las que estimules tu cerebro y hagas crecer tu intelecto, por ejemplo, leer más libros, aprender un nuevo idioma o estudiar un posgrado. Cualquiera que sea la meta que escojas tiene que poderse medir. Si decides leer más libros, determina cuántos. ¿Te vas a comprometer a leer tres libros al año, un libro por mes, un libro cada quince días? Cuida que lo que decidas sea razonable para ti y tu estilo de vida actual. Desafíate a ti misma, pero no te desanimes desde antes de comenzar al establecer una meta imposible.

Físico. En el terreno de lo físico, quizá quieras considerar llegar a cierto rango de peso, talla o nivel de colesterol. Escribe la estrategia que pretendes seguir para alcanzar esa meta, digamos, hacer ejercicio cada tercer día o caminar diez kilómetros por semana. Otras metas físicas podrían referirse a tus hábitos de sueño o de alimentación. Este es un buen momento para programar tus visitas semestrales al ginecólogo y al dentista.

Espiritual. Cuando escribas tus metas espirituales, quizá prefieras comenzar con una idea general y luego definir estrategias específicas. Digamos que quieres acercarte más a Dios y profundizar en tu vida de oración. Tu estrategia puede ser determinar el tiempo que vas a apartar para orar y meditar en la Palabra de Dios. Quizá quieras añadir otros detalles como el lugar donde lo llevarás a cabo y la duración de cada sesión. ¿Qué tanto vas a leer de la Biblia cada día? Otras estrategias espirituales pueden ser unirte a un grupo de estudio bíblico, servir en la iglesia o reunirte con una amiga para que puedan orar juntas.

Social. En nuestro mundo acelerado, si no planeamos con anticipación nuestras reuniones con nuestros amigos es posible que nunca logremos verlos. Las metas sociales requieren que elaboremos un plan para construir relaciones. Tu meta puede ser algo parecido a "profundizar en mis relaciones con las personas de mi vida" o "desarrollar buenas amigas a partir de la multitud de conocidas que tengo". Una estrategia específica puede ser invitar a otra pareja a cenar o a tomar el postre una vez al mes. O bien, reunirte con una amiga una vez a la semana o salir con tus amigas todo un fin de semana una vez al año. También podrías considerar la estrategia de dar dos fiestas grandes al año o escribir un mensaje a la semana a alguna de tus amigas. En lo personal, a mí me gusta identificar las relaciones que son importantes para mí y me pongo como meta reunirme con esa persona para comer por lo menos una vez al mes.

Trabajo. Si trabajas fuera de casa, este aspecto adicional es para ti. Quizá ya estableciste metas para este año con tu personal o con tus jefes; si no es así, invierte tiempo para orar y pensar en qué quieres lograr el próximo año. Es importante que te pongas metas que dependan de ti y no de otras personas. Por ejemplo, no es buena idea que tu meta sea "obtener un ascenso", ya que esa es una decisión que tú no puedes tomar. No obstante, puedes ponerte la meta de hacer todo lo que tu trabajo requiere y más para obtener un ascenso. Establece metas que se puedan medir, metas a corto plazo que te desafíen y te animen a lograr tus metas a largo plazo. Junto a cada meta escribe tres o cuatro estrategias específicas que vas a utilizar para obtenerlas.

Cuando te fijes metas en estos cuatro o cinco aspectos, ten en mente que no puedes predecir el futuro. Algunos elementos del próximo año están fuera de tu control inmediato. Muchas veces, a causa de los cambios en la gente y en las circunstancias necesitamos redefinir nuestras metas. ¡Sé flexible! Recuerdo a cierta mujer que tenía su vida en orden y sus metas establecidas. Con los dos niños ya en la escuela, estaba lista para terminar sus estudios superiores y comenzar su vida profesional como maestra. Hasta que... el bebé inesperado número tres apareció y provocó que tuviera que posponer su plan perfecto. ¡Por supuesto, estaba emocionada y agradecida por su preciosa hija! Su historia nos recuerda que podemos adelantarnos y planear; pero si Dios tiene otros planes, debemos ser lo suficientemente flexibles para caminar gozosos con Dios.

CONFÍALE EL MANDO

No sabemos lo que nos depara el futuro, pero conocemos a Aquel que tiene el futuro en sus manos. Quizá por eso Salomón nos dice que si queremos encontrar la dirección de nuestra vida, debemos confiar en Dios y no depender de nuestra propia prudencia. Dice en Proverbios 3:5-6: "Fíate de Jehová de todo tu corazón, y no te apoyes en tu propia prudencia. Reconócelo en todos tus caminos, y él enderezará tus veredas". Nuestra tendencia natural es dirigir nuestros propios caminos de acuerdo con nuestra propia prudencia. Pero este pasaje dice que debemos preferir la dirección de nuestro Dios omnisciente.

¿Cómo podemos saber qué viene en el camino que está delante de nosotras? ¿Cómo podemos saber las hondonadas y las vueltas que la vida traerá? No podemos. Pero *podemos* saber que si confiamos en Dios con todo el corazón y lo reconocemos en todos nuestros caminos, el dirigirá nuestros pasos.

La vida de Joni Eareckson Tada ha sido una travesía de confianza y dependencia de Dios. De adolescente, Joni era muy activa, amaba la vida y tenía grandes planes para el futuro... hasta que un accidente de buceo en 1967 la dejó cuadriplégica. Desesperada, pensó que su vida había terminado. Ni se imaginaba que apenas era el principio.

Ella dice: "Uno de los puntos clave de mi vida ocurrió durante ese tiempo, cuando estaba luchando contra el desánimo y la depresión, fruto de pensar en vivir una vida de parálisis permanente sin poder utilizar mis brazos y piernas. Varios buenos amigos me ayudaron a comprender el concepto de la soberanía de Dios y, para mí, fue algo transformador. Me ayudó bastante a darme cuenta de que mi accidente no fue un accidente en realidad. Las palabras en 2 Corintios 4:16-18 tomaron un nuevo y emocionante sentido al darme cuenta de que mis aflicciones ligeras y momentáneas podrían hacerme obtener un peso de gloria eterno. Por lo cual, mi discapacidad se convirtió en misericordia severa".[2]

Dios llevó a Joni a que comenzara un ministerio llamado Joni and Friends (JAF) [Joni y sus amigos], el cual está enfocado en servir y alcanzar a la comunidad de personas discapacitadas alrededor del mundo. A lo largo de los años JAF ha sacado a la luz las necesidades ocultas de las personas discapacitadas y ha entrenado a varias iglesias para poder alcanzar y servir a las personas de este campo misionero especial. Joni ha formado parte del National Council on Disability (Consejo nacional de discapacidad) y ha recibido varios premios y homenajes por su incansable labor a favor de los discapacitados. Ha escrito gran cantidad de libros y escribe en varias publicaciones periódicas. Su programa de radio de cinco minutos "Joni and Friends" (Joni y sus amigos) se escucha a diario en más de setecientas estaciones de radio.

¡En realidad Dios tenía grandes planes para Joni! El camino que Dios puso delante de ella quizá no era el camino que ella hubiera escogido tomar, no obstante ha sido un camino de bendición. Joni dice: "Cuando vamos más allá de nuestras zonas de seguridad y participamos en aquello que no es atractivo, recibimos bendición al darnos cuenta de que todos somos más ricos cuando reconocemos nuestra pobreza, somos fuertes cuando vemos nuestras debilidades y nos volvemos recipientes de la gracia de Dios cuando entendemos nuestra desesperada necesidad de Él".[3]

En mi propia vida, dos pasajes de la Escritura me han ayudado para confiar en Dios y aceptar los planes que tiene para mí. Valen la pena memorizarlos:

> Porque yo sé los pensamientos que tengo acerca de vosotros, dice Jehová, pensamientos de paz, y no de mal, para daros el fin que esperáis. Entonces me invocaréis, y vendréis y oraréis a mí, y yo os oiré; y me buscaréis y me hallaréis, porque me buscaréis de todo vuestro corazón.
>
> —*Jeremías 29:11-13*

> Y sabemos que a los que aman a Dios, todas las cosas les ayudan a bien, esto es, a los que conforme a su propósito son llamados.
>
> —*Romanos 8:28*

La Biblia nos aclara que nuestro éxito no depende de tener todas las respuestas acerca de nuestro futuro; depende de seguir la dirección de Dios día a día. La famosa abolicionista Harriet Tubman reveló el secreto de su éxito cuando le dijo a su biógrafa, Sarah H. Bradford, en 1868: "No era yo, era el Señor. Yo siempre le decía: 'Confío en ti. No sé a dónde ir o qué hacer, pero espero que me dirijas', y siempre lo hizo".[4]

EL MAPA DE LA VIDA

Marge Caldwell de Houston, Texas, es una conferencista y escritora sumamente agradable, así como una maravillosa mujer de fe y sabiduría. Durante mis años en la universidad tuve la oportunidad de escucharla, y nunca voy a olvidar una de las historias que narró para enfatizar la importancia de leer la Palabra de Dios para recibir dirección. Esta es mi versión de la historia:

Fred y Dottie eran una preciosa pareja de recién casados que vivían en una base naval en Virginia. Te puedes imaginar su aflicción cuando a Fred lo llamaron para prestar servicio activo en la Guerra del Golfo.

Con el fin de consolar a la dulce Dottie, Fred le prometió escribirle tan seguido como le fuera posible.

Dottie esperó ansiosamente a que llegara carta de Fred y se emocionó por completo cuando llegó la primera de ellas a su buzón. Miró el sobre, pasó sus manos sobre el sello y la presionó sobre su pecho, ya que sabía que la carta expresaba el amor de Fred por ella. Luego de disfrutar su alegría un rato, colocó la carta sobre la mesa de centro para que cada vez que pasara, recordara que Fred la amaba.

Pronto, llegó otra carta, y con la misma emoción besó el sobre, lo abrazó y contempló la letra sobre él. ¡Era la preciosa letra de Fred! Estaba tan feliz de haber recibido una segunda carta que estaba casi fuera de sí. Igual que en la primera vez, colocó la carta en la mesita de centro, encima de la carta anterior. Durante las siguientes semanas, Dottie recibió más cartas y con cariño colocó cada una hasta arriba de la pila de cartas cada vez más alta sobre la mesita de centro.

El glorioso día en que Fred pudo llamar a casa por teléfono llegó. Fue una llamada breve. Lo suficientemente larga para decirle a Dottie que la amaba y asegurarse de que estuviera recibiendo sus cartas. Dottie estaba emocionada de escuchar la voz de Fred y le aseguró que sí había recibido todas sus cartas.

En ese momento, algo singular salió a la luz. Cuando Fred le preguntó a Dottie si había llevado el coche al taller para que le cambiaran el aceite, ella respondió:

—No, Fred, ¿por qué? No sabía que tenía que llevar el coche al taller.

—Pero, Dottie —dijo Fred con un tono de frustración—, te lo dije en la primera carta que te envié. ¿No leíste la carta?

—No, Fred, ¿por qué iba hacerlo? Fue tan lindo que me escribieras que coloqué la carta junto con las demás en la mesita de centro.

La voz de Fred adquirió un tono preocupado.

—¿Pero, sí depositaste el cheque que te envié, verdad?

A lo que Dottie respondió:

—¿Cheque? ¿Cuál cheque?

Oh, no. Como podrás imaginar, para ese momento Fred ya estaba bastante molesto. Le había enviado varias cartas detalladas a su amada esposa, pero ella no se había tomado el tiempo de leer ni una de ellas. Dottie estaba muy feliz de que Fred le hubiera escrito y puso las cartas sobre la mesa de centro donde las pudiera ver todos los días. ¿Qué eso no era suficiente?

En este momento, has de estar pensando que Dottie es un poco tontita. Obviamente esta historia es ficción, pero en cierto modo es cierta. Piénsalo. Tenemos un Dios maravilloso que nos ha enviado una serie de cartas de amor llamadas la Biblia. Este glorioso libro está lleno de tesoros invaluables de sabiduría, así como información vital e instrucciones útiles para vivir una vida abundante. Como Dottie, muchas de nosotras ponemos las cartas de nuestro Padre a un lado sobre la mesa de centro y nunca las leemos. ¿Pero no es más absurdo que no leamos la correspondencia de nuestro amoroso Padre celestial, que lo que hizo Dottie?

En nuestra búsqueda de dirección en la vida, tenemos el privilegio de recurrir a las palabras del todo sabio Creador del universo. Salmo 119:105 dice: "Lámpara es a mis pies tu palabra, y lumbrera a mi camino". La Biblia es la lámpara de mano que alumbra nuestro camino mientras vamos por el sendero de la vida. Nos guía y dirige en verdad y nos guarda de los caminos falsos y malvados. Nos alimenta y nos fortalece a lo largo del sendero. No nos dice qué hacer en cada situación específica, pero nos guía a través de principios. Como dice 2 Timoteo 3:16-17: "Toda la Escritura es inspirada por Dios, y útil para enseñar, para redargüir, para corregir, para instruir en justicia, a fin de que el hombre de Dios sea perfecto, enteramente preparado para toda buena obra".

CÓMO CONOCER LA VOLUNTAD DE DIOS

Una mujer que conozco, Emily, en los últimos meses se ha estado sintiendo cada vez más insatisfecha en su trabajo. No está segura de si debería comenzar a buscar una nueva oportunidad de trabajo (incluso si debería cambiar de giro) o quedarse en su empleo actual aunque ya no lo disfruta. ¿No sería lindo que pudiera abrir su Biblia y que encontrara un pasaje que dijera: "Emily debe buscar un nuevo empleo"? Pero la Escritura no nos da instrucciones exactas y específicas para cada decisión. Estamos agradecidas de que nuestro amoroso Padre celestial nos ha dado libre albedrío para tomar decisiones en la vida sin ahogarnos en un vaso de agua. Lo que Emily *sí* puede encontrar en la Biblia es sabiduría que la va a llevar a tomar una decisión sabia. Puede orar, buscar consejo de alguien de su confianza y estudiar todas sus opciones. Luego, después de sopesar todas sus opciones y determinar si alguna de las decisiones choca con algún principio bíblico (por ejemplo, si cierto trabajo en particular requiere que ella mienta), puede tomar la decisión con seguridad.

¡Algunas veces pensamos que solo existe una decisión perfecta y que debemos encontrarla y que si tomamos la decisión equivocada estaremos arruinadas de por vida! Es verdad que algunas decisiones tienen consecuencias trascendentes y ramificaciones (como: con quién me casaré y cuál carrera laboral seguir), pero la mayoría de las decisiones ofrecen varias opciones buenas. Mi papá solía decir una frase sencilla que se me pegó: "Toma una decisión y luego conviértela en la decisión correcta". En otras palabras, si llegas a una encrucijada en el camino, después de considerar tus opciones con sabiduría y oración, comienza a caminar por el sendero que parezca el más sabio; luego, esfuérzate al máximo y déjale los resultados a Dios. Una vez que has tomado una decisión, esfuérzate de una manera positiva en convertirla en la mejor decisión... sin mirar atrás.

La gente a menudo pregunta: "¿Cómo sé si estoy en la voluntad de Dios?". La respuesta es más sencilla de lo que creemos. Sabemos si estamos en la voluntad de Dios si estamos viviendo en obediencia a su Palabra. ¡Eso es todo! Al permanecer en Él y Él permanecer en nosotras, seremos fructíferas sin importar el sendero que escojamos.

Muchas veces lo que la gente está preguntando en realidad es: "¿Qué camino debo tomar?". Si tenemos que tomar una decisión entre dos opciones, y podemos obedecer la Palabra de Dios en ambas, entonces la respuesta de Dios es la siguiente: "Estaré contigo en el camino que escojas". La mayoría de los caminos presentan desafíos, vueltas, gozos y tristezas. Solo porque encontremos un obstáculo o un tope no significa que tomamos la decisión equivocada (¡si así fuera, entonces todos los personajes de la Biblia solían tomar decisiones equivocadas!). La verdad es que al caminar de acuerdo con la voluntad de Dios, *vamos* a enfrentar desafíos. Tendremos que tomar nuevas decisiones a lo largo del camino. Pero como Mary Kay Ash dijo: "Para cada fracaso, hay un camino alternativo que tomar. Solo tienes que encontrarlo. Cuando encuentres un obstáculo insalvable, toma una vía alterna".[5]

¿Estás buscando dirección y no sabes qué camino tomar? ¡Comienza por consultar el mapa de la vida que es la Biblia! Mientras procures obtener sabiduría de lo alto y consejos sabios de las personas en quienes confías, encontrarás que los pasos delante de ti se vuelven más claros. Toma un paso a la vez. Escucha la voz de Dios que te habla a través de su Palabra, de su pueblo y de ese silbo apacible dentro de ti que es el Espíritu Santo. Quizá no recibas el tipo de respuesta exacta que facilitaría tu proceso de toma de decisiones; pero puedes descansar en la seguridad de que Dios está contigo en el camino que escojas seguir en obediencia a Él.

UNA MUJER DE DIRECCIÓN Y DISCRECIÓN

Una de mis heroínas favoritas contemporáneas es Elizabeth Dole. Egresada de la universidad Duke y de Harvard Law School (Facultad de leyes de Harvard), la señora Dole sirvió a cinco presidentes de los Estados Unidos en una carrera sorprendente dedicada al servicio público. Se convirtió en la primera secretaria de transporte durante la administración del presidente Reagan y fue nombrada secretaria del trabajo durante la admstración del primer presidente Bush. Después de terminar sus responsabilidades en estos gabinetes, llegó a ser presidenta de la Cruz Roja, y no aceptó que se le pagara salario durante el primer año con el fin de demostrar la importancia del voluntariado. Dejó la Cruz Roja con el fin de contender por la candidatura republicana para presidente de los Estados Unidos en 2000. Mientras escribía estas páginas, ella se encontraba en campaña para ser electa senadora de su estado natal Carolina del Norte.

En una serie de conferencias en la ciudad de Dallas, tuve la oportunidad de escuchar a la señora Dole. Se hizo evidente que es una mujer de visión y dirección por el discurso que ofreció. Ella siempre está avanzando, dando los pasos necesarios para tomar nuevas oportunidades que le permitan servir mejor al país que tanto ama. ¿Alguna vez ha enfrentado el desánimo? Sí, pero también ha experimentado muchas victorias. Ella no mira para atrás ni se preocupa de si tomó la decisión "correcta" o no; ella continúa moviéndose hacia adelante, con los ojos puestos en la meta delante de ella. Es un ejemplo maravilloso de una mujer de fe, sabiduría y discreción.

Estoy segura de que Elizabeth Dole también es una mujer discreta. Y puedo decirlo con confianza ya que la discreción y la sabiduría van de la mano como lo podemos ver en Proverbios 8:12: "Yo, la sabiduría, habito con la cordura, y hallo la ciencia de los consejos". Proverbios 2:11-12 dice: "La discreción te guardará; te preservará la inteligencia, para librarte del mal camino, de los hombres que hablan perversidades". La discreción se puede definir como prudencia, o como la cualidad de

¿Amas la vida? Entonces no malgastes el tiempo, por que de eso está hecha la vida. —Benjamín Franklin

ser cuidadoso con lo que decimos o hacemos. También significa tener la libertad, el poder o la autoridad de tomar decisiones con discernimiento y juicio. ¡Una mujer sabia siempre es una mujer discreta!

Proverbios pinta una imagen no muy agradable de la mujer que carece de discreción: "Como zarcillo de oro en el hocico de un cerdo es la mujer hermosa y apartada de razón" (Proverbios 11:22). ¿Qué tipo de conducta podemos esperar de una mujer así? El premio "El anillo de oro en el hocico de un cerdo" puede ser otorgado a cualquiera de las siguientes conductas:

- Chisme
- Criticar a otros
- Conversaciones vanas (compartir demasiada información)
- Palabras poco amables
- Palabras deshonestas o altisonantes
- Berrinches
- Explosiones de ira
- Coqueteo adúltero
- Consentirse demasiado a una misma
- Usar ropa claramente reveladora

Quizá te vengan a la mente muchas otras "cualidades" que merezcan este premio, pero creo que con estas es suficiente para darnos una idea. Como puedes observar la mayoría de estas características tienen que ver con palabras. ¡Lamentablemente, este puede ser un aspecto peligroso para las mujeres, ya que disfrutamos mucho hablar! Como cierto marido dijo: "Generalmente hablando, las mujeres están generalmente hablando". Es verdad que tendemos a usar bastante nuestra boca y con eso le damos una gran oportunidad al error. Santiago habla del poder y de la capacidad de destrucción de la lengua en su epístola:

> Así también la lengua es un miembro pequeño, pero se jacta de grandes cosas. He aquí, ¡cuán grande bosque enciende un pequeño fuego! Y la lengua es un fuego, un mundo de maldad. La lengua está puesta entre nuestros miembros, y contamina todo el cuerpo, e inflama la rueda de la creación, y ella misma es inflamada por el infierno....Con ella bendecimos al Dios y Padre, y con ella maldecimos a los hombres, que están hechos a la semejanza de Dios. De una

misma boca proceden bendición y maldición. Hermanos míos, esto no debe ser así....¿Quién es sabio y entendido entre vosotros? Muestre por la buena conducta sus obras en sabia mansedumbre.

—*Santiago 3:5-6, 9-10, 13*

Como mujeres sabias, necesitamos aspirar a un estándar más alto, mostrar nuestra sabiduría a través de nuestra conducta discreta y de nuestras palabras prudentes. Tomemos la determinación de usar nuestras palabras para bien. No las malgastemos para criticar a otros, ¡cuando hay tantas personas de las cuales podemos hablar bien! Mejor, seamos mujeres positivas que tengan una influencia positiva en la gente que las rodea, y que escojan sus palabras y sus acciones para demostrar discreción, sabiduría y la dirección que proviene de Dios.

PUNTO DE PODER

Lee: Proverbios 31:10-31. ¿Consideras que la mujer de este pasaje es sabia? ¿Qué clave se encuentra en el versículo 30? Enumera algunas actividades y conductas que indiquen que la mujer del pasaje es sabia, discreta y con visión.

Ora: ¡Te alabo, Padre por que tus planes son perfectos! Tú conoces el camino que debo tomar. Ayúdame a confiar en ti y no en mi propia prudencia. Ayúdame a reconocerte en todos mis caminos y dirige mis veredas. Quiero ser una mujer sabia, discreta y con visión que viva una vida que te honre tanto de hecho como de palabra. Te lo pido en el nombre de Jesús, Amén

Recuerda: "Engañosa es la gracia, y vana la hermosura; la mujer que teme a Jehová, ésa será alabada" (Proverbios 31:30).

Practica: Aparta un tiempo para escribir un plan estratégico para el resto del año. Recuerda buscar la dirección de Dios. Al ponerte metas, tómate el tiempo para reflexionar en los aspectos de tu vida que quizá necesiten un ajuste con respecto a la discreción. Pídele a Dios que te ayude a tener la victoria en esas áreas.

Principi● poderoso 3

C●nviértete en una m♥jer de oración

Perseverad en la oración, velando en ella con acción de gracias.
—Colosenses 4:2

No sé porqué métodos extraños,
Pero esto sé: Dios contesta la oración.
No sé si la bendición que busco,
Vendrá de la forma que me imaginé.
Le dejo mis oraciones en sus manos solo
Aquel cuya voluntad es más sabia que la mía.
—Eliza M. Hickok

7

EQUIPAJE DE SOBRA

Deshazte de las cargas que no tienes por qué llevar

Oh, qué paz abandonamos,
Oh, que innecesario dolor cargamos,
Todo porque no le llevamos,
Nuestras preocupaciones a Dios en oración.

—Joseph Scriven

Mi hermana Karen, mi madrastra Janet y yo fuimos a la boda de mi primo David en Panama City, Florida. En el camino del aeropuerto al lugar donde se rentan los coches, Janet y yo caminábamos alegremente tirando de nuestras maletas las cuales rodaban con facilidad detrás de nosotras. Karen venía varios pasos atrás llevando a cuestas una bolsa pesada. Finalmente exhausta exclamó: "¡Cómo me gustaría haber comprado una maleta con rueditas!".

¡Ah, que diferencia es tener una maleta con rueditas! Karen estaba soportando una carga que un par de rueditas habría llevado con facilidad. ¿Pero que hay de ti y de mí? ¡Estamos esforzándonos por cargar nuestro propio equipaje a lo largo de la vida! Con equipaje quiero decir los problemas, aflicciones, y desafíos que son parte inevitable de la existencia humana. Las buenas noticias son que tenemos un Dios que nos ama y que quiere ayudarnos con nuestras cargas. El mismo Dios que partió el mar Rojo, que caminó sobre el agua y que transformó el agua en vino está listo y dispuesto a ser nuestras "rueditas". Eso no quiere decir que podamos esperar tener una vida perfecta carente de dolor; más bien, podemos descansar en la seguridad de que tenemos un Dios perfecto que está con nosotras y nos ama, sin importar los desafíos que la vida nos presente.

NO TE RINDAS

Uno de mis versículos favoritos es 1 Tesalonicenses 5:17: "Orad sin cesar". Es un breve y dulce recordatorio de que necesitamos darle nuestras preocupaciones y cargas a Dios todos los días. Necesitamos alabarlo y darle gracias continuamente. ¡Necesitamos estar en constante comunicación con Él!

Los teólogos dicen que este versículo se puede entender de dos maneras. Yo creo que ambas son correctas. Una forma de "orar sin cesar" es hacer que nuestra vida de oración se fortalezca y crezca todo el tiempo. Podemos hacer esto, en parte, al designar un momento específico cada día para acudir a Dios en oración con nuestras alabanzas y nuestras peticiones. (En el capítulo 8 veremos algunas ideas específicas y novedosas para nuestro tiempo de oración.) Necesitamos ser diligentes en llevar una vida de oración regular y vibrante con nuestro glorioso Creador.

Una segunda manera de entender la oración "sin cesar" es verla como un estado constante, momento a momento, de comunicación viva con Dios. El hermano Lawrence, quien estaba encargado de la cocina de un monasterio en París en el siglo XVII, escribió acerca de la bendición de vivir en un constante estado de oración y devoción. Era un hombre sencillo, de trasfondo humilde, pero sus escritos profundos fueron compilados en un libro llamado *Practicing the Presence of God* (La práctica de la presencia de Dios), el cual todavía se edita. Aunque su trabajo como responsable de la cocina era algo mundano, determinó vivir cada momento "en la presencia de Dios", con lo cual transformó sus tareas en la cocina en gloriosas experiencias celestiales. Nuestra vida también puede ser transformada si conocemos y experimentamos este tipo de gozosa oración en nuestro diario vivir.

Jesús les dijo una parábola a sus discípulos para ilustrarles (a ellos y a nosotras) cómo orar siempre y no desmayar. El pasaje se encuentra en Lucas 18:2-8:

> Había en una ciudad un juez, que ni temía a Dios, ni respetaba a hombre. Había también en aquella ciudad una viuda, la cual venía a él, diciendo: Hazme justicia de mi adversario. Y él no quiso

por algún tiempo; pero después de esto dijo dentro de sí: Aunque ni temo a Dios, ni tengo respeto a hombre, sin embargo, porque esta viuda me es molesta, le haré justicia, no sea que viniendo de continuo, me agote la paciencia. Y dijo el Señor: Oíd lo que dijo el juez injusto. ¿Y acaso Dios no hará justicia a sus escogidos, que claman a él día y noche? ¿Se tardará en responderles? Os digo que pronto les hará justicia. Pero cuando venga el Hijo del Hombre, ¿hallará fe en la tierra?

Jesús quiere que oremos. Quiere que vengamos a Él de continuo. A través de esta parábola nos invita a traer nuestras ansiedades, nuestras preocupaciones, nuestras cargas y las injusticias que sufrimos a Él. A diferencia del juez de la parábola, Dios es justo y amoroso, y nos está esperando con los brazos abiertos y con los oídos dispuestos a escucharnos. Él está delante de nosotras diciéndonos: "Vengan a mí, denme sus cargas y encontrarán descanso para su alma".

¿ES DEMASIADO PEDIR?

Soy el tipo de persona que odia pedirle algo a alguien. Mi hija Joy es igual. A ella ni siquiera le gusta que yo arregle que alguien la lleve a algún lugar; ni siquiera cuando la persona tiene que pasar enfrente de nuestra casa para llegar a ese lugar. Ella simplemente odia darse a notar o imponerse. Al parecer, mi hija Grace tiene el punto de vista opuesto. Ella asume que todo mundo está dispuesto a ayudarla y no le importa pedir favores. Su filosofía es: "No importa que me digan que no. No pierdo nada con preguntar". Sospecho que lo más sano es un equilibrio entre ambos extremos.

Qué tan dispuestos estemos a pedir algo muchas veces depende de la persona a la que se lo pidamos. En mi calle viven muchos vecinos maravillosos y amigables. La familia Page que vive cruzando la calle tiene una hija llamada Ashlee de la misma edad que Grace. Un viernes las niñas llegaron de la escuela con la tarea de entregar un trabajo de biología para el siguiente miércoles. El trabajo consistía en hacer un modelo detallado de una célula con todas sus partes básicas, desde las mitocondrias hasta el aparato de Golgi. La única forma para que las niñas terminaran su trabajo para el miércoles era hacer la mayor parte de él durante el fin de semana.

Pero sucedió que ese fin de semana salí con mis amigas a nuestro retiro anual. Por lo que yo no me enteré del trabajo en cuestión y no las pude ayudar. Gracias a Dios, Ashlee Page invitó a Grace a su casa para hacer juntas su trabajo de biología. Los Page tienen una gran cantidad de material para este tipo de trabajos y con mucho gusto le prestaron algunas cosas a Grace. Cuando llegué a a casa el domingo en la tarde, Grace ya había pasado una buena parte del fin de semana en casa de los Page y había terminado su trabajo.

El martes por la noche, un día antes de entregar su trabajo, Grace fue a casa de los Page para pedirles prestada una vez más su pistolita de silicón. Yo me resisití a la idea de pedirles un favor más a los Page, pero ellos una vez más ayudaron a Grace. ¡Créanme, les he expresado mi gratitud en muchas ocasiones ya!

La experiencia de Grace con los Page es un buen ejemplo del principio que Jesús enseñó en el Sermón del Monte. Yo lo llamo el principio PEDIR, y se encuentra en Mateo 7:7-11:

> Pedid, y se os dará; buscad, y hallaréis; llamad, y se os abrirá. Porque todo aquel que pide, recibe; y el que busca, halla; y al que llama, se le abrirá. ¿Qué hombre hay de vosotros, que si su hijo le pide pan, le dará una piedra? ¿O si le pide un pescado, le dará una serpiente? Pues si vosotros, siendo malos, sabéis dar buenas dádivas a vuestros hijos, ¿cuánto más vuestro Padre· que está en los cielos dará buenas cosas a los que le pidan?

La generosidad humana tiene cierto límite. Tú y yo no tenemos recursos ilimitados o la habilidad de conceder cualquier petición que se nos haga. Pero los recursos de Dios y su poder no tienen límite. Él puede darnos más abundantemente de lo que pedimos o entendemos. ¿Qué sucedería en nuestra vida si en verdad aplicáramos el principio PEDIR, si siempre recordáramos pedir, buscar y llamar a la puerta? En este pasaje, el tiempo verbal de los tres verbos en griego está en imperativo, lo cual indica que buscar, pedir y llamar a la puerta son acciones *continuas*. Una vez más Jesús nos habla de la oración persistente. ¿Cuán grandes cosas sucederían si oráramos con persistencia y sin cesar a nuestro Dios amoroso quien es completamente ilimitado?

El punto de la oración constante no es ver lo que podemos sacarle a Dios, sino fortalecer nuestra relación con Él. Finalmente, PEDIR es una acción continua por medio de la cual nos acercamos más a Dios, buscando sus caminos e incrementando nuestra fe. Estudiemos los tres aspectos del principio PEDIR.

1. Pedid, y se os dará.

La palabra que se utiliza en este versículo para *pedir,* sugiere una petición que presenta una entidad menor a una mayor. Encontramos la misma palabra en Efesios 3:20: "Y a Aquel que es poderoso para hacer todas las cosas mucho más abundantemente de lo que pedimos o entendemos, según el poder que actúa en nosotros". De nuevo encontramos la palabra *pedir* en Colosenses 1:9: "Por lo cual también nosotros, desde el día que lo oímos, no cesamos de orar por vosotros, y de pedir que seáis llenos del conocimiento de su voluntad en toda sabiduría e inteligencia espiritual".

Santiago utiliza la palabra *pedir* cuatro veces en su epístola. En Santiago 1:5-6 se nos dice que pidamos sabiduría (como lo mencionamos en el capítulo anterior) y que la pidamos sin dudar. En Santiago 4:2-3 encontramos más instrucciones: "Codiciáis, y no tenéis; matáis y ardéis de envidia, y no podéis alcanzar; combatís y lucháis, pero no tenéis lo que deseáis, porque no pedís. Pedís, y no recibís, porque pedís mal, para gastar en vuestros deleites". Siempre necesitamos revisar nuestros motivos cuando le pedimos algo a Dios. ¿Estamos haciendo nuestra petición para tener una ganancia egoísta? Esta puede ser una razón por la que no recibimos.

Sin embargo, si nuestros motivos están bien y tenemos una relación con Dios viva y creciente, tenemos confianza siempre que acudimos a Él con una petición. En 1 Juan 3:21-22 leemos: "Amados, si nuestro corazón no nos reprende, confianza tenemos en Dios; y cualquiera cosa que pidiéremos la recibiremos de él, porque guardamos sus mandamientos, y hacemos las cosas que son agradables delante de él". Más adelante en la carta de Juan encontramos un pasaje que usa la palabra *pedir* tres veces más y reitera el punto: "Estas cosas os he escrito a vosotros que creéis en el nombre del Hijo de Dios, para que sepáis que tenéis vida eterna, y para que creáis en el nombre del Hijo de Dios. Y esta es la confianza que tenemos en él, que si pedimos alguna cosa conforme a su voluntad, él nos oye. Y si sabemos que él nos oye en cualquiera cosa que pidamos, sabemos que tenemos las peticiones que le hayamos hecho" (1 Juan 5:13-15).

Echando toda vuestra ansiedad sobre él, porque él tiene cuidado de vosotros. —1 Pedro 5:7

Pedirle al Señor es un acto de fe, y Él nos anima a hacerlo. ¿Así que por qué a veces titubeamos en llevar nuestras peticiones a Él? ¿Será porque relacionamos el pedirle a Dios con la incomodidad de imponerles favores a nuestros semejantes? Jesús nos implora que le pidamos. ¿No será que no nos tomamos el tiempo de pedir porque vivimos demasiado en el aquí y en el ahora, siempre concentradas en resolver nuestros propios problemas? Jesús nos recuerda que pidamos. ¿Nos sentimos indignas y que no merecemos las peticiones que le presentamos a Dios? Jesús nos dice con amor que pidamos.

Querida amiga, ¿qué necesitas pedirle a Dios? ¿Necesitas sabiduría? ¿Fortaleza? Quizá necesites una amiga. Comienza a pedir. ¡Empieza ahora!

2. Buscad, y hallaréis

La palabra *buscar* es un poco distinta a *pedir*. Significa desear, esforzarse o investigar acerca de algo. Podemos obtener una mejor comprensión de esta palabra cuando vemos la manera en que se utiliza en otras partes de la Biblia. Por ejemplo: Mateo 6:33 nos dice: "Mas buscad primeramente el reino de Dios y su justicia, y todas estas cosas os serán añadidas". De manera similar Colosenses 3:1-2 nos dice que pongamos nuestro corazón y nuestra mente "en las cosas de arriba, no en las de la tierra". En otras palabras, nuestra búsqueda debe estar enfocada en cosas eternas. Si pasamos toda nuestra vida buscando riquezas terrenales, belleza o fama (y es una actitud en la cual podemos caer con facilidad, ya que estas cosas las podemos ver y sentir en el aquí y en el ahora) lo que obtengamos será temporal; pronto se desvanecerá. La pregunta que debemos hacernos es: ¿Estamos corriendo la carrera de la vida para obtener una recompensa temporal o una recompensa eterna?

¿Qué significa buscar las cosas eternas? En realidad, hay pocas cosas que son verdaderamente eternas: Dios, su Palabra y las almas de los seres humanos. Sí, debemos ganarnos la vida, vivir en este mundo y cuidar de nosotras mismas; pero nuestra verdadera recompensa viene de invertir en aquello que no se va a desvanecer. Invertir en la gente, acercarnos a Dios, vivir de acuerdo con su Palabra, y hablar de ella a otros son actividades que vale la pena buscar. En 1 Corintios 3:1-15 Pablo nos dice que estamos edificando nuestra vida sobre el fundamento que es Cristo con materiales como oro, plata y piedras preciosas o con madera, heno y hojarasca, o sea, con cosas que son fuertes y verdaderas y que tienen un valor eterno o con cosas que son comunes, temporales y finalmente pasajeras. Un día, dice, nuestras obras serán probadas por fuego. Si lo que hemos sobreedificado sobrevive, recibiremos nuestra recompensa.

Mi amiga Carol es una persona muy activa. Además de trabajar medio tiempo, labora como voluntaria en la escuela de sus hijos (y con muchas otras organizaciones) y dirige un pequeño grupo de estudio bíblico. Carol parece tener sus prioridades en orden cuando se trata de buscar lo que vale la pena y lo que no. Ella con frecuencia utiliza la frase "heno y hojarasca" para referirse a todas las cosas en las que la gente suele ocuparse que no son eternas. Carol vive en una casa hermosamente decorada; sin embargo, no se enfrasca en los detallitos de la decoración, ya que esos son asuntos tipo heno y hojarasca. No obstante, si hablas del carácter de sus hijos vas a obtener toda su atención. Ella siempre está buscando lo mejor para ellos y constantemente se esfuerza para enriquecerlos. ¿Por qué? Porque son almas eternas. A sus ojos son más preciosos que el oro.

¿Qué estás buscando? ¿A que le dedicas tu corazón, tu mente, tu alma y tus fuerzas? Toma unos minutos para reflexionar en lo que realmente buscas o procuras en la vida. Es posible que necesites reajustar tu brújula. Busca con sabiduría, ¡porque muy seguramente encontrarás lo que estás buscando!

3. Llamad, y se os abrirá

En el libro de Lucas encontramos otra versión de la forma en que Jesús presentó el principio PEDIR. Va precedido de una parábola acerca de un vecino que toca a la puerta de su amigo:

> Les dijo también: ¿Quién de vosotros que tenga un amigo, va a él a medianoche y le dice: Amigo, préstame tres panes, porque un amigo mío ha venido a mí de viaje, y no tengo qué ponerle delante; y aquél, respondiendo desde adentro, le dice: No me molestes; la puerta ya está cerrada, y mis niños están conmigo en cama; no puedo levantarme, y dártelos? Os digo, que aunque no se levante a dárselos por ser su amigo, sin embargo por su importunidad se levantará y le dará todo lo que necesite. Y yo os digo: Pedid, y se os dará; buscad, y hallaréis; llamad, y se os abrirá.

Esta historia realmente se trata acerca de ti y de mí llamando a la

¡Nunca, debemos olvidar que si queremos hacer un bien al mundo, nuestro primer deber es orar! —J.C. Ryle

puerta del cielo. La palabra *llamar* se usa en sentido figurado para representar la solicitud persistente de la provisión de Dios para nuestras necesidades. Si un hombre pecador está dispuesto a ayudar a un amigo por la persistencia de este, ¿cuánto más nuestro amoroso Dios no escuchará y contestará? El Señor escucha nuestros ruegos, Él conoce nuestras necesidades y con gusto recibe nuestras peticiones. ¿No es maravilloso saber que tenemos un Amigo que siempre está allí, listo y ansioso de abrirnos la puerta?

Por supuesto, *llamar a la puerta* supone una acción de nuestra parte; una acción que está basada en nuestra fe en aquél al que presentamos nuestra petición. Si estamos pidiendo que Dios nos ayude a encontrar empleo, pero no tomamos los pasos necesarios para encontrar empleo, no estamos llamando a la puerta. Si estamos orando por una mejor relación con nuestro marido pero no tomamos los pasos necesarios para mejorar la relación, no estamos llamando a la puerta. La oración y la acción van de la mano. William Booth, el fundador del Ejército de Salvación, dijo: "Trabaja como si todo dependiera de tu esfuerzo; y ora como si todo dependiera de tu oración".[1] Otro hombre lo dijo de la siguiente forma: "Si quieres llegar al otro lado del lago, necesitas meterte al bote y comenzar a remar". Podemos tener confianza de actuar si sabemos que estamos orando de acuerdo con la voluntad de Dios. La clave es ser tanto diligente en nuestras sentidas oraciones como fieles en las acciones necesarias.

ALGUNAS VECES: "ESPERA", OTRAS: "OLVÍDALO"

A mediados de noviembre todos los años, comienzo a sondear a mis hijas para saber qué quieren de Navidad, y les digo: "¿Qué quieres de Navidad? Hazme una lista". Ahora que son adolescentes, no puedo adelantarme a lo que quieren; tienen que decirme exactamente lo que están esperando. Algunas veces, incluso me las llevo de compras y ellas escogen lo que quieren; y luego lo escondo hasta Navidad. ¿Les compro todo lo que quieren? ¡No!

No me mal entiendan; en realidad no me molesta que me pidan cosas. De hecho, yo quiero que me digan qué quieren. Entonces, ¿por qué no les doy todo lo que me piden? Por dos razones. Primero, consentir a un niño de cualquier edad no es saludable para él. Los niños necesitan aprender a esperar ciertas cosas; no es bueno que tengan todo lo que quieren *en este momento*. Consentir demasiado a alguien produce codicia, ingratitud, impaciencia y egoísmo; actitudes que no quiero alentar en mis hijas. Después de todo, las mejores cosas de la vida en realidad les llegan a aquellos que esperan. Mis hijas no van a aprender esta importante lección si les doy todo lo que quieren cuando quieren.

La segunda razón por la que no les doy todo lo que me piden es porque algunas cosas no les convienen. Amo a mis hijas y quiero alentarlas a que se conviertan en mujeres adultas saludables y equilibradas. Curt y yo sabemos que ciertas peticiones que nos han hecho a través de los años, no les convienen, así que simplemente les hemos respondido que "no".

¡Qué bueno que nuestro amoroso Padre celestial tampoco nos da todo lo que le pedimos! Como dijo uno de mis autores favoritos, C.S. Lewis: "Si Dios me hubiera concedido todas las oraciones ridículas que he hecho en mi vida, ¿dónde estaría hoy?".[2] Imagínate por un momento que Dios nos diera todo lo que le pidiéramos. En lugar de un Padre amoroso, tendríamos un papito consentidor, que estaría satisfaciendo cada capricho o deseo. Lo cual nos haría volvernos egoístas y consentidas. El curso de la historia estaría en nuestras manos, porque podríamos cambiarlo todo con una simple petición. La gente se acercaría a Dios con un solo motivo en mente: "Oro y recibo exactamente lo que quiero. ¡Qué buen negocio!".

¿No es bueno que nuestro Padre celestial algunas veces nos diga que esperemos y que otras veces nos diga que no? Lewis también dijo: "La oración es pedir. La esencia de la petición, a diferencia de la compulsión, es que puede ser concedida o no. Si un Ser infinitamente sabio escucha las peticiones de sus criaturas finitas y necias, por supuesto, que algunas veces les concederá lo que pidan y otras veces se los rehusará".[3]

Gracias a Dios, la respuesta a nuestra oración no depende de nuestra santidad o bondad. Si así fuera, nos volveríamos orgullosas cuando Dios nos respondiera o juzgaríamos a los demás si no recibieran sus peticiones. Recuerda, incluso Cristo en el huerto de Getsemaní recibió un "no" como respuesta a su petición: "Padre mío, si es posible, pase de mí esta copa" (Mateo 26:39). Debemos confiar en Dios; Él ve el panorama eterno mientras que nosotras solo vemos lo inmediato. ¿Por qué Dios permite que un creyente sufra y muera, sin conceder la petición de muchos intercesores? No podremos responder preguntas como esa hasta que estemos del otro lado del cielo. Pero estoy segura de que las personas que nos precedieron están diciendo: "No se preocupen por mí. No lloren por mí, estoy en un mejor lugar. Mi sufrimiento fue por un bien mayor y ahora ya no estoy sufriendo".

VIENES DELANTE DE UN REY

Se dice que en cierta ocasión un miembro de la corte de Alejandro Magno, le solicitó ayuda financiera. El poderoso líder le dijo que fuera con el tesorero para pedirle la cantidad que necesitaba. Momentos después, el tesorero se presentó delante de Alejandro y le reportó:

—Este hombre de tu corte me ha solicitado una cantidad enorme de dinero.

—Dale lo que te pida —respondió Alejandro—. Al presentar su petición me ha tratado como todo un rey. ¡Y yo le responderé como todo un rey!".

Cuando leí la historia por primera vez venía acompañada del siguiente poema de Walter B. Knight. Como mujeres positivas necesitamos recordar estas palabras:

> Vienes delante de un Rey,
> Así que trae contigo grandes peticiones;
> ¡Porque su gracia y su poder son tan grandes,
> Que nadie puede pedir demasiado![4]

Muchos años atrás, había una tarjeta en la pared de una fábrica de algodón que decía: "Si se te enredan los hilos, llama al encargado de la fábrica". Cierto día una obrera recién contratada descubrió que se le habían enredado los hilos que estaba hilando. Trató de desenredarlos ella misma, pero solo logró que se enredaran más. Finalmente, llamó al encargado de la fábrica. Cuando el encargado llegó y miró la situación, le preguntó:

—¿Has estado haciendo esto tú sola?

—Sí —respondió.

—¿Por qué no me llamaste como dice en las instrucciones?

—Bueno, hice lo mejor que pude —respondió con la cabeza agachada.

—No es cierto —dijo firmemente el encargado—. Recuerda que lo mejor que puedes hacer es llamarme.[5]

Cuando nuestras vidas se enreden, lo mejor que podemos hacer es llevar nuestras necesidades delante de nuestro gran Creador. El primer paso nunca debe ser tratar de arreglar las cosas por nosotras mismas, sino acudir a Dios en oración y buscar su guía, su dirección y su ayuda. Quizá nunca sepamos el efecto completo de nuestras oraciones de este lado del cielo. Pero sí sabemos esto: Dios quiere que le pidamos, y que luego confiemos en Él para la respuesta.

Podemos estar confiadas de que la oración cambia las cosas, porque Dios cambia las cosas. ¡Nunca subestimes el poder y la influencia perdurable de las oraciones de una mujer positiva!

PUNTO DE PODER

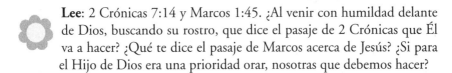

Lee: 2 Crónicas 7:14 y Marcos 1:45. ¿Al venir con humildad delante de Dios, buscando su rostro, que dice el pasaje de 2 Crónicas que Él va a hacer? ¿Qué te dice el pasaje de Marcos acerca de Jesús? ¿Si para el Hijo de Dios era una prioridad orar, nosotras que debemos hacer?

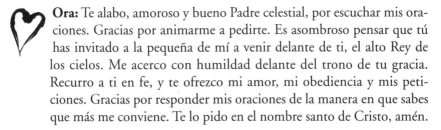

Ora: Te alabo, amoroso y bueno Padre celestial, por escuchar mis oraciones. Gracias por animarme a pedirte. Es asombroso pensar que tú has invitado a la pequeña de mí a venir delante de ti, el alto Rey de los cielos. Me acerco con humildad delante del trono de tu gracia. Recurro a ti en fe, y te ofrezco mi amor, mi obediencia y mis peticiones. Gracias por responder mis oraciones de la manera en que sabes que más me conviene. Te lo pido en el nombre santo de Cristo, amén.

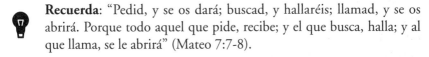

Recuerda: "Pedid, y se os dará; buscad, y hallaréis; llamad, y se os abrirá. Porque todo aquel que pide, recibe; y el que busca, halla; y al que llama, se le abrirá" (Mateo 7:7-8).

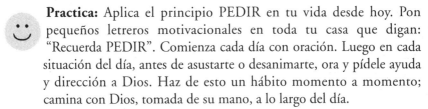

Practica: Aplica el principio PEDIR en tu vida desde hoy. Pon pequeños letreros motivacionales en toda tu casa que digan: "Recuerda PEDIR". Comienza cada día con oración. Luego en cada situación del día, antes de asustarte o desanimarte, ora y pídele ayuda y dirección a Dios. Haz de esto un hábito momento a momento; camina con Dios, tomada de su mano, a lo largo del día.

UNA GUÍA SENCILLA PARA ORAR CON EFICACIA

Ora por tu familia, por tus amistades y por el mundo

Confesaos vuestras ofensas unos a otros, y orad unos por otros, para que seáis sanados. La oración eficaz del justo puede mucho.
—Santiago 5:16

Sir Isaac Newton, el famoso descubridor de la ley universal de la atracción de los cuerpos, se destacó como matemático, científico y filósofo. Formuló las tres leyes del movimiento, hizo avanzar la disciplina de la dinámica y ayudó a desarrollar el estudio del cálculo. Estableció el fundamento para la ley de la conservación de la energía y construyó el primer telescopio por reflexión. No obstante, su intelecto profundo jamás disminuyó su fe. De hecho, usó el telescopio como una ilustración para darnos una imagen hermosa de como funciona la oración. "Puedo tomar mi telescopio y ver millones y millones de kilómetros en el espacio, pero cuando pongo mi telescopio a un lado, entro a mi habitación y cierro la puerta, me arrodillo y comienzo a orar, puedo ver mejor el cielo y estar más cerca de Dios que cuando tengo la ayuda de todos los telescopios y los instrumentos de observación de toda la tierra".[1]

¿No es maravilloso darnos cuenta que el Dios del universo está a la mano? No necesitamos viajar a tierras distantes o a las regiones profundas del espacio para encontrar a nuestro gran y poderoso Creador. Como dijo

Newton, es en la oración sincera que podemos ver el cielo y acercarnos a Dios.

No existe una fórmula científica secreta para la oración. La oración es simple. Es venir con humildad delante de Dios con un corazón lleno de alabanza, agradecimiento y necesidad. En el último capítulo dijimos que el propósito principal de la oración no es hacer que Dios nos dé cosas, sino crecer en una relación más íntima y más profunda con Él. Me gusta la forma en que Hanegraaff lo dice en el libro *La oración de Jesús*: "Para los cristianos, la oración debería ser un fin en sí mismo. La oración no es una fórmula mágica para obtener cosas de Dios. Tener comunión con Dios en oración ya es una recompensa por sí sola".[2]

La oración no es para hacer un espectáculo o para obtener el aplauso de los hombres, sino para tener intimidad con el Padre. Recuerdo la historia de una niña que estaba haciendo sus oraciones nocturnas con su madre sentada al lado de su cama. Los labios de la niña se movían, su expresión era sincera, pero la mamá apenas y podía entender lo que estaba diciendo. Cuando la niña dijo "amén", su mamá comentó: "Mi amor, no escuché ni una palabra de lo que dijiste". La niña respondió: "No importa, de todos modos no estaba hablando contigo".[3] Nuestras oraciones son conversaciones sumamente reales e importantes entre la humilde humanidad y el glorioso Dios. ¿No te maravilla el solo hecho de pensarlo?

En este capítulo quiero tratar con los detalles de la oración; el cómo, el cuándo, el qué y el dónde de la oración. Comencemos con la pregunta: "¿Cómo aprendemos a orar?"

SEÑOR, ENSÉÑANOS A ORAR

Los discípulos le hicieron a Jesús esta misma pregunta. Un día, después de que Jesús terminó de orar en cierto lugar, uno de los discípulos le dijo: "Señor, enséñanos a orar". Mateo 6:9-13 nos dice la respuesta de Jesús:

> Vosotros, pues, oraréis así: Padre nuestro que estás en los cielos, santificado sea tu nombre. Venga tu reino. Hágase tu voluntad, como en el cielo, así también en la tierra. El pan nuestro de cada día, dánoslo hoy. Y perdónanos nuestras deudas, como también nosotros perdonamos a nuestros deudores. Y no nos metas en ten-

tación, mas líbranos del mal; porque tuyo es el reino, y el poder, y la gloria, por todos los siglos. Amén.

Jesús les dio este modelo de oración a sus discípulos y a nosotras. ¡Qué maravilloso es aprender los principios de la oración de Jesús mismo! Así como en la escuela estudiamos los tres elementos clave (leer, escribir y hacer cuentas), de la misma manera en esta oración vemos que emergen tres elementos clave: reconocer quien es Él; recordar lo que ha hecho; y pedir de acuerdo con su voluntad. Echemos un vistazo breve a cada uno de estos principios de oración a la luz de la oración modelo de Jesús.

Reconocer quien es Él. Jesús comenzó su oración con las palabras: "Padre nuestro que estás en los cielos, santificado sea tu nombre". El enunciado aclara a quien nos dirigimos. Nos dirigimos a Dios, nuestro Padre celestial; no a los ángeles ni a nuestros antepasados. La frase "en los cielos" nos recuerda la gloria y la majestad de Dios. Salmo 103:19 dice: "Jehová estableció en los cielos su trono, y su reino domina sobre todos". Para los creyentes, este trono es un trono de gracia. Por la muerte de Jesús en la cruz, tenemos acceso libre a la presencia de Dios en los cielos.

El término *santificado* significa santo, apartado. Cuando venimos a Dios en oración, no solo reconocemos que Él es nuestro amoroso Padre en los cielos, sino también que su nombre es santo, puro y poderoso. Es un nombre que debe ser respetado y reverenciado. Su nombre nos da un lugar de seguridad, como leemos en Proverbios 18:10: "Torre fuerte es el nombre de Jehová; a él correrá el justo, y será levantado". ¿Encuentras refugio en Dios a través de la oración? ¡Corre a la torre fuerte de su nombre santo y encontrarás paz!

Recuerda lo que Él ha hecho. Una vez que reflexionamos y comenzamos a reconocer la grandeza de Dios, nuestro corazón comienza a rebosar de agradecimiento por lo que Él ha hecho. ¡Sí que está trabajando en nuestra vida tanto en lo pequeño como en lo grande! Cierta persona lo dijo así: "La generosidad de Dios merece nuestro agradecimiento". Vincent de Paul dijo: "Debemos pasar el mismo tiempo dándole gracias a Dios por sus beneficios que el que pasamos pidiéndolos".[4] No sé a ti, pero a mí eso si me conmovió. Si pasáramos más tiempo agradeciendo y menos tiempo quejándonos, ni me imagino lo diferente que el mundo sería.

Pablo dice: "Dad gracias en todo, porque esta es la voluntad de Dios para con vosotros en Cristo Jesús" (1 Tesalonicenses 5:18). Agradecerle a Dios por las cosas buenas de nuestra vida es fácil; ¡pero darle gracias por los retos es otra historia! Pero tenemos mucho por lo cual estar agradecidas, incluso cuando la vida es difícil. Podemos comenzar dándole gracias a Dios de que está con nosotras en medio de nuestras circunstancias. Quizá no nos guste la situación, pero podemos darle gracias por la fuerza y la ayuda para sobrellevarla. Como mujeres positivas, tomemos la determinación hoy de pasar más tiempo agradeciéndole a Dios y reflexionando sobre su obra en nosotras. Siento que vamos a comenzar a ver una diferencia en nuestra actitud hacia la vida.

Pedir de acuerdo a su voluntad. El modelo de oración de Jesús incluye presentar varias peticiones delante del Señor. No obstante, esta sección comienza con la declaración de atenernos a la voluntad de Dios. ¿Cómo sabemos que estamos orando conforme a la voluntad de Dios? Cuando oramos de acuerdo con su Palabra. George Müller, el gran guerrero de oración de Inglaterra, siempre consultaba la Escritura antes de hacerle una petición a Dios. Algunas veces pasaba días escudriñando las Escrituras antes de presentarle a Dios una petición porque quería estar seguro de que su solicitud estaba de acuerdo con la voluntad de Dios.

Madame Jeanne Guyon, quien nació en Francia en 1648, fue una mujer de oración, humilde y a la vez positiva. A los 15 años se casó con un inválido que le llevaba veintitrés años. Él era un hombre bastante difícil; sin embargo, a lo largo de su infeliz matrimonio ella pudo encontrar respiro en su vida de oración. Más tarde Jeanne fue recluída en un convento por ordenes reales durante un año. Finalmente, fue apresada en Vincennes porque sus creencias religiosas diferían de las de la iglesia establecida. Pasó casi veinticinco años de su vida en confinamiento, y muchos de sus libros fueron escritos durante ese periodo.

Los escritos de Madame Guyon invitan a los lectores a experimentar a Dios en una mayor profundidad. En su libro *Experiencing the Dephs of Jesus Christ* (Experimenta las profundidades de Jesucristo), algunas veces titulado *A Short and Very Easy Method of Prayer*, ella habla de una manera maravillosa acerca de la oración. Ella escribe: "Orar conforme a la Escritura es una manera única de usar la Escritura; porque requiere que la leamos y oremos con ella. Recurra a la Escritura. Escoja

Satanás tiembla cuando ve al santo más débil de rodillas. —William Cowper

algún pasaje que sea sencillo y sumamente práctico. Luego, preséntese delante del Señor. Venga con humildad y solemnidad. Ahí delante de Él, lea una pequeña porción del pasaje de la Escritura que usted ya ha escogido. Léalo con cuidado. Asimile por completo, de manera suave y cuidadosa lo que está leyendo. Gústelo y digiéralo conforme lo lea".[5]

Me encanta la frase descriptiva "gústelo y digiéralo", porque me recuerda Salmo 34:8 que dice: "Gustad, y ved que es bueno Jehová; dichoso el hombre que confía en él". Si sabemos que el Señor es bueno vamos a estar más que gustosas de confiar en Él y someter nuestra voluntad a la suya. Jesús dijo: "Si permanecéis en mí, y mis palabras permanecen en vosotros, pedid todo lo que queréis, y os será hecho" (Juan 15:7). Cuando gustamos y digerimos la Palabra de Dios, llegamos a conocer su voluntad y podemos tener una mejor oportunidad de orar de acuerdo con ella.

PETICIONES DE ORACIÓN

Podemos aprender mucho de observar las peticiones específicas de la oración modelo de Jesús. Cuando oramos: "El pan nuestro de cada día, dánoslo hoy", por ejemplo, estamos reconociendo que Dios es el que suple nuestras necesidades diarias. ¡Qué fácil es para nosotras mirar hacia el futuro y preocuparnos del mañana! Pero Dios quiere que confiemos en Él y que busquemos su provisión día con día.

Cuando oramos: "Y perdónanos nuestras deudas, como también nosotros perdonamos a nuestros deudores", estamos reconociendo el papel predominante del perdón en la vida del creyente. El perdón es un concepto sumamente importante para Dios. Ciertamente, la Biblia enseña muchas veces que lo practiquemos (ver Mateo 18:21-35; 2 Corintios 2:10; Efesios 4:32; Colosenses 3:13). Necesitamos valorar el perdón tanto como Dios lo valora. ¿Por qué debemos perdonar? Porque no tenemos derecho de guardar algo en contra de otra persona cuando Dios ha perdonado toda nuestra deuda de pecado. ¡No debemos permitir que la falta de perdón arruine nuestra vida! (Hablaremos más acerca de perdonar a otros en el capítulo 11.)

Cuando oramos: "Y no nos metas en tentación, mas líbranos del mal", le estamos pidiendo a Dios que no solamente nos aparte de las tentaciones, sino que nos de la fuerza para estar firmes contra ellas. El personaje del Antiguo Testamento, Jabes, hizo una oración similar cuando pidió "si tu mano estuviera conmigo, y me libraras de mal, para que no me dañe" (1 Crónicas 4:10). ¿En verdad le pedimos sinceramente a Dios que nos aparte de la tentación, o navegamos cerca de la tentación olvidándonos de pedir ayuda a Dios? ¡Qué nuestro clamor diario sea para pedir la dirección y la liberación de parte de Dios!

Jesús cierra esta oración modelo con otro reconocimiento de quién es Dios y lo grande que es Él: "Porque tuyo es el reino, y el poder, y la gloria, por todos los siglos". Cuando oramos con estas palabras u otras similares, estamos haciendo una declaración de fe. Estamos confirmando que Dios puede hacer todas las cosas, incluyendo responder a nuestras oraciones. Estamos haciendo una declaración profunda que proviene de un corazón lleno de fe. ¡Qué esta sea nuestra proclamación diaria!

¿POR QUIÉN ORAMOS?

Cierta vecina, es una mujer amable y generosa, madre de varios hijos ya mayores, cuya vida ha tomado varios giros difíciles e importantes en los últimos años. Su esposo la dejó, le diagnosticaron cáncer y necesita tratamiento constante de quimioterapia. Varias mujeres de nuestro vecindario que siempre están dispuestas a ayudar y que también tienen hijos mayores se han unido para, por turnos, llevar a mi vecina al hospital. ¡Sus vecinas la rodearon con amor en un ejemplo hermoso de compasión!

Yo comencé a preguntarme que podía hacer para ayudar a mi vecina, así que le pregunté a su hijo si podía llevarle comida. Me dijo que su mamá tenía nauseas tan seguido que era probable que no pudiera comer mucho. El tiempo de visita era limitado porque su energía se agotaba pronto, así que pasaba mucho tiempo descansando. Sin esas dos opciones, se me ocurrió que yo podría ser una mensajera de aliento para mi vecina a través de enviarle pequeños recados, libros y regalos. Y podía darle un regalo todavía mayor: podía orar fielmente por ella.

A veces, es fácil pensar que la oración es algo demasiado pequeño para ayudar a alguien, cuando de hecho es la cosa más poderosa y positiva que podemos hacer por otro ser humano. Nunca deberíamos minimizar su valor. J.C. Ryle dijo: "¡Nunca, debemos olvidar que si queremos hacer un bien al mundo, nuestro primer deber es orar!". ¿Alguna vez te has preguntado qué puedes hacer por las familias de las víctimas del 11 de septiembre? Ora para que ellos conozcan el amor y la fortaleza de Dios y que sientan sus brazos de consuelo a su alrededor. ¿Estas preocupada por el paciente con quemaduras de tercer grado en la unidad de terapia intensiva? Ora para que Dios lo ayude y lo sane, tanto en lo físico como en lo espiritual. ¿Has tratado inútilmente de ayudar a una amiga cuyo matrimonio no funciona? Ora para que Dios obre de maneras que ni siquiera te puedes imaginar. Siempre haz lo que puedas para ayudar a otros, pero asegúrate de que incluyas en esa ayuda tus oraciones.

Recordar orar por cada persona en nuestra vida y por todos los que están en necesidad parece ser una tarea monumental. He encontrado que es útil agrupar mis peticiones de oración por ciertas personas (o grupos de personas) en ciertos días de la semana. Por supuesto hay personas por las que oro todos los días, como los miembros de mi familia. Y todos los días oro por las necesidades inmediatas. Pero esta es la forma en la que programo el tiempo de oración por las demás personas por las que quiero orar de una manera regular:

- Domingo: Por los predicadores, misioneros y otras personas que participan en el ministerio.
- Lunes: Por mis parientes, mi hermana, mi familia política y mis primos.
- Martes: Por mi país, el presidente y otros líderes nacionales.
- Miércoles: Por los líderes mundiales y la gente de otras tierras.
- Jueves: Por los enfermos, y los que sufren, tanto los cercanos como los lejanos.
- Viernes: Por mis amigas, sus familias, su matrimonio y sus necesidades.
- Sábado: Por mi comunidad, los líderes civiles y los maestros.

Quizá quieras hacer tu propio programa, para cubrir todos los aspectos de oración que son importantes para ti. Muchos libros pueden ayudarte a orar por diferentes grupos de necesidades. La guía *Operación mundial* de Patrick Johnstone es un libro que tiene información acerca de cada país del mundo y cómo orar de manera específica por el pueblo de cada nación. En www.roaring-lambs.org (en inglés) puedes encontrar una guía de oración para orar por los gobernadores y líderes de cada estado de Estados Unidos semana a semana. En el libro *El poder de una madre positiva* incluyo una lista de aspectos específicos y Escrituras para orar por tu familia. Pero recuerda, el mejor recurso de todos es el Espíritu Santo de Dios que mora en ti, como Romanos 8:26 dice: "Y de igual manera el Espíritu nos ayuda en nuestra debilidad; pues qué hemos de pedir como conviene, no lo sabemos, pero el Espíritu mismo intercede por nosotros con gemidos indecibles". Dios conoce los nombres de las personas y sus necesidades aunque tú no los conozcas. Tu parte es ser fiel en oración.

ENCUENTRA EL MEJOR TIEMPO PARA ORAR

Si eres como yo, si no anoto algo en mi agenda, simplemente no lse lleva a cabo. Por eso es importante para mí anotar en mi programa diario de actividades mi tiempo de oración. Si no aparto tiempo para orar de una forma deliberada, el día pasa volando junto con mi tiempo de oración.

Jesús se apartaba temprano en la mañana para orar, como podemos leer en Marcos 1:35: "Levantándose muy de mañana, siendo aún muy oscuro, salió y se fue a un lugar desierto, y allí oraba". Ciertamente podemos orar durante todo el día aquí y allá; y es algo que debemos hacer. Pero también es importante planear una reunión especial con Dios. Martín Lutero dijo en cierta ocasión: "Estoy tan ocupado ahora que si no paso dos o tres horas diarias en oración, no puedo terminar el día. Si dejara de lado la oración un solo día, perdería una gran cantidad del fuego de la fe".[6] Está bien, está bien. Quizá tú y yo no podamos orar dos o tres horas diarias, ¡pero se entiende lo que Martín Lutero quería decir!

¿Cuándo es el mejor momento para orar durante el día? El salmista dijo: "Oh Jehová, de mañana oirás mi voz; de mañana me presentaré delante de ti, y esperaré" (Salmo 5:3). Existen varias buenas razones para encontrarse con Dios por la mañana. No obstante, cada una de nosotras debe de determinar qué momento es el mejor para nuestro horario. A mí me encanta levantarme temprano en la mañana antes de que nadie se despierte en la casa. Preparo una taza de café y disfruto esos momentos a solas con mi amoroso Padre celestial. ¡Qué maravilloso es disfrutar el amanecer con su Hacedor!

La mañana me ofrece la oportunidad de echar mis cargas sobre el Señor; así no tengo que preocuparme por ellas durante el día. Le pido al

Señor que ordene mi día desde el principio, para que pueda aprovechar el tiempo al máximo. También le pido a Dios que me haga consciente de las necesidades de la gente y que dirija mis pasos para que pueda ser un vaso de su amor y su cuidado. He descubierto que encontrarme con Dios en la mañana me da una perspectiva eterna de las circunstancias que se presentan a lo largo del día.

¿DÓNDE ESTÁ TU LUGAR SECRETO?

Mi perro gigante, Bear, tiene su lugar favorito en la casa. Los ventanales de la sala de estar al frente de la casa ofrecen el mejor puesto de vigilancia para nuestro Mastín de los Pirineos. Esta inmensa bola blanca de pelos se sienta en su lugar favorito durante el día, con la mirada puesta en la ventana y contemplando la calle. ¡Para Bear todo está bien en el mundo cuando se encuentra está en su lugar favorito! ¿Tienes un lugar favorito (para leer el periódico o para leer un libro)? Tener un lugar favorito para orar, un lugar solitario donde puedas conversar a solas con Dios, también es una buena idea. Guarda una Biblia, un cuaderno en blanco y una pluma en tu lugar favorito para que estén listos cuando vayas a orar. Usa el cuaderno como un diario para escribir lo que piensas, tus alabanzas y tus peticiones a Dios.

Este lugar lo puedes considerar como tu lugar especial de reunión con Dios, así como quizá tengas un restaurante, una cafetería especial o una banca de parque para reunirte con tu mejor amiga. Tu lugar favorito para orar puede ser un sofá cerca de la ventana, una pequeña habitación lejos del ruido y la actividad de la vida del hogar o incluso un vestidor. Puede ser útil decirles a los demás miembros de la familia que cuando estés en tu lugar especial, en la puerta hay un letrero invisible de "no molestar"; es tu tiempo a solas con Dios.

Cuando estaba en la escuela media superior comencé a reconocer mi necesidad de estar a solas para orar, así que empecé a usar mi vestidor como mi lugar de oración. Mis papás sabían que si no me encontraban en ningún lado, quizá estuviera allí. ¡Utilizar el vestidor para orar puede sonar ridículo, pero en realidad es bíblico! En el Sermón del Monte, Jesús habló acerca de la importancia de orar en lo secreto: "Mas tú, cuando ores, entra en tu aposento [en la versión King James, en inglés, dice *vestidor*], y cerrada la puerta, ora a tu Padre que está en secreto; y tu Padre que ve en lo secreto te recompensará en público" (Mateo 6:6).

Nunca estás tan alto como cuando te arrodillas. —Jean Hodges

Mi amiga Carol Regehr reconoció su necesidad de tener un tiempo especial a solas con Dios y quería un "aposento" en el cual orar. Finalmente, encontró el lugar perfecto: un espacio entre dos estantes para ropa desocupados en el vestidor de la habitación principal. Hay que comprender, que Carol vive en Texas donde todo es grande; y eso incluye la mayoría de los vestidores. El vestidor de Carol tenía justo la cantidad perfecta de espacio disponible, así que colgó unas cortinas de los tubos de metal y lo convirtió en su lugar sagrado para encontrarse con el Señor.

Como quería añadirle un escritorio y una silla a su aposento, comenzó a pedirle a Dios que la guiara a conseguir el escritorio perfecto. Su esposo le aseguró que nunca encontraría un escritorio lo suficientemente pequeño para caber en su lugar especial, pero Carol persistió en oración y en su búsqueda. Sucedió que un día pasó por una tienda de antigüedades y adivina que vio en el aparador. ¡El escritorio perfecto! Su esposo incluso entró a la tienda con la cinta métrica para asegurarse del tamaño. En verdad era del tamaño perfecto; como todo regalo de parte de Dios. Carol dice que su tiempo de oración en su aposento especial hecho en casa es el secreto de su vida llena de gozo y paz.

Por supuesto, con la oración, el lugar no es tan importante como el corazón. No importa cual sea nuestro lugar especial, debemos venir con un corazón abierto y un oído dispuesto. La oración no es solo un tiempo para leer nuestra lista de peticiones y ya, como la visita de los niños a Santa Claus en el centro comercial. También necesitamos escuchar. ¿Puedes imaginarte reunirte con una amiga muy querida todos los días y nunca darle la oportunidad de abrir la boca? Una buena relación está basada en la comunicación de ambas partes.

¿Cómo nos habla Dios? Puede ser que nos impresione al leer cierto pasaje de la Escritura. O quizá a través de un silbo apacible dentro de nuestra mente mientras esperamos en silencio delante de Él. Una vez que comenzamos a tener comunión con Dios, en verdad empezamos a permanecer en Él. Nuestra relación se vuelve rica y plena. Dejamos de angustiarnos y nos volvemos más fieles. El tiempo que pasamos con Él será evidente por la paz y el gozo en nuestro corazón.

Hannah Whitall Smith vivió una vida llena de gozo en el Señor. Ella escribió *The Christian's Secret of a Happy Life* (El secreto del cristiano para una vida feliz), un libro del cual se han vendido más de tres millones de ejemplares desde que salió a la venta en 1870 se considera uno de los grandes clásicos de la literatura cristiana. De acuerdo con Hannah el secreto de una vida feliz es confiar completamente en las promesas de la Palabra de Dios. Ella relata esta historia con respecto a la oración:

Se dice que una mujer pobre había salido triunfante a través de una vida de sufrimiento inusual. En cierta ocasión le estaba narrando la historia de su vida a un amable visitante, y al terminar, el visitante dijo con mucho sentimiento:

—¡No entiendo como pudo soportar tanto sufrimiento!

—Yo no lo soporté —fue su veloz respuesta—, el Señor lo soportó por mí.

—Sí —dijo el visitante— esa es la manera correcta. Debemos llevar nuestros sufrimientos al Señor.

—Debemos hacer mucho más que eso; debemos dejarlos allí. La mayoría de la gente le lleva sus cargas a Él, pero se las llevan consigo de vuelta, y siguen tan preocupados y angustiados como nunca antes, pero yo llevo las mías y se las dejo y salgo y me olvido de ellas. Hago esto una y otra vez hasta que me olvido de que tengo de qué preocuparme.[7]

¿Quieres vivir una vida cristiana más alegre, más llena de gozo? Aprende a entregarle tus preocupaciones a Dios en oración. Para hacerlo más fácil, considera intentar algo que aprendí en la escuela media superior. Haz una pequeña "caja de oración". Una caja de zapatos cualquiera puede servir, y la puedes decorar si gustas. Luego, cuando tengas una preocupación o una ansiedad, escribe una oración a Dios con respecto a esa preocupación en un papelito. Coloca el papel en la caja de oración y déjalo allí como un recordatorio físico de que le has entregado ese asunto a Dios y que ya no te va a preocupar por ello.

Por supuesto, como dijimos antes en el capítulo 7, es importante perseverar en la oración. Pero la perseverancia que surge de la confianza y fe en el poder de Dios para contestarnos no es lo mismo que preocuparnos. Cuando le entregamos una preocupación a Dios, ya no es nuestra. El asunto y su solución están ahora en sus manos; podemos descansar en la seguridad de que Él es lo suficientemente grande para manejar cualquier angustia que se presente en nuestro camino.

¡Ah, qué gozo es entregarle nuestras preocupaciones a Él! Una mujer positiva es alguien que conoce este secreto de la vida cristiana feliz. Comprometámonos a convertirnos en mujeres que oran todos los días con fidelidad, y observemos como nuestra vida, y la de las personas a nuestro alrededor, se llena del gozo y de la paz de Dios.

PUNTO DE PODER

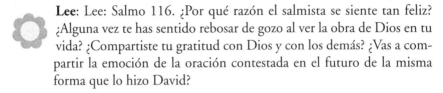

Lee: Lee: Salmo 116. ¿Por qué razón el salmista se siente tan feliz? ¿Alguna vez te has sentido rebosar de gozo al ver la obra de Dios en tu vida? ¿Compartiste tu gratitud con Dios y con los demás? ¿Vas a compartir la emoción de la oración contestada en el futuro de la misma forma que lo hizo David?

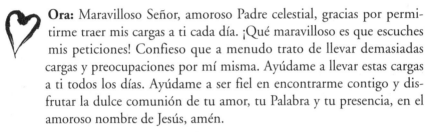

Ora: Maravilloso Señor, amoroso Padre celestial, gracias por permitirme traer mis cargas a ti cada día. ¡Qué maravilloso es que escuches mis peticiones! Confieso que a menudo trato de llevar demasiadas cargas y preocupaciones por mí misma. Ayúdame a llevar estas cargas a ti todos los días. Ayúdame a ser fiel en encontrarme contigo y disfrutar la dulce comunión de tu amor, tu Palabra y tu presencia, en el amoroso nombre de Jesús, amén.

Recuerda: "Entrad por sus puertas con acción de gracias, por sus atrios con alabanza; alabadle, bendecid su nombre. Porque Jehová es bueno; para siempre es su misericordia, y su verdad por todas las generaciones" (Salmo 100:4-5).

Practica: Decide hoy el momento y el lugar en el que te vas a encontrar con el Señor en oración. Comienza leyendo la Escritura y alabando a Dios agradeciéndole sus cuidados. Luego presenta tus necesidades delante de Él. Y tómate el tiempo de escucharlo.

Principio poderoso 4

Conviértete en una mujer gozosa

Porque el gozo de Jehová es vuestra fuerza.
—Nehemías 8:10

*El gozo no es un lujo o un accesorio en la vida cristiana.
Es la señal de que estamos viviendo en realidad en el amor
maravilloso de Dios, y que ese amor nos satisface.*
—Andrew Murray

9

LLÉNATE DE GOZO

Disfruta de cielos despejados en un mundo nublado

*El cristianismo es la religión más alentadora, más gozosa y
la menos represiva de todas las religiones de la humanidad.
Aunque tiene sus sufrimientos y sus disciplinas estrictas, el fin de ello
es una resurrección, no un entierro; un festival y no un funeral.*
—L.P. Jacks

¿Qué te hace feliz? Tu respuesta a esa pregunta puede fluctuar a lo largo de tu vida. Cuando era adolescente, mi lista de cosas que me hacían feliz era semejante a la siguiente:

• Ir con mi mejor amiga al parque de diversiones.
• Obtener la nota máxima en química.
• Reírme con mis amigas en una noche de pijamas.
• Que me llamara por teléfono cierto muchacho.
• Una sonrisa de aprobación de mi papá o mi mamá.
• Ir al centro comercial con mi hermana.
• Una cita divertida.
• Jugar con mi perro Fritz.
• Comer una salchicha envuelta en harina de maíz en la feria del estado.
• Ir al cine.
• Salir de gira con el coro.

Ahora que tengo cuarenta y tantos, mi lista de felicidad es un poco distinta. Esta es la lista actual:

- Una taza de té caliente y un buen libro en un día lluvioso.
- Comer con mis amigas (y por supuesto, seguir riéndonos).
- Una sonrisa de mi marido.
- Pasar tiempo con mis hijas haciendo lo que a ellas les gusta.
- Una cita con mi esposo en un restaurante tranquilo.
- Tomar un crucero al Caribe con mi familia y mis amigas.
- Orar con mis amigas.
- Escribir durante varias horas seguidas.
- Ir al cine con otra pareja y tomar un café después.
- Ver a mis hijas actuar o competir.
- Acurrucarme con mi esposo.
- Abrazar a mis hijas.
- Dar caminatas largas con toda la familia.

¿Qué hay en tu lista de la felicidad? Quizá quieras tomar unos minutos para escribirla. En realidad es divertido pensar en los momentos felices y reflexionar en lo que realmente te hace sentir satisfecha y contenta. Lo interesante de la felicidad es que es una cualidad *dependiente*. Depende de la gente y de las circunstancias. Si las cosas van lindas y agradables y la gente es amable entonces somos felices. Si el día no corre con suavidad o la gente es descortés entonces la felicidad parece salir volando. La felicidad es linda, pero es temporal. Un día está aquí y mañana se va.

El gozo es completamente diferente. El gozo es constante y no depende de las circunstancias o de la gente, sino, más bien, del corazón. La felicidad es externa; el gozo es interno. El gozo puede estar alojado en lo profundo del corazón incluso en medio de circunstancias difíciles. Tenemos la tendencia a esperar obtener el gozo de alguna forma, y a menudo buscamos una variedad de placeres para obtenerlo; desde ir de compras a comer hasta tener aventuras extramaritales. Pero si estamos buscando placer con la esperanza de encontrar gozo, estamos desperdiciando el tiempo. El gozo mora en nuestro interior y no puede concebirse con cosas externas.

¿DÓNDE SE ENCUENTRA EL GOZO?

En la Biblia la palabra *gozo* se utiliza tanto como un sustantivo como un verbo. El sustantivo *gozo* significa "deleite o alegría". Vemos como se utiliza en Hechos 2:28: "Me hiciste conocer los caminos de la vida; me llenarás de gozo con tu presencia". Encontramos *gozo* en forma de verbo en Habacuc 3:18: "Con todo, yo me alegraré en Jehová, y me gozaré en el Dios de mi salvación". En este momento me encuentro en realidad abrumada por el número de versículos que hablan de gozo en la Biblia. En mi concordancia exhaustiva encontré más de ciento ochenta versículos que mencionan el gozo. ¡Estoy exhausta tan solo de contarlos!

Si Dios habla tanto del gozo, ¿entonces por qué no hay más cristianos que lo estén experimentando? Si tratáramos de encontrar a un cristiano gozoso en una ilustración de "¿Dónde esta Wally?" que mostrara a cierto grupo de creyentes sería difícil de encontrar. ¡No debería de ser así! Como mujeres de fe, nuestro gozo puede ser evidente, y así debería ser. No me imagino el efecto que tendría en el mundo el hecho de que pudieran ver la evidencia del gozo en nuestra vida a diario. El filósofo alemán Federico Nietzsche dijo burlándose de los cristianos de su época: "Yo creería en la salvación que ellos predican si parecieran ser personas que han sido salvadas".[1] ¡Ay, eso duele! Seguramente los que hemos disfrutado el amor abundante de Dios, su perdón eterno y su misericordia gloriosa deberíamos estar irradiando y rebosando de gozo.

¿Cómo es una persona gozosa? ¿Será alguien con una expresión deslumbrante y una sonrisa placentera? Puede ser. Pero mientras que nuestras expresiones faciales son ciertamente una buena manera de expresar el gozo en nuestro corazón, hay momentos en nuestra vida en los que podemos tener gozo sin sonreír. Entonces, la evidencia de nuestro gozo puede ser hallada en nuestras palabras. Las palabras amables, las palabras de gratitud y las palabras de alabanza representan un corazón lleno de gozo; mientras que las palabras chismosas, las palabras de queja y las palabras de murmuración reflejan con exactitud lo opuesto. El gozo también puede ser evidente en nuestras acciones. El gozo irradia ánimo y esperanza; se deleita en el Señor y en su obra; está contento cuando la justicia divina prevalece.

Lo opuesto del gozo no es necesariamente la tristeza, ya que podemos estar tristes por alguna situación y aún así tener un profundo gozo permanente. No, lo opuesto al gozo es un estado de inquietud, desaliento, falta de esperanza y descontento. Prefiero ser gozosa, ¿tú no? El hecho es que una mujer positiva es una mujer gozosa, y una mujer gozosa tiene un efecto poderoso en las personas a su alrededor. El gozo es como un imán que atrae a la gente al amor de Dios, a la

Los deseos más profundos del corazón encuentran su canal de expresión en la oración secreta. —George E. Rees

esperanza y al perdón.

¿TIENES GOZO?

¿No te encantan los anuncios de la cámara de la industria de lácteos de los Estados Unidos que muestran a varias celebridades distinguidas con suficiente evidencia en su rostro para probar que han estado bebiendo leche? Los criadores de vacas esperan que estos anuncios nos hagan querer beber más leche de su fuente favorita, la vaca. ¡Oye, si al señor Celebridad le encanta la leche, entonces yo también quiero beberla! La cabeza del anuncio siempre dice: "¿Tomaste leche?"

Yo tengo un anuncio diferente para los cristianos: "¿Tienes gozo?" En otras palabras ¿La evidencia del gozo es obvia en nuestra vida? ¿Qué tipo de anuncio somos? ¿La gente es atraída a Dios por nuestro gozo? ¿Cuál es la fuente de nuestro gozo? Para responder esa última pregunta tomemos un "*tour* del gozo" a lo largo de la Biblia y veamos lo que las Escrituras revelan acerca de la fuente del gozo del creyente:

- Salmo 35:9: "Entonces mi alma se alegrará en Jehová; se regocijará en su salvación".
- Salmo 43:4: "Entraré al altar de Dios, al Dios de mi alegría y de mi gozo; y te alabaré con arpa, oh Dios, Dios mío".
- Isaías 61:10: "En gran manera me gozaré en Jehová, mi alma se alegrará en mi Dios; porque me vistió con vestiduras de salvación, me rodeó de manto de justicia, como a novio me atavió, y como a novia adornada con sus joyas".
- Lucas 1:46-47: "Entonces María dijo: Engrandece mi alma al Señor; y mi espíritu se regocija en Dios mi Salvador".
- Juan 15:11: "Estas cosas os he hablado, para que mi gozo esté en vosotros, y vuestro gozo sea cumplido".
- Romanos 5:11: "Y no solo esto, sino que también nos gloriamos en Dios por el Señor nuestro Jesucristo, por quien hemos recibido ahora la reconciliación".
- Filipenses 4:4: "Regocijaos en el Señor siempre. Otra vez digo: ¡Regocijaos!".

¿Notaste que el gozo está conectado con la salvación? Los cristianos tienen un gozo y un deleite que los no creyentes no pueden experimentar. Es el gozo de saber que nuestros pecados han sido perdonados y que nuestras vidas han sido hechas nuevas a través del don de Dios, su Hijo Jesús. Debemos cantar junto con el salmista (que buscó a Dios para obtener salvación): "Mas yo en tu misericordia he confiado; mi corazón se alegrará en tu salvación" (Salmo 13:5). ¡Él ha sido bueno con nosotras! ¡*Regocíjate*!

Aún ahora Dios está obrando en nuestras vidas a través del Espíritu Santo para producir su "fruto": amor, gozo, paz, paciencia, benignidad, bondad, fe, mansedumbre y dominio propio (Gálatas 5:22-23). ¿Nos esforzamos y trabajamos para producir fruto? No, el fruto es obra del Espíritu Santo. Jesús nos dice que si permanecemos en Él y Él permanece en nosotras, entonces llevaremos mucho fruto, pero sin Él nada podemos hacer (ver Juan 15:4). Por lo que surge la pregunta: ¿Si el gozo es algo que recibimos del Señor, tenemos que hacer algo para obtenerlo?

Sí, el gozo es un regalo de Dios pero tenemos que tomar la decisión de experimentarlo. Pablo les mandó a los creyentes de Tesalónica: "Estad siempre gozosos" (1 Tesalonicenses 5:16). Con lo cual quería decir que el gozo es un acto de la voluntad. En varias de sus cartas Pablo les dice a los lectores que se regocijen. Dios nos da gozo, y nosotras debemos ponerlo en acción.

Piénsalo de esta manera. Imagínate que te llega por correo un colorido paquete. El mensajero te dice que la caja está llena de maravillosos regalos que van a bendecirte a ti y a las personas a tu alrededor. Lo metes en tu casa y lo colocas en medio de la sala de estar. Quieres abrirlo, pero piensas que tienes que esperarte hasta que tu vida mejore, que esté un poco más establecida, con menos problemas. Así que el paquete se queda ahí esperando a ser abierto. Es tu regalo, te pertenece, pero simplemente no estás lista para abrirlo. "Es que estoy demasiado ocupada", dices. O quizá: "Hay personas en mi vida en este momento que me lastiman o me hacen enojar. Cuando se vayan abriré el paquete". O: "Mi trabajo hace que me sienta terrible. Abriré el paquete cuando encuentre el empleo perfecto". O bien: "No me siento bien. Cuando me libre de este dolor físico, abriré el paquete". Así que el regalo se queda sin ser abierto.

Muchas de nosotras no abrimos el paquete, y usamos una variedad de excusas para defendernos: "Tuve una niñez terrible, así que no puedo experimentar gozo". "Mi esposo es una pesadilla, así que no puedo regocijarme en el Señor". En cierto grado u otro, todas necesitamos avanzar y quitar de en medio nuestras excusas a través de confesar nuestra falta de perdón hacia otras personas. A través de librarnos de la amargura que ha ahogado cualquier esperanza de gozo. Por medio de reconocer que nadie es perfecto, incluyéndonos. Al renunciar a la herida y al dolor al que de manera extraña nos hemos llegado a acostumbrar. Y a través de aplicar el ungüento sanador del perdón de Dios.

Escojamos el gozo en lugar de la amargura. La gente que nos hace enojar o las circunstancias que nos molestan no deberían oscurecer el gozo dentro de nosotras. Jesús preparó a sus discípulos para su muerte al decirles: "También vosotros ahora tenéis tristeza; pero os volveré a ver, y se gozará vuestro corazón, y nadie os quitará vuestro gozo" (Juan 16:22). ¡Recuerda, nadie puede quitarnos el gozo que tenemos en Cristo!

Eso por supuesto si es que hemos abierto el paquete. Si lo abrimos, ¿qué vamos a encontrar dentro? La promesa de vida eterna para empezar. ¿Puedes imaginarte lo triste que sería la vida si no tuviéramos la esperanza de pasar la eternidad con Dios? Dentro también se encuentran otros regalos sorprendentes como el perdón de pecados, ser libres de la culpa, la salvación y el derecho de ser llamadas "hijas de Dios" (Juan 1:12). Cada una de estas cosas y más han sido preparadas para nosotras por nuestro amoroso Padre celestial. El gozo surge cuando aceptamos este regalo y crecemos en nuestra relación con Él. El gozo fluye cuando disfrutamos su presencia y seguimos su voluntad. El gozo rebosa cuando servimos a los demás y permitimos que el amor de Dios se derrame a través de nosotras.

¡Todo este gozo está disponible y esperando a que lo disfrutemos! Decidamos abrir el regalo del gozo y ver las bendiciones de Dios fluir de él. El gozo es uno de eso regalos que no se termina. Cuando abrimos el regalo del gozo en nuestro corazón, va a rebosar hacia los que nos rodean.

EL SOL BRILLA DETRÁS DE LAS NUBES

Es necesario entender que el mandato de Pablo de regocijarnos en todas las cosas no minimiza la necesidad de llorar o de estar en duelo. Hay momentos en la vida de cada una de nosotras en las que enfrentamos dolor, decepción y pérdida; de una manera grande o pequeña. La muerte de un ser querido, el sufrimiento de un niño inocente, el dolor del divorcio; estas son razones para tener una profunda tristeza y luto; y con justa razón. Debemos llorar. Así como debemos regocijarnos con los que se gozan, debemos llorar con los que lloran (ver Romanos 12:15). Tener gozo no es negar la tristeza. El verdadero gozo, después de todo no es una alegría superficial. El gozo y la tristeza *pueden* coexistir.

Quizá te estés preguntando: "¿Entonces dónde está el gozo cuando la vida se pone difícil? ¿Si está ahí, porque no lo puedo ver?". Imagínate el cielo de un día lluvioso. Aunque las nubes cubran el sol, el sol sigue ahí. Él no se ha ido ni ha abandonado nuestro sistema solar. No lo podemos ver, pero ahí está, solo está escondido. Las buenas noticias son que cuando las nubes se vayan (como siempre sucede) la luz del sol vuelve a estar a la vista por completo. En los momentos difíciles quizá nuestro gozo no sea visible en lo externo, pero todavía está ahí en nuestro interior. No se ha ido.

El gozo es más que un sentimiento; es una paz profunda, mezclada junto con una esperanza sólida de que Dios no nos ha dejado. El gozo es el deleite de saber que mañana va a ser un día mejor. ¿Podemos tener la compañía del gozo incluso cuando el camino se pone difícil? Claro que sí. Santiago logró un contraste impactante cuando escribió: "Hermanos míos, tened por sumo gozo cuando os halléis en diversas pruebas, sabiendo que la prueba de vuestra fe produce paciencia. Mas tenga la paciencia su obra completa, para que seáis perfectos y cabales, sin que os falte cosa alguna" (Santiago 1:2-4).

Muchos ejemplos a través de la historia testifican acerca de la presencia del gozo incluso en medio de la tristeza. En mi propia vida, lloré cuando mi madre, Bárbara Kinder, murió trágicamente a los 55 años. Mi padre, mi hermana, mi esposo y mis hijas estaban perplejos y entristecidos más allá de la razón. No obstante, todos teníamos un gozo apacible, ya que sabíamos que mi mamá estaba en el cielo con el Señor. No lo puedo explicar, no era un gozo que me hiciera sonreír; era una paz profunda dentro de nuestro corazón. Teníamos la certeza de que Dios ama a nuestra familia, y que nos había rodeado con sus brazos de amor. Este tipo de gozo no proviene de saber acerca de Dios, sino de experimentarlo en nuestra vida.

Kathleen es una mujer que ha experimentado el gozo del Señor en medio de circunstancias oscuras. Lo más probable es que nunca la veas en la televisión o leas su historia en el periódico; pero como muchos héroes de la fe que van a recibir recompensas en el cielo, ella ha vivido con humildad aquí en la tierra. Su nieta, Lisa Flagg, relata esta breve reseña de su vida:

En 1939, cuando tenía 28 años, su marido la abandonó, a ella y a sus cinco hijos, cuyas edades variaban entre los dos años a los diez. Vivía en East Texas, no tenía dinero y no había oportunidades de empleo, por lo que su futuro y el de sus hijos se veía bastante oscuro. El primer trabajo que consiguió fue en los campos de las granjas locales. Pronto encontró trabajo en la cocina de la escuela de la pequeña comunidad.

En lugar de desanimarse y rendirse a la amargura, aceptó lo que la vida le había traído y siguió avanzando. Nunca se dejó dominar por la autocompasión aunque la familia enfrentó años de verdadera pobreza, por lo que muchas veces la comida era sencilla y escasa. Mantuvo a su familia unida y crió a cinco adultos responsables. Un testimonio de su éxito es la unidad de nuestra familia hasta el día de hoy. Al crecer nunca la oí quejarse de las circunstancias que sufrimos en esos primeros años ni tampoco la oí hablar mal del hombre que la abandonó a su suerte. ¡Ese tipo de vida es impactante!

Cada vez que le preguntamos acerca de ese largo y espantoso periodo de su vida, ella responde con franqueza: "No tenía opción. Tenía cinco hijos que cuidar, yo estaba demasiado ocupada haciendo lo que podía como para ponerme a pensar en cómo deberían o podrían haber sido las cosas". Pero mi abuela si tenía opción; podía haber escogido desanimarse y haberse compadecido de sí misma, lo cual mina la iniciativa y la voluntad. Estoy agradecida de que haya escogido enfrentar sus problemas y solucionarlos. Siempre nos dice que ella "oraba mucho" y confiaba que Dios estaba en control de todo y que Él los ayudaría.

A causa de su fe, su valentía y su actitud positiva, mi abuela ha sido una influencia muy poderosa en mi vida. Si alguna vez me encuentro abrumada por las circunstancias difíciles o siento que me estoy deslizando a tener compasión de mí misma durante un tiempo difícil o desagradable, pienso en mi abuela y me digo a mí misma: "¡Yo la tengo fácil! Mira lo que mi abuelita soportó", y entonces me reanimo.[2]

Kathleen es un testimonio de la fuerza, la paz y el gozo de Dios, no de un gozo alegre, sino de un tipo de gozo que fluye de lo profundo de su alma. El tipo de gozo que ve más allá de los problemas y ve en Dios la solución. El tipo de gozo del que habla Hebreos 12:2: "Puestos los ojos en Jesús, el autor y consumador de la fe, el cual por el gozo puesto delante de él sufrió la cruz, menospreciando el oprobio, y se sentó a la diestra del trono de Dios".

UN GOZO MAYOR ALLÁ EN EL CIELO

Como mujeres positivas y creyentes en Cristo, podemos anticipar un gozo todavía mayor: El gozo de un día ver cara a cara a Jesús. Podemos encontrarnos en una situación difícil o sentir que nuestra vida ha sido terrible, pero como cristianas siempre podemos ver hacia adelante al gozo puesto delante de nosotras. Un día vendrá cuando cesará todo dolor y toda tristeza. Salmo 30:5 dice: "Porque un momento será su ira, pero su favor dura toda la vida. Por la noche durará el lloro, y a la mañana vendrá la alegría". D.L. Moody lo dijo de esta manera: "¡Esta es la tierra del pecado, de la muerte y de las lágrimas [...] pero allá en el cielo hay un gozo interminable!".[3] ¡Nos regocijamos al pensar en ese gran día!

Se dice que una mujer cristiana visitaba frecuentemente a una hermana en la fe que estaba postrada en cama pero que siempre parecía estar alegre a pesar de sus circunstancias. Esta visitante tenía una amiga adinerada que también era creyente, pero que constantemente veía el lado oscuro de las cosas. Pensando que su amiga pesimista se beneficiaría le pidió que la acompañara en su siguiente visita al departamento de esta mujer anciana.

Al subir las escaleras, las dos amigas llegaron al primer piso del edificio. En ese punto la mujer adinerada alzó su vestido del piso y dijo:

—Qué oscuro y que sucio está aquí.

—Se pone mejor allá arriba —le dijo su amiga.

Llegaron al siguiente piso, el cual no estaba más limpio que el primero. La mujer adinerada nuevamente se quejó, pero su amiga le respondió:

—Se pone mejor allá arriba.

Por fin llegaron al quinto piso. Cuando entraron a la habitación de la mujer enferma, la mujer adinerada vio un tapete encantador en el piso, plantas floreciendo en la jardinera de la ventana y pájaros que cantaban afuera desde el techo. Ahí encontraron a la mujer postrada en cama; una de esas santas que Dios pule para un reino mayor, irradiando alegría.

—Debe ser muy difícil para ti estar así —dijo la mujer adinerada.

La dulce mujer solamente sonrió y dijo:

—Se va a poner mejor allá arriba.⁴

¡En verdad una de estas tres mujeres era bastante rica! Se había enriquecido de un gozo eterno, porque su mente y su corazón esperaban un día mejor. Es tan fácil afligirse por los detalles y quejarnos de nuestras preocupaciones inmediatas; pero si volvemos nuestros ojos hacia el cielo, obtenemos una perspectiva completamente nueva. En esta vida vamos a tener momentos felices y momentos tristes. Pero en todos esos momentos, podemos ser mujeres positivas y llenas de gozo porque tenemos la promesa de nuestro Padre celestial: "Se va a poner mejor allá arriba".

PUNTO DE PODER

Lee: Lee: Lucas 10:38-42. ¿Cuál de estas dos mujeres te parece que estaba experimentando gozo? Describe el enfoque principal de Marta y luego describe el enfoque principal de María. ¿Con cuál de las dos te identificas más?

Ora: Glorioso Padre celestial, tú eres el Dador del gozo. Te alabo por el gozo de mi salvación. ¡Oh, que maravilloso es saber que he sido perdonada! Te alabo por el gozo que está puesto delante de mí cada vez que miro hacia el cielo. Gracias por el gozo que tu Espíritu produce en mí. Perdóname por cubrir o esconder mi gozo en las ocasiones en que debería dejarlo brillar. Ayúdame a compartir este gozo con otras. Me regocijo en ti, mi Señor, mi Redentor. Te lo pido en el abundante nombre de Jesús, amén.

Recuerda: "Me hiciste conocer los caminos de la vida; me llenarás de gozo con tu presencia" (Hechos 2:28).

Practica: Redacta una "lista de la felicidad": una lista de cosas que disfrutas hacer. Ahora redacta una "lista de gozo" con las razones que tienes para regocijarte en el Señor. Compáralas, ¿son diferentes una de la otra, qué tanto? En general, las cosas que te hacen feliz se basan en placeres temporales, mientras que tus razones para tener gozo se basan en cosas que son eternas. Toma unos minutos para agradecerle a Dios el regalo del gozo que Él trae, y pídele que te ayude a abrir ese regalo en tu vida diaria.

10

MI VIDA ES UN CIRCO DE TRES PISTAS

Disfruta de una vida en equilibrio

Con todo, yo me alegraré en Jehová, y me gozaré en el Dios
de mi salvación. Jehová el Señor es mi fortaleza, el cual hace
mis pies como de ciervas, y en mis alturas me hace andar.

—Habacuc 3:18-19

¿Cuándo fue la última vez que fuiste al circo? Yo fui hace diez años cuando mis hijas estaban en el jardín de niños. Aunque mis hijas no comprendieron plenamente el grado de heroísmo que requerían las proezas increíbles de los actores, los adultos del público no dejamos de decir "ohh" y "ahh" durante toda la función. ¡El circo es en definitiva uno de los espectáculos más grandes de la tierra! Mi única queja es que ese día estaban haciendo demasiadas cosas al mismo tiempo. Mientras los acróbatas volaban por los aires en la primera pista, los tigres actuaban en la pista del centro y en la tercera pista lanzaron al hombre bala. Me hubiera gustado poder concentrarme en todo al mismo tiempo, pero mi pequeño cerebro estaba abrumado.

Lamentablemente, mi vida es como un circo de tres pistas la mayor parte del tiempo. ¿Y tú? Muchas veces me siento como un payaso de circo tratando de hacer juegos malabares con cinco responsabilidades diferentes en mi hogar, mientras salto a través de los aros en mi trabajo y me escurro para dar vueltas por la ciudad haciendo diligencias y llevando a mis hijas a diferentes actividades. Pero no quiero ser como el payaso que tiene una sonrisa falsa pintada sobre el rostro; quiero tener una sonrisa real en el mío. ¿Será posible que en medio de una vida acelerada parecida a un circo de tres pistas podamos experimentar un gozo profundo y perdurable?

En el capítulo anterior dijimos que el gozo es constante y que no depende de las circunstancias externas. Más bien, es una fuerza interna, contentamiento y paz basada en nuestra relación con el Señor. Nadie puede robarnos nuestro gozo, incluso cuando las circunstancias difíciles o dolorosas parecen opacar su brillo. Quizá no tengamos control sobre algunas de estas circunstancias, pero en muchos casos podemos tomar decisiones. Este capítulo se trata de tomar las decisiones correctas para asegurarnos de que experimentemos el gozo de una vida equilibrada.

LOS NUBARRONES DEL EXCESO DE ACTIVIDADES

Las nubes "cumulus" (las nubes grandes y esponjadas) en realidad reciben su nombre de una palabra en latín que significa "montón". Irónicamente, el montón de actividades que tendemos a apilar en nuestra agenda, puede funcionar exactamente como una nube grande que tapa nuestro gozo.

Aunque pensamos que el "exceso de actividades" es un problema cultural actual, tiene raíces antiguas. Marco Aurelio, el emperador y filósofo romano del siglo II, dijo esto acerca de su ocupada agenda: "Si quieres conocer el contentamiento, que tus obras sean pocas. Incluso mejor, limítalas estrictamente a las que sean esenciales, aquellas que la razón del ser social demande y en el momento que las demande. Esto produce el contentamiento que viene de hacer pocas cosas y de hacerlas bien".[1] ¡Parece ser que no somos la primera generación que experimenta una sobrecarga en sus agendas! Los seres humanos siempre han tenido y siempre tendrán 24 horas diarias; depende de nosotras tomar decisiones sabias sobre qué hacer con ese tiempo.

Cuando yo era chica, mi familia salía a comer todos los domingos después de ir a la iglesia, y cada domingo mi mamá me daba el mismo consejo: "Karol, no pidas más comida de la que puedas comer". ¡Creo que voy a escribir un libro que lleve por título: *Las lecciones de la vida que aprendí en el restaurante familiar*! Las palabras de mi madre también se pueden aplicar a las actividades: "No programes más actividades de las que puedas manejar". Como en el restaurante familiar, la vida puede ofrecernos una centena de buenas oportunidades. ¡Ese es el problema!

Vivimos en una sociedad en que cada día se nos ofrecen maravillosas oportunidades en una charola de plata. Pasatiempos, tiempo con la familia, deportes, trabajo, ir de compras, ir a la escuela, asistir a la iglesia, hacer trabajo voluntario; debemos decidir de continuo qué hacer y qué no hacer de una plétora de actividades posibles. Para las mamás, la lista es todavía mayor, ya que las actividades de nuestros hijos se convierten también en nuestras actividades, debido a que nosotras los llevamos y los traemos de los ensayos y asistimos a sus presentaciones.

Salomón dijo en Eclesiastés 3:1: "Todo tiene su tiempo, y todo lo que se quiere debajo del cielo tiene su hora". Es importante para nosotras darnos cuenta de que hay un tiempo y una ocasión para todo; y de que ese tiempo quizá no sea este momento. No tenemos que hacerlo todo en este año o en esta temporada. ¿Cómo tomamos decisiones sabias?

Una buena fórmula que podemos seguir se encuentra en el acrónimo PDA. Si sabes de tecnología, sabes que una PDA es un Asistente Personal Digital (Personal Digital Assistant por sus siglas en inglés). Una pequeña computadora de mano que lleva el registro de nuestra agenda, nuestro directorio, nuestros pendientes y mucho más. Sin embargo, para nuestros propósitos PDA significa: "Pedir, Determinar y Asegurar". Echemos un vistazo a cada uno de estos componentes.

Pedir. Cuando seas confrontado con la decisión de añadir una actividad o un interés particular a tu calendario, pídele dirección a Dios. Muchas veces me he dado cuenta de que Dios me lleva por cierto camino o me desvía de una situación en particular cuando le pido que me dirija. Él conoce mi capacidad y conoce el futuro, así que recurro primero a su liderazgo.

Determinar. Determina si la actividad tiene valor en tu vida (o en la vida de tus hijos). ¿Va a contribuir con el desarrollo de su carácter? ¿Va a ayudar a obtener una meta a largo plazo? ¿Me va a quitar el tiempo que le corresponde a mi familia? ¿Me permite utilizar mis dones y talentos? Determina la duración de la actividad y el tiempo extra que tendrás que dedicarle. Y finalmente, determina cuáles son tus motivos. ¿Estas decidiendo tomar esta responsabilidad por orgullo: porque te va a dar a notar o porque te va a traer reconocimiento? ¿Lo estás haciendo porque todas las demás lo hacen? ¿Estas siendo dirigida por una ambición egoísta? Muchas veces al orar acerca de estos asuntos, Dios nos ayuda a ver con más claridad cuáles son nuestros motivos verdaderos.

☺

—Georgia Witkin

Cultiva más gozo a través de ordenar tu vida de tal forma que facilite el crecimiento de más gozo.

Asegurar. ¿Te has dado cuenta, así como yo, de que siempre que alguien te pide que tomes una responsabilidad o que te encargues de algún asunto, la tarea inevitablemente se lleva casi el doble del tiempo que te dijeron que tomaría? Para evitar este problema, pregúntale a otras personas que hayan llevado a cabo esta actividad el tiempo total que realmente toma hacerla. Pídeles que te den una imagen más clara de lo que es necesario hacer. Haz preguntas específicas acerca de los tiempos requeridos y otras expectativas. No obstante, no olvides que cada uno de nosotros estamos hechos de una forma un poco diferente; lo que hizo que una mujer se escabullera en pánico puede ser una tarea fácil para otra. Una responsabilidad que es muy sencilla para una persona organizada puede ser abrumadora para otra que tenga problemas con organizarse. Lo mejor es asegurarse.

Otra pequeña palabra que es importante recordar es "no", ¡acostúmbrate a decirla! Puede parecer irónico pero una de las palabras más positivas que puedes tener en tu vocabulario respecto a la organización de tu horario es la palabra "no". Necesitas conocer tus límites. Reconoce que vas a obtener mucho más respeto por hacer pocas cosas bien que por hacer miles de actividades a medias. Es verdad que a veces necesitamos ser desafiados y tomar una responsabilidad extra que requiere tomar un paso de fe (como lo vimos en el capítulo 4), pero una decisión así se debe tomar en oración y con cuidado. Calcula el costo y discútelo con tu Director de Logística celestial. Si Dios es el que está trayendo el nuevo desafío, va a fortalecerte en el proceso. ¡Si no, con mucha seguridad vas a reventar como una goma elástica!

LA VIGA DE EQUILIBRIO DE LA VIDA

Mi hija Joy [gozo] (un nombre perfecto para aparecer en este capítulo, ¿no?) ha estado practicando gimnasia durante cinco años. Cuando comenzó, apenas podía caminar por la viga de equilibrio sin caerse; pero al progresar, aprendió a dar una pirueta sobre la viga. Hace poco dominó el arco hacia atrás sobre la viga. ¡Cada vez que la veo hacerlo quedo completamente sorprendida! Después de años de práctica, ahora termina la rutina con facilidad y pocas veces se cae de la viga. Ha a aprendido cómo equilibrarse.

Nosotras, también, podemos aprender a equilibrarnos; no necesariamente en una viga de equilibrio; sino en nuestra vida y en nuestro horario. Así como Joy después de horas de práctica, una instrucción excelente y algunas caídas pudo desarrollar su equilibrio, nosotras podemos lograr equilibrarnos en la vida a través de la madurez, de los consejos sabios y de la experiencia.

Con madurez me refiero a los años de crecimiento que han desarrollado sabiduría en nosotras. Uno de los beneficios del envejecimiento (sí, tiene algunos beneficios) es que nos enseña a tomarnos el tiempo, a orar y a tomar decisiones sabias en el momento oportuno para nosotras mismas y nuestra familia. Al madurar desarrollamos un equilibrio mayor. También nos volvemos personas más equilibradas por medio de escuchar el consejo sabio de personas importantes y confiables en nuestra vida. ¿Sabías que en el mundo de los negocios algunas personas de hecho, se ganan la vida como "entrenadores vitales" de otros, al ayudar a sus clientes a desarrollar proyectos para obtener metas y mantener una perspectiva equilibrada? Quizá no queramos contratar un "entrenador vital", pero ciertamente podemos beneficiarnos de un poco de entrenamiento vital de parte de amigas sabias, de familiares y de consejeras. Las personas que nos conocen mejor pueden ayudarnos a revisar nuestros horarios y nuestras actividades con el fin de hacernos comprender cómo podemos lograr un equilibrio sano.

Sin embargo, la experiencia es nuestra mejor maestra. A través de nuestros éxitos y de nuestros errores, comenzamos a aprender lo que funciona y lo que no en nuestra vida. Puedo recordar momentos en los que tenía demasiados compromisos o responsabilidades que dependían de cualidades no muy desarrolladas en mí. En cada uno de estos casos aprendí a hacer cambios, a ajustarme y a encontrar el equilibrio adecuado. La experiencia me ha enseñado mucho acerca de cuando decir "sí" y cuando decir "no" a actividades o responsabilidades extra.

EL EQUILIBRIO PERFECTO

¿Qué se necesita para vivir una vida equilibrada? Podemos encontrar la respuesta al ver a Jesús y la vida perfecta y equilibrada que llevó. En Lucas 2:52 leemos que: "Jesús crecía en sabiduría y en estatura, y en gracia para con Dios y los hombres". Esta declaración resalta cuatro áreas de crecimiento y desarrollo para una vida equilibrada. Debemos procurarlas si queremos seguir el ejemplo de Jesús en nuestra propia vida. Consideremos cada una de ellas.

Sabiduría. Sé que ya cubrimos el tema de la sabiduría en este libro, pero aquí quiero enfatizar la importancia de la sabiduría para mantener nuestra vida en equilibrio. A través de la sabiduría podemos tomar decisiones adecuadas con respecto a nuestro horario. A través de la sabiduría encontramos oportunidades para servir y para participar en la obra que Dios esta haciendo a nuestro alrededor. Un dicho maravilloso que se le atribuye a la madre del poeta alemán Wolfgang von Goethe dice así: "Cuantos gozos son aplastados porque la gente alza sus ojos al cielo y menosprecia lo que está a sus pies".[2] La sabiduría abre nuestros ojos para ver el gozo que está ahí esperando a ser descubierto. Si procuramos la sabiduría, con toda certeza encontraremos gozo en el proceso.

Estatura. La estatura se refiere al aspecto físico de nuestro bienestar, que definitivamente representa un papel importante en nuestra vida. La salud física está conectada con la salud emocional; es mucho más difícil mantener nuestras emociones en equilibrio cuando nuestro cuerpo está enfermo o en dolor. Una rutina constante de ejercicios puede ser una clave importante para un físico sano. Los beneficios físicos obvios son un aspecto físico más delgado y músculos firmes, pero los beneficios emocionales son tan reales como los físicos. Los estudios ahora demuestran que el ejercicio libera endorfinas, que son químicos en las neuronas del cerebro que ayudan a vencer la depresión, a reducir la ansiedad y a aumentar la energía.

¿Cómo elegir la rutina de ejercicios más adecuada? Es importante que consideres tu edad, tus habilidades físicas naturales y tu salud en general. Con algunos deportes, como la natación o la carrera, se necesita comenzar lentamente e ir incrementando la intensidad poco a poco hasta llegar a una rutina más exigente. También es crucial considerar el disfrute personal. Si no te gusta correr, quizá no te sientas motivada a salir y a ejercitarte de una forma regular. Caminar puede ser una mejor opción; que además está considerado como uno de los mejores ejercicios para las mujeres que pasan de cuarenta años. No olvides consultar a tu médico antes de comenzar un nuevo programa de ejercicios.

Quizá encuentres útil reclutar a una compañera de ejercicio para hacer que el tiempo sea más placentero y aumentar el nivel de compromiso. Mi esposo y yo caminamos juntos todas las mañanas. Tengo que admitir que hay ciertas mañanas en las que no quiero salir de mi cama, mucho menos hacer ejercicios de calentamiento y caminar varios kilómetros; pero como sé que mi esposo me esta esperando me ayuda a ponerme en acción. Pasamos un tiempo maravilloso conversando a lo largo del camino (en realidad, yo soy la que hablo ochenta y cinco por ciento del tiempo, pero él sabe escuchar muy bien).

Otra clave importante para funcionar al máximo tanto mental como físicamente es una nutrición apropiada. Si nos alimentamos de una dieta sana de granos integrales, proteínas libres de grasa, frutas y verduras, empezaremos a vernos mejor y a sentirnos mejor. En su reciente libro *Food and Love* (Comida y amor), el doctor Gary Smalley señala que existe una conexión sorprendente entre lo que comemos y la forma en la que nos relacionamos con otras personas. Smalley identifica cuatro categorías específicas de comida que tienden a dañar nuestra salud emocional y física: el azúcar refinada o azúcar blanca, el harina refinada o harina blanca, la grasa hidrogenada o grasa animal, y los alimentos con aditivos químicos.[3] En nuestra sociedad abundan los alimentos procesados o instantáneos, así que necesitamos preguntarnos: "¿Estoy comiendo sano? ¿Estoy dándole a mi cuerpo la energía y los nutrientes que necesita?".

El descanso también es un factor importante que afecta directamente nuestro bienestar emocional y físico. Yo sé un detalle acerca de mí misma: una Karol cansada no suele ser una Karol agradable. Quizá también has notado lo mismo en ti. No obstante, muchas de nosotras llenamos nuestra agenda con todo tipo de actividades y olvidamos programar suficiente tiempo para descansar. Los estudios muestran que la mayoría de los adultos necesitan ocho horas de descanso para funcionar a su máxima capacidad. Por supuesto, todos conocemos personas que al parecer requieren menos horas de descanso; pero yo en lo particular no me puedo identificar con las personas que dicen que pueden funcionar con cuatro horas de sueño noche tras noche. Necesitamos poner atención a la cantidad de sueño profundo que estamos obteniendo y si es necesario modificar nuestro horario para asegurarnos de que estamos descansando lo suficiente. Y si en cierta ocasión pasamos una noche inquieta, o nos desvelamos, lo mejor que podemos hacer por nosotras mismas es tratar de hacer un espacio para tomar una siesta poderosa por la tarde que nos ayude a terminar el día. ¡Finalmente un descanso saludable y abundante puede ser el catalizador que necesitamos para una vida más feliz y llena de energía!

Favor con Dios. La palabra *favor* refleja un tipo de gracia sobre cierta persona o de parte de quien la otorga. En Lucas 1:30 leemos que María, la madre de Jesús, halló favor delante de Dios. Hechos 7:46 dice que el rey David disfrutó del favor de Dios. A diferencia de la salvación por gracia, que es un obsequio de parte de Dios el cual no nos podemos ganar, el favor es algo a lo que se puede ser merecedor o algo que se puede obtener. Jesús mismo nos dice como en Juan 15:10-14:

> Si guardareis mis mandamientos, permaneceréis en mi amor; así como yo he guardado los mandamientos de mi Padre, y permanezco en su amor. Estas cosas os he hablado, para que mi gozo esté en vosotros, y vuestro gozo sea cumplido.
>
> Este es mi mandamiento: Que os améis unos a otros, como yo os he amado. Nadie tiene mayor amor que este, que uno ponga su vida por sus amigos. Vosotros sois mis amigos, si hacéis lo que yo os mando.

Nosotras experimentamos el favor de Dios cuando caminamos en obediencia a Cristo. El resultado, dice la Escritura, es un gran gozo. El pecado o la desobediencia a Dios, por otro lado, funciona como una nube oscura que tapa nuestro gozo. ¿Hay alguna nube negra en tu vida? ¿Batallas con el chisme o con una lengua suelta, con amargura o con envidia, con pensamientos impuros? Tómate unos minutos en este momento y pídele a Dios que te revele los pecados de tu vida que necesitas confesar. Luego pídele que te ayude a apartarte de ellos. ¡El pecado trae tristeza, pero una vida de obediencia trae gran gozo!

Quiero ser sumamente clara: No es cuestión de nuestro destino eterno; ya que ese fue sellado desde el momento en que pusimos nuestra fe y nuestra confianza en Cristo. Como cristianos no podemos salirnos de la gracia de Dios. Sin embargo, podemos acercarnos más a Él como amigos y experimentar su amistad y su gozo mientras caminamos en sus caminos. Con el favor de Dios nuestra vida está en equilibrio; sin su favor tendemos a salirnos de balance.

Favor con los hombres. La manera en que nos relacionamos con los demás en realidad afecta el equilibrio y el gozo en nuestra vida. Jesús habló a menudo acerca de nuestras relaciones con otras personas. De hecho, cuando alguien le pidió que mencionara los dos mandamientos más grandes. Jesús respondió: "Amarás al Señor tu Dios con todo tu corazón, y con toda tu alma, y con toda tu mente. Este es el primero y grande mandamiento. Y el segundo es semejante: Amarás a tu prójimo como a ti mismo" (Mateo 22:37-39). ¡Eso es un claro ejemplo de "favor con Dios y con los hombres"! El siguiente capítulo está dedicado por completo a las relaciones, pero las menciono aquí porque necesitamos reconocer su papel vital en una vida sana y equilibrada. Como Tomás de Aquino dijo: "No hay nada más valioso en esta tierra que la verdadera amistad".[4]

Crecer en favor con los hombres no significa que nos volvamos mujeres serviles, corriendo frenéticamente de un lado a otro tratando de hacer que todos estén contentos. Debemos distinguir entre la profundidad que significa servir a otros, lo cual es sano, y lo enfermizo de concederle a la gente todas sus exigencias. Jesús mismo dijo que no todos nos van a apoyar. En Mateo 5:11-12 se registran sus palabras: "Bienaventurados sois cuando por mi causa os vituperen y os persigan, y digan toda clase de mal contra vosotros, mintiendo. Gozaos y alegraos, porque vuestro galardón es grande en los cielos; porque así persiguieron a los profetas que fueron antes de vosotros".

¡Ahí lo tienes! Como seguidoras de Cristo, la gente no siempre nos va a aceptar. No debemos sorprendernos. Ese mismo tipo de personas detestó a los profetas a lo largo de las edades. ¿Pero cuál debe ser nuestra respuesta? Jesús nos dice que nos regocijemos (otra vez esa palabra) porque podemos esperar una recompensa celestial. Por supuesto, no vamos a estarnos buscando problemas o provocando desacuerdos, pero si la gente elige detestarnos o incluso perseguirnos por seguir a Cristo, no debemos permitir que eso nos entristezca. Podemos vivir una vida apacible y equilibrada, creciendo en favor de Dios y de los hombres, si escuchamos el principio de vida general que dio Salomón: "Cuando los caminos del hombre son agradables a Jehová, aun a sus enemigos hace estar en paz con él" (Proverbios 16:7).

Como mujeres positivas necesitamos enfocarnos en desarrollar estos cuatro aspectos de una vida equilibrada: Sabiduría, estatura, favor con Dios y favor con los hombres. Las cuatro son importantes. Considéralas las cuatro patas de una silla; si falta una, es difícil mantener el equilibrio. Si nos esforzamos en mejorar nuestra relación con Dios, por ejemplo, pero dejamos de lado a nuestro prójimo, podemos estorbar la luz de Dios para el mundo. Si procuramos la sabiduría, pero fallamos en mantener nuestro bienestar físico, nuestra vida carece de la energía necesaria para enseñar lo que hemos aprendido. Si nos enfocamos en nuestra belleza física en detrimento de los otros aspectos, nuestra existencia se vuelve superficial y vana. Pero si crecemos al mismo tiempo en estos cuatro aspectos, nuestra vida va a tener un equilibrio sano y el gozo de Dios brillará a través de nosotras, alumbrando un mundo en tinieblas.

TORMENTAS HORMONALES

Quiero mencionar otra área que puede afectar el sentimiento de equilibrio y de gozo en una mujer. Quizá hayas notado que hay momentos durante el mes en los que te tropiezas con las medias o que olvidas maquillarte y te dices a ti misma: *Qué bien.* También hay otros momentos durante el mes en los que las mismas molestias de siempre provocan que pierdas la compostura delante de tu esposo, de tus hijos o de tus compañeros de trabajo. Todo se reduce a ese predicamento encantador femenino conocido como *las hormonas fluctuantes.*

No podemos subestimar el papel que representan nuestras hormonas en nuestro bienestar físico y emocional. En su libro *Las mujeres y el estrés,* Jean Lush asemeja el ciclo hormonal de la mujer al ciclo de las estaciones del año. Este es un breve resumen de lo que ella expone de forma detallada en su libro. Recuerda que los síntomas pueden variar un poco mes a mes.

La *fase primaveral* comienza con el sangrado del ciclo menstrual, el cual es dominado por la hormona estrógeno. La mujer se siente brillante positiva, llena de energía, extrovertida y bien coordinada durante este tiempo. Pocas cosas la pueden amenazar y su relación con su esposo y sus hijos es deleitosa.

La *fase veraniega* es apacible, alegre, alentadora y creativa. La mujer es capaz de lograr muchas cosas aunque es un poco menos activa. Los estrógenos siguen dominando y ella se siente satisfecha con la vida en general.

La *fase de mediados del verano* es el breve período en el que lleva a cabo la ovulación. La mujer se siente eufórica, maternal, apacible, sensual y con influencia. Ama a su esposo y a sus hijos, a quienes de pronto se les desaparecen todos los defectos. Estos sentimientos están bajo la influencia de la producción de progesterona.

La *fase otoñal* comienza después de la ovulación y la mujer empieza a perder energía. Entra en un ligero estado de depresión y se vuelve menos entusiasta. Su esposo y sus hijos ya no parecen tan encantadores y su confianza es vulnerable. Las fluctuaciones hormonales durante esta fase son responsables de estos síntomas desagradables.

La *fase invernal* sucede en la cuarta semana del período. La mujer se convierte en la "bruja del Este" a causa de que experimenta depresión, fatiga, exabruptos emocionales (llora por cualquier cosa), explota con ira, se siente frustrada, padece en su dominio propio, tiene pensamientos irracionales o de sospecha, autoestima baja y se encuentra distraída. ¡La buena noticia es que esta fase solo dura algunos días y que pronto regresará el sangrado por lo que ella puede tener la esperanza de sentirse mejor pronto![5]

No debemos usar nuestras hormonas como un pretexto para un comportamiento grosero o poco amable, pero al mismo tiempo, necesitamos comprender nuestro ciclo menstrual con el fin de entendernos mejor a nosotras mismas. Básicamente, necesitamos estar en armonía con nuestras hormonas y estar atentas al papel que pueden representar en nuestras actitudes y nuestras acciones. Por ejemplo, cuando siento que estoy en la fase invernal, sé que no es el mejor momento para hablar con mi marido acerca de un asunto delicado. Si siento que un vendedor me está tratando de una forma grosera, me pregunto a mí misma: "¿Esta persona es realmente el problema o mi cuerpo me está afectando?". Cuando estoy en la fase invernal u otoñal y me siento abrumada por mis responsabilidades, sé que necesito posponer decisiones importantes acerca de mi horario hasta que esté en una fase en la que me sienta más segura.

Cada una de nosotras debe poner atención a sus propios ciclos y reconocer los momentos en que nuestras hormonas nos estén afectando. En ciertas ocasiones quizá sea sabio hablar con un doctor acerca de una terapia para equilibrar nuestras hormonas. Si comprendemos nuestras hormonas y estamos alertas a sus fluctuaciones mensuales, podemos mantener el equilibrio y nuestro gozo a lo largo de todas las fases.

LA BELLEZA DEL GOZO

Una vida equilibrada es una vida llena de gozo, y una vida llena de gozo es una vida hermosa. La verdadera belleza de una mujer positiva no es solo externa sin más bien, el reflejo de la fuente de gozo que rebosa desde su corazón. Se puede observar en el brillo de sus ojos, la calidez de su sonrisa y la amabilidad de sus palabras.

Nuestra cultura está obsesionada con la belleza externa. Tú y yo no deberíamos de estarlo. Recientemente una amiga me envió por correo electrónico los siguientes datos consoladores que han estado circulando por la internet. No puedo asegurar que sean completamente precisos, pero me identifiqué con todos ellos:

- Hay tres mil millones de mujeres que no parecen supermodelos. Solo hay ocho que si lo parecen.
- Las fotos de las modelos en las revistas han sido modificadas porque las modelos no son perfectas.
- Si Barbie fuera una mujer verdadera, tendría que gatear debido a la proporción de su cuerpo.
- La mujer promedio pesa 144 libras (65 kilos) y es talla 12 ó 14.
- En 1995 un estudio demostró que solo tres minutos de observar una revista de moda provocaba que 70% de las mujeres se sintieran deprimidas, culpables y avergonzadas.
- Hace veinte años las modelos pesaban 8% menos que la mujer promedio. Hoy pesan 23% menos.

Como mujeres positivas pongamos nuestro enfoque en desarrollar la verdadera belleza como se describe en el siguiente poema:

La verdadera belleza

La belleza de una mujer no reposa
En sus collares de oro o su vestido de moda.
Su belleza es ese brillo suave
Que proviene claramente del corazón.
Bondad, paz, esperanza y amor,
Estas son joyas que vienen de lo alto.
Una sonrisa de gozo adorna su rostro
Sobre el cimiento de la verdadera gracia de Dios.

Jesús dijo: "Vosotros sois la luz del mundo; una ciudad asentada sobre un monte no se puede esconder. Ni se enciende una luz y se pone debajo de un almud, sino sobre el candelero, y alumbra a todos los que están en casa" (Mateo 5:14-15). No permitamos que nada, ni las personas, ni las circunstancias o las hormonas, oculten nuestro gozo. Más bien, tomemos decisiones sabias cada día para que el gozo de Dios brille a través de nosotras a todo el mundo.

PUNTO DE PODER

 Lee: Lee: El relato de dos mujeres llenas de gozo en Lucas 1:39-55. ¿Cuál era la fuente del gozo que estas mujeres estaban experimentando? ¿Cómo expresaron su gozo? ¿Eran perfectas las circunstancias de su vida? Describe la manera en que una sirvió de consuelo para la otra.

 Ora: ¡Oh sabio y maravilloso Dios, cómo me lleno de gozo cada vez que pongo mis ojos en ti y reconozco tu amorosa bondad y tu gracia! Perdóname por los momentos en los que he estado demasiado ocupada para disfrutar de la dulce comunión que viene de pasar tiempo contigo. Ayúdame a equilibrar mi vida y mi tiempo con sabiduría y con cuidado. Alértame de las decisiones que he tomado que pueden oscurecer mi gozo y muéstrame cómo arreglar las cosas para que mi gozo rebose una vez más. ¡Eres un Dios asombroso porque tú en realidad quieres que yo esté llena de gozo! ¡Gracias! En el nombre de Jesús, amén.

 Recuerda: "Con todo, yo me alegraré en Jehová, y me gozaré en el Dios de mi salvación. Jehová el Señor es mi fortaleza, el cual hace mis pies como de ciervas, y en mis alturas me hace andar" (Habacuc 3:18-19).

 Practica: En una hoja de papel, haz un dibujo sencillo del cielo, que incluya un gran sol y varias nubes grandes y esponjadas. En el sol escribe las palabras "El gozo del Señor". Añade varias palabras que describan lo que esta frase significa para ti. Sobre las nubes enumera los aspectos de tu vida que tienden a ocultar el gozo que está dentro de ti. Entonces ora y pídele a Dios que te ayude a reducir estas nubes para que su gozo pueda brillar a través de ti hacia otros.

Principi🌼

poderoso 5

C🌼nviértete en una m♥jer amorosa

Una mujer que ama siempre tiene éxito.
—Vicki Baum

Amados, amémonos unos a otros; porque el amor es de Dios.
Todo aquel que ama, es nacido de Dios, y conoce a Dios.

—1 Juan 4:7

11

POCO TIEMPO, MUCHAS AMISTADES

Cultiva relaciones de calidad en un mundo que corre deprisa

*Creo que Dios jamás enviará un regalo
tan precioso como una amiga.*

—Rosalie Carter

Honey, mi perra labrador es una amiga fiel. Cada vez que llego a casa, corre para saludarme meneando la cola y con lo que parece una gran sonrisa en su rostro dorado. Me sigue por toda la casa durante el día, desde el cuarto de servicio, al estudio hasta mi habitación y, por supuesto, a la cocina. De noche se recuesta en el piso cerca de mi cama como si me tratara de decir: "No te preocupes, te quiero y estoy aquí para protegerte". Ella es leal hasta morir. Le encanta que la lleve a pasear, sin embargo, me perdona cuando no la puedo llevar. ¿No sería increíble que fuera tan fácil llevarse con la gente como con los perros?

La realidad es que las relaciones persona a persona requieren un poco más de esfuerzo. En ciertos momentos se vuelven exigentes y complejas. Requieren paciencia, amor, perdón e incluso sacrificio de nuestra parte. Quizá en este momento estés pensando: *¡Creo que mejor me voy a olvidar de tratar de tener amigas y me voy a conseguir un perro!* Sí, las mascotas son maravillosas, pero no pueden reemplazar a las personas importantes de nuestra vida. ¿Recuerdas el huerto de Edén? Nos damos cuenta en el capítulo 1 de Génesis que no era bueno que Adán estuviera solo; necesitaba compañía humana. Fuimos creados para tener relaciones. Salomón reconoció la importancia de esto cuando escribió: "Hierro con hierro se aguza; y así el hombre aguza el rostro de su amigo" (Proverbios 27:17). En Eclesiastés 4:9-10 expresó lo siguiente: "Mejores son dos que uno; porque tienen mejor paga de su trabajo. Porque si cayeren, el uno levantará a su compañero; pero ¡ay del solo! que cuando cayere, no habrá segundo que lo levante".

Jesús confirmó la alta prioridad de amar y relacionarnos con otros cuando dijo: "Esto os mando: Que os améis unos a otros" (Juan 15:17). Él fue un ejemplo de esto en su vida sobre la tierra al rodearse de un grupo de discípulos a quienes enseñó, animó y amó. Cuando oró en el huerto de Getsemaní, previendo su muerte en la cruz, específicamente le pidió a Pedro, a Jacobo y a Juan que estuvieran cerca de Él. Incluso Jesús quería que sus mejores amigos estuvieran cerca de Él cuando las cosas se pusieron difíciles.

Pedro nos dice: "Habiendo purificado vuestras almas por la obediencia a la verdad, mediante el Espíritu, para el amor fraternal no fingido, amaos unos a otros entrañablemente, de corazón puro" (1 Pedro 1:22). Pablo nos anima a que nos amemos "los unos a los otros con amor fraternal; en cuanto a honra, prefiriéndoos los unos a los otros" (Romanos 12:10). Y Juan dice directamente: "Nosotros le amamos a él, porque él nos amó primero. Si alguno dice: Yo amo a Dios, y aborrece a su hermano, es mentiroso. Pues el que no ama a su hermano a quien ha visto, ¿cómo puede amar a Dios a quien no ha visto? Y nosotros tenemos este mandamiento de él: El que ama a Dios, ame también a su hermano" (1 Juan 4:19-21).

La Biblia le da una prioridad sumamente alta a la forma en la que nos relacionamos con otras personas. ¿Entonces porque es que muchas de nosotras tenemos problemas para mantener relaciones profundas y permanentes?

OBSTÁCULOS CULTURALES EN LA CARRETERA DE LA AMISTAD

Parte del problema es que vivimos en una sociedad instantánea y apresurada. Todo tiene que ser rápido, desde la comida y las fotografías a los envíos. Las amistades, por otro lado, toman tiempo y esfuerzo para que crezcan.

Nuestra cultura no solo está programada para la prisa, sino también esta programada para estar ocupadas. Cuando alguien nos pregunta: "¿Tú a qué te dedicas?", con orgullo sacamos una larga lista con las actividades en las que estamos participando: nuestro trabajo, nuestras responsabilidades familiares, el servicio comunitario, los pasatiempos e intereses. "Ah, paso tiempo trabajando en mis relaciones", no es una frase que digamos comúnmente.

El doctor Alan Loy McGinnis, en su libro best seller *The Friendship Factor* (El factor de la amistad), escribe: "¿Por qué las amistades son tan escasas? Por una sencilla razón: No nos dedicamos lo suficiente a ellas. Si nuestras relaciones son el bien más valioso que podamos poseer en este mundo, uno esperaría que todos en todas partes le asignarían a la amistad la prioridad más alta. Pero para muchos ni siquiera figura en sus listas de metas. Aparentemente dan por cierto que el amor simplemente 'se da'". Y añade: "Las relaciones importantes solamente las desarrollan aquellos que las consideran lo suficientemente importantes como para cultivarlas".[1]

La pregunta es: ¿Cómo puedo lograr que mis relaciones sean una prioridad? ¿Cómo cultivo una amistad? ¿Es solamente un asunto de programar nuestro tiempo de una manera diferente? Si la clave a las relaciones fuera tan simple como administrar nuestro tiempo, podríamos tomar lecciones acerca de cómo usar una agenda electrónica y obtener mejores relaciones con dos o tres golpes de una tecla. ¿No es cierto? No, tú y yo conocemos personas que tienen grandes habilidades para organizarse y sin embargo carecen de amistades. También conocemos a otras personas que son altamente desorganizadas y, sin embargo, se las arreglan para mantener relaciones importantes. Reducir nuestras actividades para tener más tiempo para nuestras amistades puede ser una buena idea, pero no es toda la respuesta. Conocemos personas que tienen pocas actividades, sin embargo, todavía anhelan tener una conexión más profunda con sus amigas.

¿Cuál es la clave para tener relaciones de calidad? Creo que tiene que ver con algo que nos enseñaban nuestras abuelitas: "Si quieres tener amigos, muéstrate amigo". Para *tener* buenas amigas, debemos *ser* buenas amigas.

SIETE CUALIDADES DE UNA BUENA AMIGA

Me he dado cuenta después de años de dar conferencias a grupos de mujeres sobre el tema de la amistad que hay un cierto patrón de características que las mujeres suelen apreciar en otras personas. Estos son los siete ingredientes principales para las relaciones que han sobresalido a lo largo de los años. Te animo a que consideres estas cualidades a la luz de tus amistades actuales y que, si estás casada, a la luz de tu relación con tu esposo. (Son realmente útiles para mejorar el matrimonio.) Se requiere que internalices estas cualidades en tu propia vida con el fin de convertirte en una mejor amiga. También las puedes usar como una medida para considerar (no para juzgar) amistades potenciales en el futuro.

1. Interésate de una forma genuina por los demás

Dale Carnegie, autor del libro *Cómo ganar amigos e influir sobre las personas*, dijo: "Puedes obtener más amigos en dos meses a través de interesarte en otras personas que los que puedes hacer en dos años tratando de que la gente se interese en ti".[2] Al escuchar a otros y mostrar interés en lo que es importante para ellos, comenzamos a amarlos verdaderamente y a comprenderlos. Cada persona tiene un letrero invisible colgando de su cuello que dice: "Necesito sentirme importante". Todos tienen algo que ofrecer a este mundo. Necesitamos buscarlo, encontrarlo y hacerlo resaltar.

Me he dado cuenta también que programar "La hora de la amiga" es una buena manera de apartar tiempo para ser atentos con los demás. ¿Qué es "La hora de la amiga"? Es un período de sesenta minutos que apartamos cada semana en nuestra agenda con el fin de enfocarnos en nuestras amigas y en sus necesidades. Yo sé que si algo no está en mi agenda, no suele llevarse a cabo. "La hora de la amiga" es un momento para escribir un mensaje, hacer una llamada, dar un obsequio o hacer un favor. Es el momento en el que oramos por cierta amiga en necesidad. Inténtalo, ¿quién sabe?, quizá tu hora de la amiga se multiplique a lo largo de la semana.

2. Sé una dadora y no una receptora

No te preguntes acerca de lo que tus amigas te pueden dar, sino más bien de lo que tú le puedes dar a tus amigas. (¿Te suena familiar? Juan, discúlpame por reutilizar tus palabras.) ¿Qué le podemos dar a los demás? ¿Qué te parece una sonrisa, un abrazo, una palabra amable, un oído amigo, ayudar con una diligencia, una oración, una nota de ánimo, una comida? Si estamos dispuestas y ponemos atención a las necesidades de los demás podemos pensar en muchas cosas qué darles. (Pista, pista: para conocer las necesidades de alguien, primero debes interesarte genuinamente en ella.) Dar requiere tiempo. Quizá nos desvíe un poco de nuestras actividades diarias, pero dar y sacrificarnos son partes esenciales de la definición de amor. Me encanta este pequeño poema de John Oxenham:

> ¿Estas solo, hermano mío?
> Dale un poquito a otro.
> Estira tu mano a alguien que no tiene amigos,
> Y tu soledad se acabará.[3]

3. Sé leal

La lealtad es una rareza en el mundo contemporáneo, pero es un requisito absoluto para tener amistades verdaderas y permanentes. Cuando somos leales a una amiga, probamos que somos dignas de muchas amigas.

Una manera de mostrar nuestra lealtad es a través de nuestras palabras, o de la falta de ellas. De hecho, una clave para ser leal es tener bien estiradas las riendas de nuestra lengua. Si somos leales no vamos a hablar mal de una amiga ni vamos a dar a conocer sus intimidades sin su permiso. Es fácil chismear o criticar; es mucho más difícil quedarse callada. Me gusta lo que Marsh Sinetar dijo: "Cuando en tu interior comiences a juzgar a alguien, en silencio háblate las siguientes palabras: 'Esta haciendo lo mejor que puede en este momento'. Luego mentalmente perdónate a ti misma por juzgar".[4] Como mujeres positivas, necesitamos asegurarnos de que nuestra lengua se utilice para el bien y no para el mal, debemos ser mujeres que edifican con sus palabras y no demoler con ellas.

La envidia, los celos y una multitud de otras emociones negativas pueden evitar que seamos leales. Pero la verdadera lealtad las vence a todas ellas. Recuerdo la hermosa historia del Antiguo Testamento acerca de la amistad entre Jonatán y David. Jonatán tenía sus razones para tener envidia de su amigo David. Jonatán era el hijo del rey Saúl y el heredero del trono, pero Dios ungió a David para que sucediera a Saúl en su lugar. Al mismo tiempo, David podría haberse enojado con Jonatán con suma facilidad. El rey, padre de Jonatán, persiguió a David y trató de matarlo. No obstante, estos dos hombres se juraron lealtad y amistad y nunca quebrantaron ese juramento. Con el tiempo Jonatán le salvó la vida a David, y David siguió mostrando su lealtad a su amigo al cuidar del hijo de Jonatán.

Los celos, la envidia, la amargura y el enojo son hermanos del pecado y asesinos de la lealtad en las relaciones. Pero si de continuo llevamos estas emociones a Dios y le pedimos ayuda para vencerlas, podemos seguir siendo leales a nuestras amigas a través de los momentos difíciles de la vida.

4. Sé una persona positiva

El comentario que escucho con más frecuencia acerca de lo que la gente quiere en una amistad es: "Quiero una amiga con quien me pueda reír". ¡Todas queremos amigas con las cuales disfrutar la vida! Las personas que todo el tiempo nos están desanimando con sus problemas y quejas no son las personas que generalmente queremos a nuestro alrededor durante un tiempo largo. Por supuesto, en ciertas ocasiones alguna amiga estará pasando por un tiempo difícil y vamos a necesitar estar dispuestas y solícitas para tomar su mano y escucharla. Pero una amiga en necesidad es distinta de una quejumbrosa habitual. Queremos que nuestras amistades sean positivas y edificantes; eso significa que primero nosotras mismas debemos ser amigas positivas y edificantes.

Se dice que hay dos tipos de personas: aquellas que iluminan la habitación cuando entran, y aquellas que iluminan la habitación cuando se van. Asegúrate de iluminar a tus amistades con tu presencia. Las mujeres positivas muestran una actitud y un espíritu que ve la obra de Dios en toda la vida y animan a otras a verla también. Son generosas con sus palabras de alabanza, con sus sonrisas y con el amor. Recuerda lo que dijo Francis Bacon: "La amistad duplica la alegría y reduce las tristezas a la mitad".[5]

5. Valora las diferencias de otras personas

La variedad es lo que le da sabor a la vida. ¡Me encanta que cuando entro a una heladería, tengo más opciones que el sabor vainilla! También me encanta que Dios creo a la gente con una variedad de personalidades, talentos y habilidades. Cada una de nosotras es una creación única. Al mezclarnos le damos forma al Cuerpo de Cristo.

¿Por qué entonces en lugar de valorar nuestras diferencias tendemos a despreciarlas o a tener envidia? Aparentemente esto era un gran desafío para la iglesia primitiva tanto como lo es ahora. Pablo escribió en 1 Corintios 12:18-25:

> Mas ahora Dios ha colocado los miembros cada uno de ellos en el cuerpo, como él quiso. Porque si todos fueran un solo miembro, ¿dónde estaría el cuerpo? Pero ahora son muchos los miembros, pero el cuerpo es uno solo. Ni el ojo puede decir a la mano: No te necesito, ni tampoco la cabeza a los pies: No tengo necesidad de vosotros. Antes bien los miembros del cuerpo que parecen más débiles, son los más necesarios; y a aquellos del cuerpo que nos parecen menos dignos, a éstos vestimos más dignamente; y los que en nosotros son menos decorosos, se tratan con más decoro. Porque los que en nosotros son más decorosos, no tienen necesidad; pero Dios ordenó el cuerpo, dando más abundante honor al que le faltaba, para que no haya desavenencia en el cuerpo, sino que los miembros todos se preocupen los unos por los otros.
>
> *—1 Corintios 12:18-25*

Junto con una gran variedad de personalidades viene una gran variedad de defectos. Yo soy muy creativa y me encanta pasar horas escribiendo y haciendo lluvias de ideas, pero no pongo tanta atención a los detalles o a ser puntual. Por supuesto, necesito trabajar en mis defectos, pero también tengo amigas comprensivas que me soportan (ver Colosenses 3:13). Al mismo tiempo, necesito pasar por alto los defectos de mis amigas en otros aspectos. Un antiguo proverbio turco dice: "Quien busque un amigo que no tenga defectos se va a quedar sin amigos".[6] La verdad es que nunca vamos a encontrar una amiga perfecta en esta tierra (excepto a Jesús). Así que valoremos nuestras diferencias, tanto las buenas como las malas.

6. Desarrolla los intereses comunes

¿Qué es lo que hace que se conozcan las amigas en un principio? Suele haber algo que nos atrae a otras: un pasatiempo en común, un deporte, una reunión de estudio bíblico, un proyecto en el que servimos juntas, una actividad de nuestros hijos. Mi amiga Karen y yo nos conocimos gracias a que nuestras hijas se hicieron amigas en la escuela. Nuestra amistad creció al mismo tiempo que llevábamos a nuestras hijas a diferentes actividades juntas y teníamos que hablar y planear esas actividades por teléfono. Vamos a la misma iglesia, lo cual nos da un lazo más en común. Karen y su esposo, Dick, organizan muchos de las salidas de ayuda social de la iglesia, así que Curt y yo los acompañamos de vez en cuando para ayudarlos a alimentar a los indigentes. Como a nuestros maridos les encanta cazar y jugar golf juntos, también desarrollamos nuestra amistad sobre esos intereses comunes.

En nuestra ocupada sociedad, puede ser difícil apartar tiempo para reunirnos con ciertas personas, pero si aprovechamos las actividades e intereses comunes que tenemos con otros, podemos acomodar el tiempo en nuestra agenda para desarrollar nuestra amistad. Si tanto a ti como a tu amiga les gusta hacer ejercicio, háganlo juntas. Si a las dos les gusta leer, vayan juntas a la librería para seleccionar el siguiente ejemplar, vayan a tomar un café para conversar acerca del último libro que leyeron. Si sus hijos son su interés en común, consideren el reunirse regularmente para orar por ellos. El punto es que permitan que sus intereses en común las unan más.

Las parejas casadas necesitan practicar también esto. Muchas parejas tienden a enfocarse y a frustrarse con sus diferencias mientras dejan de lado los intereses comunes que los unieron desde un principio. Cuando eso sucede necesitan volver a sus fundamentos y comenzar a reedificar sobre sus intereses comunes, pasando por alto los defectos del otro y valorando las cualidades distintas que los llevaron a casarse. Los matrimonios parecen haber sido hechos en el cielo cuando comienzan, pero con mucha seguridad necesitan ser mantenidos y atendidos aquí en la tierra. Mignon McLaughlin dijo lo siguiente: "Un matrimonio exitoso requiere enamorarse muchas veces, siempre de la misma persona".[7]

7. Sé abierta, sincera y real

La palabra *hipócrita* originalmente se utilizó para describir a los actores que cubrían sus rostros con el fin de ocultar su verdadera identidad. En nuestros días, la palabra se utiliza para describir a la gente que aparenta ser algo que no es. La verdadera amistad no se puede construir sobre imágenes falsas. Debemos ser honestas con nosotras mismas. Quizá pensemos que tenemos que presentar una imagen libre de defectos de nosotras mismas al resto del mundo, ¿pero por qué? ¡Nadie quiere ser amiga de alguien perfecto! Sencillamente necesitamos ser nosotras mismas y permitir que las demás nos conozcan como somos.

Por supuesto, ser abierta y honesta no significa decirle todo lo que hay en nuestro corazón a todas. Como sabemos, la lealtad es una rareza; cuando la encontremos, sabremos que tenemos una amiga en quien confiar: alguien con quien podemos hablar abiertamente de nuestros problemas y sentimientos más profundos. George Washington dijo algunas palabras sabias acerca de la amistad: "Sé cortés con todas las personas, pero solo sé íntimo con pocos; y antes de que les des tu confianza pruébalos bien. La verdadera amistad es una planta de crecimiento lento y debe sufrir y soportar los golpes de la adversidad antes de que tenga el derecho de su nombre".[8]

CÓMO PROFUNDIZAR NUESTRA AMISTAD

¿Has notado que hay ciertos niveles de amistad en la vida? No todas tus amigas son tus mejores amigas. Más bien, tenemos lo que yo llamo diferentes *círculos* de amigas. Imagínate tres círculos concéntricos (para todas ustedes que no son matemáticas imagínense tres círculos de diferentes tamaños uno dentro de otro). El círculo externo representa la abundancia de conocidas que tenemos. Estas son amigas a quienes conocemos, pero no muy bien. Podemos tener entre cincuenta y ciento cincuenta conocidas, dependiendo de nuestra personalidad y el tipo de actividades en las que participemos. En este círculo externo, las conversaciones permanecen en un nivel superficial:

— ¿Cómo estás?

—Bueno, creo que he estado un poco cansada últimamente.

—Ay, yo también. Que descanses.

—Gracias, nos vemos luego.

—Sí, nos vemos luego.

Dentro de nuestra abundancia de conocidas se encuentra el siguiente círculo de amigas, personas a las que llamaríamos "buenas amigas". Estas son personas afines con quienes hacemos "click". De hecho, una buena amistad se forma a partir de ese momento "¡Mira, tú!" en el que nos damos cuenta por primera vez de que tenemos algo en común y comenzamos a caminar en una misma dirección lado a lado. Eso es lo que significa la palabra *compañera*: dos personas que caminan en la misma dirección. Con las buenas amigas tendemos a darnos a conocer en un nivel más profundo. Externamos nuestra opinión, nuestras preocupaciones, datos e intereses. Apartamos tiempo para reunirnos con ellas, sea para comer o para conversar por teléfono. Llegamos a tener entre cinco y veinticinco buenas amigas en diferentes momentos de la vida.

Por fin, dentro del jardín de las buenas amigas crece la maravillosa flor que es la mejor amiga, un alma gemela, una compañera de corazón a corazón. Estas son personas de nuestro círculo interior. Son las amigas de por vida con quienes podemos continuar la conversación donde la dejamos, incluso cuando no hemos conversado durante meses. Las amigas del alma no solo hablan de sus opiniones y sus creencias, sino de sus esperanzas y sueños, sus luchas y sus desafíos. Se enriquecen entre sí. Podemos contarnos como mujeres afortunadas si llegamos a tener tres o cuatro amigas del alma en toda nuestra vida.

En mi caso, Terry Ann es este tipo de amiga. Nos conocimos durante nuestro primer año en la universidad y pronto nos dimos cuenta de que nuestras personalidades no solo se complementaban sino que teníamos trasfondos familiares similares. Tat, como yo la llamo, se convirtió en mi amiga más querida en la universidad. Fuimos compañeras de habitación durante tres años en la escuela y cada una estuvo presente en la boda de la otra. Aunque ahora no nos vemos seguido, todavía somos capaces de hablar de lo que hay en nuestro corazón cada vez que hablamos porque tenemos una amistad real y profunda entre nosotras.

Este tipo de amistad de círculo íntimo no suele darse de la noche a la mañana, sino más bien a lo largo del tiempo, a través de cultivarla y de hacerla crecer. Terry Ann y mi dulce amiga Beth son dos amigas del alma que Dios me ha dado en la vida. Mi esposo Curt también es mi amigo del alma. Tu esposo se ajusta perfectamente a la categoría de amigo del alma. Lamentablemente, en muchos matrimonios la pareja relega al cónyuge al círculo externo. Si has hecho esto, invita a tu esposo de vuelta a tu círculo interior y comienza aplicar los siete principios de la amistad a tu relación matrimonial. No te vas a arrepentir.

¿Cómo hacemos para que una amistad pueda crecer de conocida a buena amiga o, posiblemente, a amiga del alma? Comenzamos nuestros círculos de relaciones al darle prioridad a nuestras relaciones. Después, aplicamos los siete principios de la amistad a nuestra propia vida y le pedimos a Dios que nos dirija hacia las personas con quienes nos podemos conectar. ¿La meta es ver quién puede tener más amigas? No.

De hecho, cuando hablamos de amistades, la calidad es mucho más importante que la cantidad. Es difícil manejar una gran cantidad de amigas y hacerlo bien. Proverbios 18:24 en la Nueva Versión Internacional dice: "Hay amigos que llevan a la ruina". Las relaciones de calidad toman tiempo, inversión y, sí, sacrificio; razón por la que mantener relaciones importantes puede significar tener menos amigas.

PERSONAS DIFÍCILES

Algunas personas, lamentablemente no encajan con facilidad ni siquiera en los círculos más externos de nuestra vida. Todas conocemos a alguien así: personas con las que es difícil llevarse, quienes quizá nos molesten o hagan que nos agitemos de alguna forma. Son gente que parece que drena nuestra fuerza emocional. Mientras siga existiendo gente imperfecta en este mundo, habrá personas difíciles en nuestra vida. Quizá las encontremos en el trabajo, en el vecindario, en un estudio bíblico o en el lugar donde servimos, incluso pueden ser miembros de nuestra familia. ¿Qué debemos hacer? No podemos meter la cabeza en la arena y aparentar que no existen. Ignorarlas no es necesariamente el método más amoroso. Más bien, necesitamos tener un plan para tratar con las personas difíciles que se cruzan en nuestro camino en diferentes ocasiones. Cualquier plan eficaz debería incluir los siguientes cuatro ingredientes:

1. Dejar ir el impulso de cambiar a la persona

Muchas veces las personas difíciles nos roban la energía porque tomamos la responsabilidad de cambiarlas nosotras mismas. Necesitamos respirar profundamente y darnos cuenta de que a menos que la gente quiera cambiar, no podemos forzarla a cambiar. Tú y yo no tenemos el poder de hacer cambios drásticos en la personalidad o en los hábitos de los demás. Podemos ayudar y en ciertos momentos confrontarlas, pero luego debemos dejar los resultados en sus manos y en las de Dios.

2. Identificar sus cualidades

Todas las personas sobre la tierra tienen cualidades y defectos. "Fortalece tus cualidades y maneja tus debilidades", era lo que siempre decía mi papá. Necesitamos buscar las cualidades en las demás y animarlas a alimentar y desarrollar esas cualidades. Si ayudamos a las personas a dedicar más tiempo a sus cualidades, es posible que algunos de sus defectos disminuyan.

3. Establecer límites

Muchas veces nos asusta estar alrededor de personas difíciles porque tienden a apropiarse de nuestro tiempo y de nuestra energía o porque exigen nuestra atención de alguna manera. Necesitamos determinar un límite de cuanto podemos dar o hacer, expresarlo y mantenernos firmes. Por ejemplo, si una compañera de trabajo nos sigue quitando tiempo con su conversación o con chismes, podemos decir con amabilidad: "Solo tengo cinco minutos para conversar, luego necesito seguir trabajando". O: "No me siento bien de estar hablando de Susy o de estar escuchando historias acerca de ella, así que evitemos ese tema". Se requiere autodisciplina para mantener los límites que establezcamos, pero los límites pueden hacer que una relación difícil sea mucho más agradable a largo plazo.

4. Reflexionar en el amor y en el perdón de Dios.

Cada vez que pienso en el millón de veces que Dios me ha perdonado, se me hace difícil tenerle rencor a alguien. Necesitamos extender el perdón de Dios y su amor continuamente a las personas difíciles de nuestra vida. Quizá eso signifique ayudar a alguien a apartarse de cierto pecado o de un estilo de vida destructivo. Sin duda, significa orar por ellas y pedirle a Dios que obre en sus vidas. Quizá no seamos capaces de cambiar a alguien, pero con Dios todo es posible. El cambio de una persona es obra de Dios y no nuestra; si hacemos nuestra parte y amamos y perdonamos, Él puede seguir edificando sobre eso.

ESCOGE CON SABIDURÍA

Ciertas amigas vendrán y se irán a lo largo de nuestra vida. Otras serán nuestras amigas durante toda la vida. Así es el ciclo de las conocidas y las amigas, pero el hecho de que algunas amigas entren y salgan de nuestra vida a lo largo de los años no nos debe desanimar. No obstante, cuando sea el momento de escoger compañeras y amigas del alma debemos de escoger con sabiduría, porque son las personas que tendrán la influencia más importante y permanente sobre nosotras. Curt y yo les decimos a nuestras hijas adolescentes que escojan a sus amigas con cuidado, porque

Una buena obra nunca se pierde; el que siembra cortesía cosecha amistad, y el que planta amabilidad recoge amor. —Basilio

mis hijas van a comenzar a parecerse a las personas con las que pasan tiempo. Pablo reconoció esto cuando les dijo a los corintios: "No erréis; las malas conversaciones corrompen las buenas costumbres" (1 Corintios 15:33). Otra frase multicitada de Volney Streamer dice lo siguiente: "Heredamos a nuestros parientes y nuestras características principales, y no podemos escaparnos de ello; pero podemos seleccionar nuestra ropa y nuestros amigos; tengamos cuidado de que ambos nos queden bien".[9]

En mi jardín tengo varios hermosos rosales que disfruto de cuidar. Trato de asegurarme de que tengan suficiente agua durante los meses de verano, le añado fertilizante para rosas a la tierra donde están sembrados dos veces al año, y los podo cada semana. Mi amor, mi cuidado y mi atención en definitiva ayudan para alimentarlos y alentar su crecimiento, pero no importa cuanto quiero tomar el crédito por su belleza, debo admitir que hay momentos en los que no les pongo tanta atención a mis preciosas plantas como debiera. Sin embargo, aparentemente las rosas florecen a pesar de mí.

En la vida, las amistades son como las rosas. Necesitan cuidado y atención para crecer. Pueden ser alimentadas, pero no pueden ser forzadas. Algunas veces florecen, no por algo que hayamos hecho sino porque hay una mano invisible (el toque de Dios) obrando en la relación. Como mujeres positivas, atendamos los jardines de nuestra amistad con amabilidad, perdón y amor. Y abramos nuestros ojos a las amistades a nuestro alrededor que están esperando a retoñar.

PUNTO DE PODER

Lee: Lee: Mateo 27:55-56 y 28:1-10 ¿Qué circunstancias unieron a las mujeres de este pasaje? Describe el dolor y el gozo que experimentaron juntas. ¿Qué nivel de amistad crees que estas mujeres tenían? ¿Cómo piensas que se desarrolló su amistad? ¿Puedes mencionar a una amiga en tu vida que sea como una "María" para ti.

Ora: ¡Te alabo, Padre, porque eres el amigo más fiel! No solo nos has dicho como amar en tu Palabra, nos mostraste como amar a través del ejemplo de tu Hijo aquí en la tierra. ¡Gracias! Ayúdame ahora a compartir ese mismo tipo de amor con otras y ser un reflejo de tu amor en todas mis relaciones. Ayúdame a ser una buena amiga para las personas que son valiosas para mí. Que todas mis amistades te honren, mi querido y mejor Amigo. En el nombre de Jesús, amén.

Recuerda: "Amaos los unos a los otros con amor fraternal; en cuanto a honra, prefiriéndoos los unos a los otros" (Romanos 12:10).

Practica: En una hoja grande de papel, dibuja los tres círculos concéntricos que mencionamos en este capítulo. En el círculo exterior escribe los nombres de tus conocidas actuales. (No exageres; solo escribe los nombres de quienes te vengan primero a la mente. No tienes que mencionar a las doscientas.) En el siguiente círculo escribe los nombres de las personas que consideras buenas amigas. Finalmente, en el círculo interior si estás casada, escribe el nombre de tu esposo yescribe los nombres de tus amigas del alma o de tus mejores amigas.

Usa el dibujo como una guía para orar por tus amigas y por tu relación con ellas. Pídele a Dios que te dirija hacia una persona que con el tiempo vaya a avanzar al siguiente círculo. Decide tomar los pasos necesarios para profundizar esa relación; por ejemplo, hacer una llamada telefónica, escribir un mensaje o comer juntas.

COMPASIÓN INGENIOSA

Ama con pasión en un mundo que sufre

*Soy un pequeño lápiz en la mano de un Dios
que está escribiendo una carta de amor al mundo.*

—Madre Teresa

Hace más de medio siglo, el periódico *Chicago Daily News* reportó una historia fascinante con el título: "El amor obra milagros en los enfermos mentales de Kansas". El artículo se enfocó en el sorprendente éxito del hospital estatal de Topeka para convertir a ocho de cada diez pacientes siquiátricos en personas útiles y productivas fuera de sus instalaciones. Los observadores a lo largo del país querían conocer su secreto. De hecho, el éxito del hospital no provenía de la terapia de choques eléctricos, de la cirugía, de la terapia de grupo, de algún fármaco o de alguno de los tratamientos convencionales para desórdenes mentales. Los métodos mencionados formaban parte del tratamiento, pero el verdadero secreto se encontraba dentro de una sola palabra: amor.

El doctor Karl Menninger del afamado equipo siquiátrico explicó: "El médico no cura gracias a un tratamiento específico, sino a través de la atmósfera, de la actitud y la comprensión compasiva de parte de todas las personas que atienden el hospital". Y añadió: "A través de nuestras palabras y nuestras acciones en el hospital debemos persuadirlos con suavidad de que la sociedad vale la pena. Aquí no existe la envidia entre el personal médico que envenena a tantas instituciones. Todos forman parte del equipo. La opinión de los trabajadores del hospital es tan valiosa como la de una enfermera o una trabajadora social".[1]

Es fácil hablar del amor o incluso decir palabras de amor; pero como el doctor Menninger descubrió, lo que la gente realmente necesita es ver el amor en acción. El amor en acción impulsa a la gente a mayores alturas de desarrollo y crecimiento que las palabras o las buenas intenciones. ¿Puedes imaginarte lo que sucedería si en todos lados las mujeres positivas comenzaran a poner el amor de Cristo en acción todos los días? ¡Haríamos un impacto positivo y perdurable en este mundo!

CÓMO ES EL AMOR

¿Cómo es el verdadero amor en acción? Jesús nos dio la ilustración perfecta en la historia del buen samaritano. Un doctor de la ley acababa de cuestionar a Jesús acerca del mandamiento: "Amarás a tu prójimo como a ti mismo". "¿Quién es mi prójimo?" preguntó el doctor de la ley. Jesús respondió de inmediato con esta ilustración profunda:

> Un hombre descendía de Jerusalén a Jericó, y cayó en manos de ladrones, los cuales le despojaron; e hiriéndole, se fueron, dejándole medio muerto. Aconteció que descendió un sacerdote por aquel camino, y viéndole, pasó de largo. Asimismo un levita, llegando cerca de aquel lugar, y viéndole, pasó de largo. Pero un samaritano, que iba de camino, vino cerca de él, y viéndole, fue movido a misericordia; y acercándose, vendó sus heridas, echándoles aceite y vino; y poniéndole en su cabalgadura, lo llevó al mesón, y cuidó de él. Otro día al partir, sacó dos denarios, y los dio al mesonero, y le dijo: Cuídamele; y todo lo que gastes de más, yo te lo pagaré cuando regrese.
>
> —*Lucas 10:30-35*

Este samaritano mostró el amor en acción. El hecho de que los judíos despreciaban a los samaritanos hace que la historia sea aun más profunda. El verdadero amor cruza la línea del racismo o de los estereotipos. Penetra más allá de lo conveniente o de lo cómodo.

La madre Teresa es un ejemplo contemporáneo de alguien que puso el amor en acción. Fundó la orden de las Hermanas Misioneras de la

Caridad y su compromiso abnegado de servir a los pobres de Calcuta, India, salvó la vida de aproximadamente ocho mil personas. En 1979 recibió el Premio Nobel de la paz por su compasión y devoción a los indigentes. Con humildad derramó el amor de Cristo sobre todos a los que tocó, ya que creía que las obras del amor comenzaban en las cosas pequeñas que hacemos por otros. Ella dijo: "No podemos hacer grandes cosas, sino solo cosas pequeñas con un gran amor".[2]

ILUSTRACIONES DE LA VIDA DIARIA

Podemos aprender del ejemplo así como de las palabras de la madre Teresa. Mientras el amor en acción puede significar abrir un hogar para los menesterosos en India o construir un orfanato en Guatemala, también pude significar trabajar como voluntaria en el hospital local o ayudar a organizar latas de comida en el banco de comida local. Puede significar llevarle comida a una madre primeriza o ser mentor de un niño en la escuela primaria de la esquina. Cada una de estas acciones es importante y cada una es necesaria. Cada obra de amor, grande o pequeña, reconocida o no, produce un impacto positivo en el mundo. Incluso si nadie ve el amor y la bondad que mostramos a los demás, Dios la ve y Él sabe que estamos obedeciendo su mandamiento de amar al prójimo.

Déjame decirte algunas historias de "samaritanas" modernas. Quizá no hayas escuchado acerca de ninguna de estas personas. No son famosas, pero son sinceras. Vivieron una vida plena y ocupada igual que tú y yo. Le pido a Dios que sus historias te inspiren y te sirvan de aliento.

Alimentó a los desvalido. Rip Parker nunca falta. Todos los días, todos los fines de semana, Rip llega con su camioneta llena de emparedados y agua para alimentar a los hombres y mujeres sin hogar en el centro de la ciudad de Dallas. Cheryl Reinhart, madre amorosa y enfermera, una vez al mes acompaña con alegría a Rip. También trabaja como voluntaria una vez a la semana en el Dallas Life Foundation [Fundación "Vida" de Dallas] (Un albergue para personas sin hogar), y ayuda a hacer los exámenes médicos para los indigentes. Cheryl ha tenido una vida difícil; su hijo adolescente murió de una manera trágica en un accidente de coche. Aun así ella

Hijitos míos, no amemos de palabra ni de lengua, sino de hecho y en verdad. —1 Juan 3:18

ofrece ayuda, amor y esperanza a otros con sus palabras: "Todos estamos en la tierra con un propósito más allá de nosotros mismos".

"Y cualquiera que dé a uno de estos pequeñitos un vaso de agua fría solamente, por cuanto es discípulo, de cierto os digo que no perderá su recompensa" (Mateo 10:42).

Adoptaron niñas. Lance y Carol Wagers se dieron cuenta que su vida estaba a punto de cambiar, pero no sabían qué tan grande sería el cambio. Recién cumplieron cincuenta años de edad, después de veintinueve años de dirigir una compañía motivacional inmensa, sintieron que Dios los estaba llamando a jubilarse parcialmente. Como no tenían hijos, sentían que su vida era un libro abierto y estaban emocionados esperando cuál era la historia que Dios escribiría en el resto de las páginas.

En un viaje de misiones a lo largo del río Amazonas en Brasil, conocieron a una familia muy pobre con nueve niños. Antes de que dejaran la aldea de esta familia, la madre se acercó a Lance y a Carol y les pidió si podían llevarse a sus hijas más chicas a los Estados Unidos. Ella había estado orando durante años que una familia cristiana quisiera adoptar a sus hijas, que en ese entonces ya tenían diez y once años de edad. Ella quería que las niñas se alejaran del ambiente difícil en el que vivían y que tuvieran la oportunidad de una mejor vida. Escucharon claramente el llamado de Dios para ellos, así que los Wagers obedecieron. Poco tiempo después adoptaron a Leni y a Loraine y se convirtieron instantáneamente en una familia con adolescentes.

"La religión pura y sin mácula delante de Dios el Padre es esta: Visitar a los huérfanos y a las viudas en sus tribulaciones, y guardarse sin mancha del mundo" (Santiago 1:27).

Visitaron a los presos. "Nada te puede preparar por completo para ministrar a los presos sentenciados a muerte", dice la mayor Kathryn Cox. Kathryn ha estado ministrándoles a los presos condenados a muerte y a sus familias desde 1986. Aunque sus estudios de psicología y periodismo, y su maestría en derecho penal le son útiles para coordinar los cursos bíblicos por correspondencia de treinta mil presos a través de la división de Texas del ejército, ella cree que Dios desarrolló un fuerte espíritu de compasión y comprensión en ella para este ministerio especial. Ella dice que todo lo que ha presenciado en su ministerio "testifica poderosamente acerca de una salvación que puede penetrar cualquier puerta cerrada".[3]

"Entonces el Rey dirá a los de su derecha: Venid, benditos de mi Padre, heredad el reino preparado para vosotros desde la fundación del mundo. Porque tuve hambre, y me disteis de comer; tuve sed, y me disteis de beber; fui forastero, y me recogisteis; estuve desnudo, y me cubristeis; enfermo, y me visitasteis; en la cárcel, y vinisteis a mí" (Mateo 25:34-36).

Alcanzaron a niños con VIH. A Beth Dykhuizen le encantan los niños. Como madre de cuatro, está dedicada a servir a su familia y a criar a sus hijos para que sean jóvenes cristianos consagrados. Desde el principio, Beth aprendió lo doloroso que es ver sufrir a un niño inocente. Su propio hijo, Kurt, nació con el síndrome Goldenhar, lo cual significa que tuvo varios defectos de nacimiento y se le tuvieron que practicar más de dieciocho cirugías. Ver a su hijo pasar por esos desafíos físicos, atrajo el corazón de Beth hacia otros niños que también estaban sufriendo.

"La gente solía decirme que era sensible a las necesidades de otras personas", dice Beth. "Pero me hizo pensar: ¿qué estoy haciendo con eso? Me di cuenta de que la sensibilidad no produce nada a menos que haga algo al respecto. Cuando veía el sufrimiento en este mundo, me preguntaba por qué Dios lo permitía. Pero luego me di cuenta de que Dios me había creado para esforzarme, tocar al que sufre y mostrarle su amor".

Como miembro del comité de ayuda social de su iglesia, Beth buscó ministerios que estuvieran solicitando voluntarios y se topó con una organización que ayuda a los niños (y a sus familias) que han sido afectados por el VIH. Beth supo de inmediato que allí era donde ella quería servir. Comenzó a cuidar a los bebés; dándoles amor, alimentándolos y cambiando sus pañales. Su hija Connie comenzó a ayudar también. Como su propio hijo había tenido tanto apoyo de amor en casa, su corazón salió a buscar a los niños que no habían tenido ese consuelo.

"Y respondiendo el Rey, les dirá: De cierto os digo que en cuanto lo hicisteis a uno de estos mis hermanos más pequeños, a mí lo hicisteis" (Mateo 25:40).

Enseñó a generaciones. Jan Gilliland obtuvo su maestría en divinidades por parte del Southwestern Baptist Theological Seminary (Seminario Teológico Bautista del Sudoeste) en una época en que no muchas mujeres buscaban estudios más avanzados. Ella planeaba salir al campo misionero, pero descubrió que su misión estaba en su propia casa. Habiendo criado con éxito a cuatro niños, ahora derrama sus talentos en la vida de sus nietos y de la comunidad a su alrededor. Cada verano organiza un campamento para sus nietos quienes tienen en promedio cinco años de edad. El campamento se centra en un tema bíblico diferente cada año, lo cual le da a Jan la oportunidad de derramar la Palabra de Dios en una generación tras otra. Su hija Leslie dijo: "Mi mamá siempre esta haciendo algo por los demás. Recuerdo haberme deprimido en el segundo año de la universidad. Ella me escuchó con paciencia y luego me pregunto: '¿Qué estás haciendo por los demás?' ese es en verdad el tema de su vida".

"Nada hagáis por contienda o por vanagloria; antes bien con humildad, estimando cada uno a los demás como superiores a él mismo; no mirando cada uno por lo suyo propio, sino cada cual también por lo de los otros" (Filipenses 2:3-4).

Extendieron misericordia a muchos. Probablemente una de las personas más compasivas que conozco es Karen McFarland. Su vida es un ejemplo de dedicación a Dios y entrega para servir a los demás con amor. Es una madre maravillosa que participa en las actividades de la escuela de sus hijos. Una vez al mes, sin falta, alimenta a los indigentes. Organiza oportunidades de servicio social en nuestra iglesia, para que muchos corazones dispuestos puedan tocar a la comunidad con el amor de Cristo. Abre su hogar para amigos, familiares, reuniones y juntas. Karen también cuida a su suegra anciana que vive en una comunidad de retiro cerca de su casa. Karen es una bendición para los demás no solo por sus actos de bondad, sino también por su mente misericordiosa que siempre está pensando en los demás.

"Haya, pues, en vosotros este sentir que hubo también en Cristo Jesús, el cual, siendo en forma de Dios, no estimó el ser igual a Dios como cosa a que aferrarse, sino que se despojó a sí mismo, tomando forma de siervo, hecho semejante a los hombres" (Filipenses 2:5-7).

Dios tiene un obsequio que quiere darle al mundo a través de cada una de nosotras y ese regalo es amor, pero como podemos ver a través de estos ejemplos, el amor tiene muchas caras. Solamente se muestra por medio de personas. Colosenses 3:12 dice: "Vestíos, pues, como escogidos de Dios, santos y amados, de entrañable misericordia, de benignidad, de humildad, de mansedumbre, de paciencia". La forma que tome cada una de las prendas del guardarropa de Dios depende de la persona que las lleve. Pero una cosa permanece constante: Cuando nos vestimos de estas cosas, el amor de Dios se vuelve visible para todos a nuestro alrededor.

LA LEY DE CLEMENCIA

¿Has notado que algunas personas parecen tener el don de amar a otros? Romanos 12:6-8 dice que Dios nos ha dado a cada una de nosotras dones en diferentes áreas. El don de "servicio" y de "misericordia" son dos dones que aparecen en la lista. Obviamente, muchas de las mujeres que mencioné en este capítulo tienen el don de servicio o de misericordia. Otras mujeres quizá tengan dones distintos como el don de enseñar, de presidir o de exhortar. Pero aunque la misericordia no sea nuestro don predominante, debe ser una cualidad evidente en nuestra vida. El amor y la bondad son dos frutos de la obra del Espíritu Santo en nosotras (ver Gálatas 5:22-23). El amor siempre debe ser un tema principal en la vida de un seguidor de Cristo.

En 1 Juan 4:7-8 dice: "Amados, amémonos unos a otros; porque el amor es de Dios. Todo aquel que ama, es nacido de Dios, y conoce a Dios. El que no ama, no ha conocido a Dios; porque Dios es amor". Los cristianos deberían ser las personas más amorosas del mundo. Es lamentable que no siempre sea así. Desde hablar a espaldas de otra persona a chismear hasta asediar a la gente que no conoce a Cristo, nuestra conducta negativa resalta bastante. Pero cuando las personas a nuestro alrededor experimentan verdadera bondad y amor a través de la obra del Espíritu Santo en nosotras, comienzan a entender el amor permanente de Cristo. De acuerdo con Proverbios 31:26, una mujer positiva exhibe el siguiente rasgo: "Abre su boca con sabiduría, y la ley de clemencia está en su lengua". ¿Qué dicen los demás de nosotras? ¿El amor y la bondad controlan nuestras palabras y nuestras acciones?

Por supuesto, el amor no siempre es cálido y agradable. A veces amar significa exhortar a otra persona a mejorar. En ciertos momentos el acto de mayor compasión que podemos llevará a cabo es confrontar a una amiga o a un ser amado y luego desafiarlos para que tomen un paso hacia adelante; un escalón que ayudare a la persona a avanzar en una dirección positiva. En tales casos, la bondad debe ir aparejada de sabiduría al hablar la verdad en amor.

Una amiga (que llamaré Susan) utiliza la siguiente fórmula para exhortar a las personas a que experimenten salud y restauración cuando han sido atrapadas en un estilo de vida destructivo. Ella en realidad estableció estos principios cuando una amiga de su hija comenzó a escoger a sus amistades de manera poco sabia y necesitaba dirección y ayuda. Susan

A la gente no le importa todo lo que sabes, hasta que saben lo mucho que ellos te importan. —Zig Ziglar

le dijo a su hija que hablara con su amiga para que siguiera estos tres pasos:

1. *Revelación.* Di: "Esto es lo que estás haciendo". En este caso la hija de Susan le ayudó a su amiga a reconocer su conducta destructiva.
2. *Reacción.* Di: "Esto es lo que podría suceder". La hija de Susan señaló las consecuencias de la conducta de su amiga.
3. *Reubicación.* Di: "Esto es lo que puedes hacer". La hija de Susan le dio algunos consejos a su amiga de cómo ser una amiga positiva.

Susan va a ser la primera en decirte que estos principios deben ser comunicados con bondad y amor. Incluso seríamos sabias en recordar que el mejor consejo se da cuando la persona lo pide o lo desea; si no podríamos estar perdiendo el tiempo. Como aprendimos en el último capítulo, cualquier cambio, reacción o resultado, está en las manos de Dios; nuestra responsabilidad simplemente es amar.

Cuando se trata de hablar "la verdad en amor" (Efesios 4:15) y de ayudar a otra persona a escoger un camino más positivo en la vida, Jesús es nuestro ejemplo. Él nos mostró amor al enseñarnos un mejor camino. En el Sermón del Monte nos dio una imagen hermosa y amorosa de cómo disfrutar una vida feliz. La palabra *bienaventurado* en este pasaje proviene de la misma raíz griega (*makarios*) que la palabra *feliz*:

> Bienaventurados los pobres en espíritu, porque de ellos es el reino de los cielos.
>
> Bienaventurados los que lloran, porque ellos recibirán consolación.
>
> Bienaventurados los mansos, porque ellos recibirán la tierra por heredad.
>
> Bienaventurados los que tienen hambre y sed de justicia, porque ellos serán saciados.
>
> Bienaventurados los misericordiosos, porque ellos alcanzarán misericordia.
>
> Bienaventurados los de limpio corazón, porque ellos verán a Dios.
>
> Bienaventurados los pacificadores, porque ellos serán llamados hijos de Dios.

Bienaventurados los que padecen persecución por causa de la justicia, porque de ellos es el reino de los cielos.

—*Mateo 5:3-10*

La compasión es un sentimiento de tristeza por los sufrimientos o problemas de otras personas, junto con el impulso de ayudar. Jesús mostró su amor y compasión hacia nosotros al animarnos a dejar atrás nuestras vidas vacías y oscuras para experimentar una vida abundante, feliz y llena de bendición. ¡Ya que Dios nos ama, nos enseñó cómo vivir!

ACTÚA

En el léxico de Dios, el amor es un verbo. Pablo describe el verdadero amor en 1 Corintios 13:4-7: "El amor es sufrido, es benigno; el amor no tiene envidia, el amor no es jactancioso, no se envanece; no hace nada indebido, no busca lo suyo, no se irrita, no guarda rencor; no se goza de la injusticia, mas se goza de la verdad. Todo lo sufre, todo lo cree, todo lo espera, todo lo soporta".

Tú y yo no podemos amar de esta manera en nuestra propia fuerza, pero si nos colocamos como vasos abiertos en las manos de Dios, el amor de Dios puede derramarse en los demás a través de nosotras. Juan nos recuerda: "En esto hemos conocido el amor, en que él puso su vida por nosotros; también nosotros debemos poner nuestras vidas por los hermanos" (1 Juan 3:16). Dios demostró su gran amor por nosotras en que aun siendo pecadoras, envió a su Hijo, Jesús, para morir por nosotras (ver Romanos 5:8). Ahora nosotras también podemos amar porque el Dios de amor vive dentro de nuestro corazón.

Nuestra familia visita varios restaurantes y ciudades en las vacaciones, por lo que comencé a coleccionar desde hace varios años sombreros de golf de cada uno de nuestros destinos. Uno de mis sombreros favoritos es el del Hard Rock Café. Es color blanco y negro y lleva un logotipo sencillo en la parte posterior que dice: "Ama a todos, sirve a todos". ¡Qué buen lema! Como mujeres positivas, deberíamos llevar ese lema de continuo en nuestro corazón y en nuestra mente. Jesús nos enseñó lo que significa amar a todos y servir a todos. ¡Qué este sea nuestro credo mientras brillamos en nuestro mundo para Él!

PUNTO DE PODER

 Lee: Lee: La historia de Dorcas (conocida también como Tabita) en Hechos 9:36-43. ¿Qué se decía de Dorcas en su comunidad? ¿Por qué hubo tanto llanto y dolor cuando murió? ¿Qué gran milagro sucedió en esta historia y cómo afectó a otros? ¿Conoces a alguien que sea como Dorcas?

 Ora: ¡Oh, compasivo Padre celestial, que mi vida sea un reflejo de tu amor! Sé que tengo la capacidad de amar solo porque tú me has amado con abundancia. Ayúdame ahora a amar a otros como tú me has amado. Te doy gracias de que tu amor es pleno en bondad, compasión, servicio y verdad. ¡Qué rebose hacia todas las personas de mi vida! Ayúdame a ser un vaso que puedas usar para mostrar tu amor y tu compasión al mundo. En el amoroso nombre de Cristo, amén.

 Recuerda: "Finalmente, sed todos de un mismo sentir, compasivos, amándoos fraternalmente, misericordiosos, amigables" (1 Pedro 3:8).

 Practica: Ora y pídele a Dios que te dirija a un área de servicio o a un ministerio a través del cual puedas mostrar su amor a otros. Puede ser algo que hagas una vez a la semana, una vez al mes o esporádicamente a lo largo del año. Pídele a Dios que abra una oportunidad que utilice los dones y talentos únicos que Él te ha dado al máximo. Luego decide este mismo día procurar esa oportunidad para mostrar su compasión a las personas de tu alrededor

Principio poderoso 6

Conviértete en una mujer valiente

*La valentía no solamente es una de las virtudes, sino
la forma que toma cada virtud en el momento de la prueba.*
—C.S. Lewis

*Mira que te mando que te esfuerces y seas valiente;
no temas ni desmayes, porque
Jehová tu Dios estará contigo
en dondequiera que vayas.*

—Josué 1:9

13

CON TACONES EN CAMINO DE TIERRA

Camina con arrojo por el sendero de la vida

La palabra liderazgo significa capitalizar una ventana de oportunidad dada por Dios en el momento que se presenta. No de forma apresurada. Tampoco de manera tímida. Sino firmemente, al meter ambas manos en el fango con la determinación de cambiar al mundo con tus ideas y tus propuestas.
—Michelle Easton

En 1998 Michelle Toholsky sintió que Dios la estaba dirigiendo a fundar una revista de modas con un punto de vista cristiano. Comenzó este monumental proyecto con poco capital pero con toneladas de valentía. Ella pensaba que si Dios la estaba guiando a hacer esta revista, seguro abriría las puertas. Ella no conocía personas importantes; tampoco tenía el trasfondo, el conocimiento o la experiencia para hacer esta revista; ella solo sabía que Dios la estaba dirigiendo. Michelle dice que fue criada en una familia que mostró este tipo de valentía basándose en su fe en Dios.

"Cuando verdaderamente crees que Dios no tiene límites, puedes tener la valentía para avanzar", dice Michelle. "Cuando ponemos nuestros ojos en nuestras propias circunstancias y nuestras propias limitaciones es cuando comenzamos a hundirnos como le sucedió a Pedro cuando estaba caminando sobre el agua".

El primer ejemplar de la revista *Shine* (Brilla) salió a la venta en 1999. Sheila Walsh aparecía en la portada, el fotógrafo donó su trabajo y los autores de los artículos también. Tenían cincuenta suscriptores y el impresor convino en imprimir ciento cincuenta ejemplares para su distribución en las librerías de toda la nación.

Michelle experimentó varias batallas a lo largo del camino, pero Dios siempre proveyó los fondos para que siguiera adelante. En enero de 2002, *Shine* había llegado a un tiraje de sesenta mil revistas y el número de lectores seguía creciendo.

"Si nos esperamos hasta que todo esté en perfecto orden, nunca vamos a lograr nada", me dijo Michelle. "Para mí, dar un paso de valentía significó entrar a la obra de Dios. Yo no temía fracasar, porque sabía que si caía, caería justo en sus brazos".

Michelle Toholsky es un ejemplo de una mujer valiente; valentía aparejada con fe en un Dios que es mayor que cualquier circunstancia. El camino que tomó no es fácil; ha tenido sus quiebres, sus vueltas y sus zanjas, pero su valentía y su fe la llevaron a pasar todos los obstáculos.

Como Michelle descubrió, la fe en el Dios Todopoderoso va de la mano de la valentía. Cuando decidimos avanzar de una manera valiente, en realidad estamos poniendo nuestra fe en acción. Fue una fe valiente la que llevó a David a pelear contra Goliat cuando nadie más quiso aceptar el desafío. Fue la fe valiente que inspiró a Juana de Arco a dirigir a las tropas francesas a la batalla, con lo cual cambió el panorama de la Guerra de los Cien Años. La fe valiente motivó a Harriet Tubman para llevar a los esclavos del sur a la libertad a través de "El tren clandestino". La fe valiente inspiró a Corrie Ten Boom a esconder algunos judíos en su casa durante la Segunda Guerra Mundial; después de que fue capturada, su fe valiente le ayudó para sobrevivir en un campo de concentración nazi.

La valentía nos hace salir de nuestra zona de seguridad para llegar a lugares magníficos que nunca hubiéramos alcanzado por nosotras mismas. Cuando damos un paso de fe escogemos depender de Dios y no de nosotras mismas, tanto para la dirección de la travesía como para la fuerza necesaria para terminarla. Una y otra vez en el Antiguo Testamento Dios le dijo a su pueblo: "Esfuérzate y sé valiente", cuando los guió hacia la Tierra Prometida. El salmista escribió: "Amad a Jehová, todos vosotros sus santos; a los fieles guarda Jehová, y paga abundantemente al que procede con soberbia. Esforzaos todos vosotros los que esperáis en Jehová, y tome aliento vuestro corazón" (Salmo 31:23-24).

Pero los que esperan a Jehová tendrán nuevas fuerzas; levantarán alas como las águilas; correrán, y no se cansarán; caminarán, y no se fatigarán. —Isaías 40:31

TOMA UN PASO VALIENTE

Una de mis historias bíblicas favoritas es el relato épico de Débora que se encuentra en el cuarto capítulo de Jueces. Ella fue una verdadera heroína; la única mujer en la Biblia que fue puesta en las alturas del poder político por el concenso del pueblo. Ella ayudó a los israelitas de muchas maneras, primero como consejera, luego como juez y finalmente como su líder en la batalla. ¿Cómo obtuvo tanta prominencia en una sociedad dominada por los varones? A través de su fe. Ella confiaba en Dios implícitamente, y a través de esta confianza surgió valentía dentro de ella.

En la época de este relato, los israelitas habían sido oprimidos con crueldad por un rey pagano de Canaán durante veinte años, entonces comenzaron a clamar a Dios por ayuda. Débora, quien juzgaba debajo de una palmera y aconsejaba a la gente en sus disputas, escuchó este clamor y envió por un hombre llamado Barac. Le comunicó un mensaje de parte de Dios: Barac tenía que llevar a diez mil hombres consigo al monte Tabor. Cuando llegaran ahí, Dios atraería a Sísara, el comandante de las tropas cananeas, junto con sus hombres y novecientos carros herrados al arroyo de Cisón. Ahí Barac los derrotaría con facilidad.

La respuesta de Barac fue un poco temerosa: "Si tú fueres conmigo, yo iré; pero si no fueres conmigo, no iré" (Jueces 4:8).

Así que Débora aceptó ir al campo de batalla, pero le dijo a Barac: "Iré contigo; mas no será tuya la gloria de la jornada que emprendes, porque en mano de mujer venderá Jehová a Sísara" (versículo 9).

Y así fue. Cuando los israelitas llegaron al monte Tabor, Sísara convocó a su ejército y a sus carros en el arroyo de Cisón. Así que Débora le dijo a Barac: "Levántate, porque este es el día en que Jehová ha entregado a Sísara en tus manos. ¿No ha salido Jehová delante de ti? Y Barac descendió del monte de Tabor, y diez mil hombres en pos de él" (versículo 14). Así que Barac avanzó y con la ayuda del Señor los israelitas vencieron fácilmente a Sísara y a su ejército.

"¿No ha salido Jehová delante de ti?" ¡Qué profunda declaración de una valiente mujer de fe! Débora no se concentró en los novecientos carros herrados (que tenían a los israelitas muertos de miedo); ella vio a un Dios poderoso que le había dado la orden de avanzar.

¿Dios te está dirigiendo a avanzar? ¿Cuáles son los enemigos que te están deteniendo: temor, duda, preocupación? Cómo Débora, esfuérzate y sé muy valiente. ¿No ha salido el Señor delante de ti? ¿No es poderoso para hacer todas las cosas? ¡Si Él te está guiando, Él proveerá!

EN DESVENTAJA

La valentía puede tomar muchas formas. Piensa en María Curie (ya leíste su historia en el capítulo uno), quien escribió en su diario: "Sentí la imposibilidad de avanzar". Ella escribió estas palabras el día en que su esposo, quién trabajaba con ella, murió en un accidente trágico en un carruaje. No obstante, María siguió adelante y logró grandes avances en el estudio del uranio. Recuerda a Rosa Parks, quien con valentía se quedó en su asiento en el autobús antes que cedérselo a un blanco con lo cual logró un avance histórico en contra de la injusticia social. Acuérdate de Wilma Rudolph quien, después de una serie de enfermedades durante la niñez, quedó paralítica de la pierna izquierda. Los doctores le dijeron que nunca podría caminar, pero Wilma valientemente avanzó más allá de sus limitaciones y no solo aprendió a caminar sino también a correr y se convirtió en la primera estadounidense en ganar tres medallas de oro en atletismo en una sola olimpiada.[1]

La valentía de una mujer se exhibe cuando debe enfrentar grandes desafíos: Sea que ella escoja las circunstancias o las circunstancias la escojan a ella. Mi amiga Leslie no escogió los desafíos que enfrentó en los últimos dos años de su vida. Después de un accidente en el que su coche se volteó, ella y su hija Amanda sufrieron lesiones leves. Poco tiempo después, la mamá de Leslie fue internada en el hospital por problemas intestinales y murió luego de varias semanas de complicaciones. Recientemente otra hija de Leslie, Natalie fue llevada al hospital de prisa en condiciones críticas luego de un accidente a bordo de un Go-cart. A causa del severo daño hepático, Natalie pasó una semana en el hospital seguida de un largo período de recuperación en casa. No es necesario decir que Leslie y su esposo Roger han crecido de una forma tremenda en valentía y en fuerza durante este período.

¿De dónde sacan la valentía para enfrentar cada nuevo desafío? Leslie y Roger te pueden decir que no se sentían particularmente valientes antes de que llegara el desafío; más bien, la valentía para avanzar llegó justo en el momento de la necesidad. Ellos dicen que vino de parte de Dios; y de parte de las personas que Él trajo a su lado para alentarlos y ayudarlos. Provino de saber que su amoroso y omnisciente Dios estaba con ellos y que estaría con ellos sin importar lo que sucediera.

De ahí es de donde proviene la valentía como cristianas. Sabemos que no importa el resultado de cierta situación, Dios va a estar ahí para ayudarnos y rescatarnos. ¿Qué les dijo Jesús a sus discípulos cuando les mando que salieran y cambiaran el mundo con el mensaje del evangelio? "He aquí yo estoy con vosotros todos los días, hasta el fin del mundo. Amén" (Mateo 28:20).

Mi papá siempre decía: "La frase motivacional más grande que jamás se ha pronunciado es: 'Dios está contigo'". Esto no nos garantiza el éxito ni tampoco nos garantiza que todo va a resultar como queremos; no, solo tenemos la garantía de que Dios está con nosotros.

En Deuteronomio 31:6 leemos las palabras de Moisés a los israelitas mientras iban avanzando a la tierra prometida: "Esforzaos y cobrad ánimo; no temáis, ni tengáis miedo de ellos, porque Jehová tu Dios es el que va contigo; no te dejará, ni te desamparará". Apropiémonos de ese mensaje en este día. El Señor nuestro Dios va con nosotros. Él no nos dejará ni nos abandonará. ¡Sé valiente!

"VAMOS, VAMOS"

Todd Beamer era uno de los pasajeros a bordo del vuelo 93 de la línea aérea United el 11 de septiembre de 2001. Mientras la gente del vuelo comenzó a enterarse del destino que los terroristas habían planeado para ellos, Todd y algunos otros hicieron un plan para contraatacar. Después de orar en silencio el Padre Nuestro con una operadora y de enviar un mensaje a su familia diciéndoles que los amaba, dejó caer su teléfono celular y dijo: "Vamos, vamos". Junto con otros pasajeros más, Todd valientemente dominó a los secuestradores y el avión terminó estrellándose en un campo vacío de Pennsylvania en lugar de estrellarse contra un edificio lleno de personas en la ciudad de Washington D.C. Todd y los demás dieron su vida para salvar a muchos otros.

Más tarde, Lisa Beamer, la viuda de Todd, escogió la valentía en lugar de la derrota en respuesta a las noticias de la muerte de su esposo. A los siete meses de embarazo, Lisa dejó Cranbury, New Jersey y abordó el mismo vuelo de Newark a San Francisco que su esposo había tomado seis semanas antes. Al hacerlo dio un ejemplo de fuerza y valentía para toda una nación que estaba en luto. El viaje no solo fue simbólico sino que tenía un propósito. Se reunió con los antiguos socios de Todd para inaugurar la fundación Todd M. Beamer, una organización con el propósito de asegurar la salud, tanto mental como física, así como los fondos financieros necesarios para el futuro de veintidós niños que perdieron a sus padres en el vuelo 93.

El 10 de noviembre de 2001 Lisa se dirigió a veinte mil mujeres congregadas en el congreso Women of Faith (Mujeres de fe) celebrado en Filadelfia. Ella dijo: "Si mi alternativa es vivir en temor o vivir en esperanza, he escogido vivir en esperanza".[2] Hace poco dio a luz a una niña; al mismo tiempo que su historia de valor sigue dando a luz fuerza y esperanza en el corazón de quienes la escuchan. ¿Quién puede saber a cuantas vidas tocaron Lisa y Todd Beamer con su ejemplo de valentía?

LA VALENTÍA PARA DEFENDER LO CORRECTO

Hay muchas historias de valentía a lo largo de la historia de los Estados Unidos; valentía en tiempos de guerra, valentía frente a desastres naturales y valentía para defender las convicciones propias. Susan B. Anthony es un ejemplo de ello. Susan nació en 1820. Cuando cumplió dieciocho años, comenzó a trabajar como maestra para ayudar a aliviar la situación financiera desesperada de su familia. Durante quince años ella enseñó en escuelas privadas como públicas, nunca ganó más de tres dólares a la semana (además de que uno de esos tres dólares se destinaba a sus gastos de hospedaje y alimentación). Cuando descubrió que los maestros varones ganaban tres veces más de lo que ella ganaba, comenzó a preocuparse acerca de la inequidad entre los salarios de los hombres y las mujeres.

Su preocupación tuvo que quedar en un segundo plano cuando Susan decidió dedicar su tiempo y su energía al movimiento estadounidense de la temperancia. No pasó mucho tiempo antes de darse cuenta del papel limitado que se le permitía tener a la mujer en el movimiento establecido, por lo que ayudó a fundar la Woman's State Temperance Society (Sociedad estatal femenil de temperancia) en Nueva York. Mas tarde, desde 1856 a 1861, Susan se enfocó en el movimiento abolicionista antes de finalmente defender la causa que había llamado su atención desde el principio. Años después, se dedicó al movimiento del sufragio femenil y ayudó a organizar la National Woman's Suffrage Alliance (Alianza nacional del sufragio femenil) en 1904.

El camino de Susan no fue fácil. Soportó dificultades físicas, insultos y faltas de respeto. No obstante, con valentía siguió avanzando para defender lo que ella creía que era lo correcto. Se requirió valentía y convicción para que ella defendiera su creencia en la igualdad de las mujeres delante de Dios. Siempre recordó las palabras de su amado padre, quien era cuáquero: "No toleres ningún mal en contra de la humanidad. Y cuando no tengas la fuerza para hacer ninguna otra cosa, habla con vigor".[3] Ciertamente Susan vivió a la altura de las palabras de su padre.

En ciertos momentos debemos tener la valentía de resistir con firmeza para defender nuestras convicciones, incluso cuando tengamos pocos de nuestro lado. Algunas de nosotras vamos a ser llamadas al servicio activo y a levantar nuestra voz como Susan B. Anthony, mientras que otras seremos llamadas a resistir en silencio como Rosa Parks. Siempre que defendamos algo, debemos hacerlo en oración y con sabiduría; y debemos hacerlo con amor y bondad, como lo comentamos en el capítulo anterior.

Cuando mis hijas estaban en los primeros años de escuela, las invitaron a participar en una organización que no solo era muy popular en su escuela, sino en toda la nación. No obstante, yo tenía mis reservas y recientemente había leído que la organización había comenzado a desviarse de algunos estándares que nuestra familia valoraba. Otras madres tenían la misma preocupación, como descubrí más tarde.

En lugar de luchar en contra de la organización nacional establecida, algunas de nosotras decidimos comenzar nuestro propio club para niñas después de la escuela. Lo llamamos Sonshine Girls (Niñas con el brillo de Jesús). En las reuniones enseñaríamos cómo desarrollar el carácter y los valores en un ambiente semejante al de un club y utilizaríamos los estándares bíblicos como guía. Cada mes las niñas saldrían de excursión para poner en acción las cualidades de carácter que hubieran aprendido. Bueno, Sonshine Girls nos tomó a todas por sorpresa. ¡Tuvimos sesenta y cuatro niñas en la primera reunión! La idea se difundió y ahora hay clubes de Sonshine Girls en escuelas y grupos de hogar a lo largo de la nación.

Para poder comenzar tuvimos necesidad de ser valientes. Estábamos comenzando de la nada, sin fondos y sin la seguridad de que obtendríamos apoyo. También estábamos yendo en contra de la larga tradición de la organización establecida para el descontento de algunas mujeres poderosas. Nos decían que éramos separatistas y que éramos personas que nos considerábamos justas en nuestra propia opinión, aun y cuando solo estábamos siguiendo nuestras convicciones de una manera creativa y amorosa.

Para ser honesta, estaba tanto sorprendida como ofendida por las reacciones de la gente. Hubo momentos en los que me sentí desanimada y temerosa de seguir avanzando con Sonshine Girls. La tarea parecía abrumadora; y no me gustaba la oposición. Quería renunciar. Pero un día abrí mi Biblia en busca de aliento. Mi vista cayó de inmediato sobre Josué 1:9: "Mira que te mando que te esfuerces y seas valiente; no temas ni desmayes, porque Jehová tu Dios estará contigo en dondequiera que vayas".

Este pasaje me llenó de tal esperanza y valentía que de inmediato llamé a mi compañera de trabajo y lo compartí con ella. Con gran entusiasmo me dijo que Dios la había llevado a leer Deuteronomio 31:6 que dice casi lo mismo: "Esforzaos y cobrad ánimo; no temáis, ni tengáis miedo de ellos, porque Jehová tu Dios es el que va contigo; no te dejará, ni te desamparará". Como seguimos adelante con valentía, muchas niñas (y sus mamás) han sido bendecidas a través de Sonshine Girls.

MI AYUDA PROVIENE DEL SEÑOR

¿Te sientes valiente? ¡Tampoco yo! La verdad es que quizá no sepamos si tenemos la valentía de enfrentar el desafío hasta que el desafío surja. En nosotras mismas somos débiles; estamos vestidas de debilidades humanas. Pero Dios nos promete que cuando somos débiles, *Él* es fuerte. La valentía es su obra en nosotros. Pablo dijo lo siguiente acerca de sus propios desafíos:

> Respecto a lo cual tres veces he rogado al Señor, que lo quite de mí. Y me ha dicho: Bástate mi gracia; porque mi poder se perfecciona en la debilidad. Por tanto, de buena gana me gloriaré más bien en mis debilidades, para que repose sobre mí el poder de Cristo. Por lo cual, por amor a Cristo me gozo en las debilidades, en afrentas, en necesidades, en persecuciones, en angustias; porque cuando soy débil, entonces soy fuerte.
>
> —*2 Corintios 12:8-10*

Como Pablo, tú y yo somos débiles, pero también como Pablo, podemos encontrar nuestra fuerza, nuestra valentía y nuestra ayuda en el Señor. Cuales sean las circunstancias que enfrentemos, no debemos desanimarnos. Dios es suficiente para ayudarnos a atravesar todos los desafíos que surjan.

Anne Peters es una talentosa poeta y una cristiana entregada. Dios ha hecho una obra maravillosa en su vida, ya que la sacó de una niñez llena de maltratos y luchas. Hoy es una mujer positiva y valiente. Nuestro capítulo cierra con uno de sus muchos poemas acerca de la valentía.

Si la valentía me perteneciera

Un día te pedí, Padre
Que hicieras que la valentía fuera mía
Me pediste que fuera paciente
Que todas las virtudes vienen con el tiempo.

La busqué en las pruebas
La busqué en el dolor
Y era difícil verla
Cuando el consuelo volvía a mí.

Nunca noté
Hasta que los años pasaron
Que la valentía había estado vigilante
Cuando las lágrimas nublaban mis ojos.

Vino con un suspiro
Y tomó mi mano en las suyas
Lentamente me consoló
Y se llevó mis temores.

Despertó mi corazón lentamente
Si no me alejaría
Demasiado asustada por la imagen
Del amor de Dios entregado.

Sentí que mi espíritu crecía
Sin temor ni sombras
La valentía me sostenía
Mi fe era el pozo más profundo.

Un día te pedí, Padre
Que hicieras que la valentía fuera mía
Me dijiste que estaba conmigo
Y ha estado conmigo desde entonces.

PUNTO DE PODER

Lee: Lee: Jueces 4 y 5, la historia de dos mujeres valientes y una canción de alabanza. ¿Qué evidencia tienes de que la valentía de Débora estaba basada en su fe en Dios? ¿Aunque era una mujer, una líder y una heroína valiente, a quién le dio la gloria? Recuerda un momento de tu vida en el que hayas demostrado valentía. ¿De dónde salió tu valentía, y quién recibió el crédito?

Ora: Señor, Tú eres mi roca y mi refugio. Tú eres una ayuda sumamente presente en tiempo de necesidad. Gracias por prometerme que nunca me dejarás ni me abandonarás. Gracias que aunque a veces no comprendo tus caminos siempre puedo depender de tu fidelidad. Tú eres digno de mi confianza. Ayúdame a tener la valentía para dar pasos firmes de fe, mientras sigo tu dirección. Que mi vida, mis acciones y mi valentía finalmente te traigan gloria a ti. En el nombre de Jesús, amén.

Recuerda: "Esforzaos y cobrad ánimo; no temáis, ni tengáis miedo de ellos, porque Jehová tu Dios es el que va contigo; no te dejará, ni te desamparará" (Deuteronomio 31:6).

Practica: Piensa en una o dos personas que conozcas (o de quien hayas oído) que necesiten valentía en este momento. Ora por ellas, pidiéndole al Señor que sientan su presencia y su fuerza. Cuando termines escribe una carta de ánimo para que sepan que estas orando por ellas.

Luego piensa en algún aspecto de tu propia vida en el que necesites valentía. Lleva tu preocupación delante del Señor en oración. Pídele que fortalezca tu corazón y que selle en tu memoria la declaración motivacional más grande de todos los tiempos: "Dios está contigo".

14

ENFRENTA TUS TEMORES

Date valor para avanzar

La valentía no es ausencia de temor; más bien
es la habilidad de actuar frente al temor.
—Nancy Anderson

Mi amiga Pam vino a mi casa hace poco para nuestra reunión semanal de oración. Un grupo de cinco mamás, todas con hijas adolescentes, solemos reunirnos cada miércoles para orar. Sin embargo, en este miércoles en particular Pam y yo fuimos las únicas que llegamos así que comenzamos a hablar acerca del asunto de que nuestras hijas estaban a punto de recibir su licencia de conducir. Pam se puso muy seria mientras comenzó a contarme que una familia que ella conocía acababa de pasar por la pérdida terrible de una de sus hijas en un accidente automovilístico. Instantáneamente sentí una descarga de temor fluyendo a través de mi cuerpo. *¿Cómo le va a hacer Grace para sobrevivir en el tráfico brutal de la ciudad de Dallas?* Pensé. *¿Qué pasaría si no alcanza a ver un letrero de alto? ¿Qué pasaría si se distrae solo por un momento para subir el volumen de la radio?* Cualquier cosa es posible, Pam y yo estábamos de acuerdo. Ambas nos miramos a los ojos con temor.

¿Qué podíamos hacer para proteger a nuestras dulces hijas? ¿Prohibirles conducir hasta que cumplan treinta y cinco años? ¿Evitar que nadie más pueda usar las carreteras para que solo nuestras hijas conduzcan sobre ellas? Tanto como a Pam y a mí nos hubiera gustado que eso fuera posible, sabíamos que no estábamos siendo realistas. En realidad, solo había una cosa que podíamos hacer: Enfrentar nuestros temores, avanzar y orar por la protección de Dios sobre nuestros seres queridos.

El temor tiende a asirse de nosotras en distintos aspectos y en diferentes momentos de nuestra vida. Cuando le permitimos que nos domine, nos captura en sus redes y evita que experimentemos la vida plena y abundante que Dios diseñó para nosotras. El filósofo Séneca dijo: "Donde hay temor, no hay felicidad".[1]

Cierto campesino anciano estaba sentado a la puerta de su cabaña cuando se acercó un extraño. Con el fin de iniciar una conversación, el extraño le preguntó:

—¿Cómo está creciendo su trigo?

—Pues no planté trigo en esta temporada —respondió el campesino.

—¿De veras? Yo pensé que este era una tierra donde se daba buen trigo.

—Tuve miedo de que lloviera.

—¿Y cómo va creciendo el maíz?

—Tampoco planté maíz. Tenía miedo de la plaga.

—¿Bueno, entonces, cómo están sus papas?

—Tampoco planté papas. Me dio miedo que se infestaran de gusanos.

—¿Bueno, entonces, qué fue lo que plantó?

—Nada. Me fui a la segura.[2]

¡Qué efecto tan paralizante puede tener el temor en nuestra vida! La historia de este campesino me recuerda la parábola que dijo Jesús acerca del hombre rico que le confió a sus siervos el cuidado de su propiedad cuando salió de viaje. A un siervo le dio cinco talentos (un talento era una cantidad de dinero en los días de Jesús). A otro siervo le dio dos talentos y a otro le dio uno. El siervo con cinco talentos de inmediato salió y puso el dinero de su amo a trabajar, y así ganó cinco talentos más. El siervo con dos talentos también ganó otros dos. Pero el siervo con un talento hizo un hoyo en la tierra y ahí escondió su dinero.

Cuando el amo regresó, estaba contento con los dos siervos que habían invertido su dinero con sabiduría. Dijo de ellos: "Bien, buen siervo y fiel; sobre poco has sido fiel, sobre mucho te pondré; entra en el gozo de tu señor. [...] Su señor le dijo: Bien, buen siervo y fiel; sobre poco has sido fiel, sobre mucho te pondré; entra en el gozo de tu señor" (Mateo 25:21,23). Pero el tercer siervo no recibió la misma felicitación:

Pero llegando también el que había recibido un talento, dijo: Señor, te conocía que eres hombre duro, que siegas donde no sembraste y recoges donde no esparciste; por lo cual tuve miedo, y fui y escondí tu talento en la tierra; aquí tienes lo que es tuyo. Respondiendo su señor, le dijo: Siervo malo y negligente, sabías que siego donde no sembré, y que recojo donde no esparcí. Por tanto, debías haber dado mi dinero a los banqueros, y al venir yo, hubiera recibido lo que es mío con los intereses. Quitadle, pues, el talento, y dadlo al que tiene diez talentos. Porque al que tiene, le será dado, y tendrá más; y al que no tiene, aun lo que tiene le será quitado.

—*Mateo 25:24-29*

¿Por qué el tercer siervo escondió su dinero? Él mismo lo dijo: "Por lo cual tuve miedo". Como ves el temor nos paraliza. Evita que avancemos en la vida y que usemos los dones y talentos que Dios nos ha dado a plenitud. En mi línea de trabajo he llegado a conocer a muchas escritoras potenciales. Algunas son muy talentosas, pero no llevan su trabajo a las editoriales porque temen ser rechazadas. El miedo las previene de tomar el siguiente paso hacia adelante.

Jesús nos dijo llanamente que debemos dejar que nuestra luz brille, y no cubrirla debajo de una canasta o de un recipiente (ver Mateo 5:14-16). Sin embargo, como el tercer siervo, a menudo escondemos nuestros talentos porque es lo más cómodo y lo más seguro. Y en el proceso nos perdemos de que Dios nos diga: "Bien, buen siervo y fiel". ¡Como mujeres positivas, necesitamos deshacernos de esas canastas! Necesitamos enfrentar nuestros temores, avanzar y dejar que nuestra luz brille para Cristo en este mundo oscuro.

¡NO TEMAS!

Dios no quiere que vivamos en temor. Como parte de mi investigación para este capítulo, decidí encontrar cuantas veces se proclama la frase "no temas" en el Antiguo y Nuevo Testamento. Saqué mi concordancia analítica y comencé a contar, pero la tarea parecía ser bastante intimidante. Cuando todavía estaba en los primeros libros del Antiguo Testamento decidí detenerme y pagarle a una de mis asistentes de investigación (mi hija Grace que necesita ahorrar dinero para ponerle gasolina a su coche) para que los terminara de contar. Ella contó aproximadamente setenta y cinco ocasiones.

Como esa cantidad lo atestigua, Dios con frecuencia y continuamente consoló a su pueblo con las palabras: "No temas". Son las palabras que Dios le dijo a Abraham cuando comenzó su travesía de fe hacia la Tierra Prometida. Son las palabras que usó el ángel cuando visitó a María y le declaró que sería la madre del Hijo de Dios. Y son las palabras que habló Dios y sus mensajeros a muchas otras personas más.

Hoy, Dios nos está diciendo las mismas palabras a ti y a mí. Romanos 8:15 dice: "Pues no habéis recibido el espíritu de esclavitud para estar otra vez en temor, sino que habéis recibido el espíritu de adopción, por el cual clamamos: ¡Abba, Padre!". Hebreos 13:6 añade: "De manera que podemos decir confiadamente: El Señor es mi ayudador; no temeré lo que me pueda hacer el hombre".

A lo único que la Biblia nos ordena que temamos es a Dios mismo. Este no es el tipo de temor en el que sentimos pánico y temblamos de miedo, sino más bien reverencia, asombro y respeto por quién es Dios y lo que puede hacer. Es un temor sano; el tipo de temor del que hablamos en el capítulo 5 cuando dijimos: "El temor a Dios es el principio de la sabiduría". Solo cuando tememos a Dios de esta manera reverencial podemos caminar en sabiduría y confianza a lo largo de la vida.

Pero el temor (el tipo que no es sano) puede ser sutil. Muchas veces se escurre dentro de nuestro corazón inadvertido, en silencio establece su campamento, y luego con lentitud nos paraliza en cierto aspecto de nuestra vida. No sabemos que hemos sido infectados hasta que de pronto ya no podemos avanzar en cierta parte de nuestra vida. Enfrentar el temor es como librar una batalla contra un enemigo atrincherado. La victoria es posible, solo si seguimos este plan de estratégico de cuatro pasos:

1. Identifica al enemigo

En cualquier tipo de guerra el primer paso es identificar al enemigo. El teólogo A. W. Tozer dijo: "El temor es de la carne, y el pánico es del diablo".[3] Sabemos por 2 Timoteo 1:7 que el temor no es de Dios: "Porque no nos ha dado Dios espíritu de cobardía, sino de poder, de amor y de dominio propio" (2 Timoteo 1:7). Más bien, es de Satanás que lo usa como una arma para "hurtar y matar y destruir" (Juan 10:10) nuestra fe, nuestro gozo y nuestra eficacia como cristianas.

Algunos temores se apoderan de todo nuestro ser; otros nos dan solo un piquete de preocupación de vez en cuando. No importa como se manifiesten, necesitan ser identificados de una manera específica. Pídele a Dios que te revele aspectos de tu vida en los que el temor se haya infiltrado y haya edificado su hogar. ¿Temes por la seguridad de tu familia? ¿Temes que tu esposo y que tus amigas te vayan a abandonar? ¿Temes perder tu trabajo? ¿Temes el futuro? Algunos temores son irracionales, mientras que otros están basados en una alta probabilidad verdadera. La mayoría está en medio de ambos extremos. En esta etapa, no permitas que te dominen tus temores; solo identifícalos. Reconócelos por lo que son y de quién vienen. ¿Cómo es que estos temores te atan?

Ten en mente un dato importante: Algunas veces el enemigo puede verse más grande de lo que es en realidad. En el capítulo 10, por ejemplo, dijimos que las hormonas que fluctúan durante nuestros ciclos menstruales pueden llevarnos a sentirnos particularmente susceptibles a los pensamientos de temor. Ciertos medicamentos que afectan los niveles de los químicos encefálicos pueden hacernos más susceptibles a los pensamientos temerosos. Además, puede que haya depresión, la cual va de la mano con el temor. Revisa tu salud física y tus circunstancias y ve si cualquiera de estos factores pueden estar induciendo o amplificando el temor (especialmente el temor irracional) en tu vida. Habla con tu doctor acerca de ellos, el temor de por sí es un adversario bastante grande sin que las hormonas, las medicinas o los químicos en nuestro cerebro lo amplifiquen a una medida sobrecogedora.

2. Date cuenta de que algunas cosas están fuera de tu control

Una vez que enfrentes al temor, necesitas tomar una decisión realista: ¿qué puedo hacer? Si estás preocupada porque roben tu casa, por ejemplo, puedes conseguir un sistema de seguridad o ponerle chapas nuevas a tus puertas y ventanas. Estas cosas están dentro de tu control. No tienes que exagerar; solo toma las precauciones necesarias.

Algunas cosas no están bajo tu control, sin importar cuantas precauciones tomes. Este es el caso de que mi hija comience a conducir. Puedo asegurarme de que Grace reciba la mejor instrucción disponible, y puedo establecer reglas y horarios para su seguridad. Pero siempre va a existir cierto elemento de peligro cada vez que se ponga detrás del volante. Eso es algo que yo no puedo controlar.

No temas, porque yo estoy contigo; no desmayes, porque yo soy tu Dios que te esfuerzo; siempre te ayudaré, siempre te sustentaré con la diestra de mi justicia. —Isaías 41:10

La verdad es que nuestro mundo puede ser un lugar peligroso y cualquier cosa puede pasar. En la mayor parte de los aspectos de la vida, no tenemos un control total; sea que hablemos de la seguridad de un empleo, de la fidelidad de nuestro esposo o de un viaje en avión. Podemos ser sabias y realistas y hacer lo que podamos, pero a veces lo siguiente que sucede está fuera de nuestras manos.

3. Entrégale el control a Dios y descansa en Él

Una vez que has tomado precauciones sabias, necesita entregarle el control sobre las circunstancias a Dios y descansar en su cuidado amoroso. Tú y yo no tenemos garantía que el minuto siguiente estará libre de una tragedia. Solo sabemos que Dios no nos va a dejar solas, sin importar lo que se presente, y que todas las cosas obran para bien. En el momento puede ser que lo que está sucediendo no parezca bueno, pero podemos descansar en la seguridad de que Dios está obrando con amor en nuestra vida y en nuestro mundo de una manera mayor de la que podemos imaginar.

Quizá te estés preguntando: *¿Si Dios está conmigo, entonces porque no evita que me sucedan cosas malas a mí y a mis seres queridos?* Ciertamente es difícil comprender el sufrimiento humano. Quizá nunca entendamos porque algunas cosas suceden de este lado de las puertas del cielo. Por ahora, solo sabemos que Dios está con nosotros. Él no nos garantiza que nuestra vida estará libre de dolor; solo nos promete abrazarnos y cuidarnos a través de los desafíos de la vida. Como Él es un Dios redentor, podemos confiar en que Él tomará las circunstancias que parecen desesperadas e infundirles esperanza.

4. Renuncia al temor

A menudo algunos temores tienden a querer regresar a nuestra mente, asirnos de nuevo y paralizarnos otra vez. Necesitamos estar listas para esta eventualidad con oración y la Palabra de Dios. Cuando sientas que el temor está llamando a la puerta de tu mente, respóndele con fe en Dios, diciendo: "Aunque no puedo controlar el resultado de esta situación, sé que Dios estará conmigo; nada es demasiado difícil para Él". Ora: "Señor, ayúdame a tener fuerza para este momento, confío y descanso en tu cuidado amoroso. Guárdame del temor y de la preocupación, porque sé que no provienen de ti". Finalmente, memoriza uno o más versículos de la Biblia que te den valentía y fuerza y decláralos en voz alta cuando estés asustada. (Puedes comenzar con el versículo bíblico del "Punto de poder" o escoge alguno de los versículos que se han mencionado en este capítulo.)

VÍSTETE DE LA ARMADURA

No solo hay una estrategia para pelear contra el temor; Dios nos ha dado una armadura protectora para la pelea. Esta armadura es espiritual, porque la batalla es contra un enemigo espiritual. Lee Efesios 6:10-18 junto conmigo:

> Por lo demás, hermanos míos, fortaleceos en el Señor, y en el poder de su fuerza. Vestíos de toda la armadura de Dios, para que podáis estar firmes contra las asechanzas del diablo. Porque no tenemos lucha contra sangre y carne, sino contra principados, contra potestades, contra los gobernadores de las tinieblas de este siglo, contra huestes espirituales de maldad en las regiones celestes. Por tanto, tomad toda la armadura de Dios, para que podáis resistir en el día malo, y habiendo acabado todo, estar firmes. Estad, pues, firmes, ceñidos vuestros lomos con la verdad, y vestidos con la coraza de justicia, y calzados los pies con el apresto del evangelio de la paz. Sobre todo, tomad el escudo de la fe, con que podáis apagar todos los dardos de fuego del maligno. Y tomad el yelmo de la salvación, y la espada del Espíritu, que es la palabra de Dios; orando en todo tiempo con toda oración y súplica en el Espíritu, y velando en ello con toda perseverancia y súplica por todos los santos.

Cuando Pablo dio este mensaje, le estaba hablando a cristianos que estaban enfrentando persecución por su fe; un peligro bastante real en esa época. Sin duda, muchos de los creyentes de Éfeso estaban luchando con el temor; pero Dios habló estas palabras a través de Pablo para fortalecer y animar a los efesios, y por extensión, para fortalecer y alentarnos a nosotras en nuestras propias batallas espirituales. Me gusta usar las palabras de este pasaje como una oración que hago por mí misma y por los miembros de mi familia; le pido a Dios que nos vista de su armadura para nuestras batallas diarias y nos ayude a estar firmes contra el enemigo. Echemos un vistazo a cada pieza de nuestra vestimenta de batalla espiritual.

El cinturón de la verdad. En tiempos bíblicos, el cinturón era una parte importante de la armadura del soldado, porque se utilizaba para llevar las herramientas de la batalla. Para nosotras el cinturón de la verdad es vital porque carga la herramienta que podemos utilizar para vencer las mentiras de Satanás. La Biblia dice que Satanás es mentiroso y padre de mentira. Algunas veces sus mentiras parecen verdaderas, pero tienen el propósito de avivar el temor. Sin embargo, los creyentes tienen la verdad de la Palabra de Dios; y la verdad de Dios siempre echa fuera y derrota los engaños del enemigo.

La coraza de justicia. El propósito de la coraza en la armadura antigua era proteger el corazón del soldado. Satanás muchas veces nos ataca apelando a nuestro corazón, el asiento de nuestras emociones. No obstante, si procuramos la justicia [rectitud] de Dios y aplicamos sus principios puros de vida, nuestro corazón estará protegido y Satanás no podrá desviarnos.

Los pies calzados con el apresto del evangelio de la paz. Algunos soldados del ejército romano de la época de Jesús tenían picos en la suela de sus zapatos para ayudarlos a permanecer firmes. Por nuestra propia protección, nuestros pies y nuestras vidas deberían estar firmemente plantadas en el mensaje del Evangelio de Jesucristo; las buenas noticias de quién es Él y lo que ha hecho por nosotras. Necesitamos estar listas en todo tiempo para hablar las Buenas Nuevas y nunca tener reservas de decirles a otros acerca de la paz que proviene de tener una relación con Dios a través de su Hijo Jesús.

El escudo de la fe. El escudo se utilizaba para proteger al soldado del ataque de las armas enemigas. Nuestra fe en Dios es el escudo que soporta los dardos de fuego de nuestro enemigo, Satanás. Nos lanza tentaciones, temores, mentiras y destrucción, pero la fe inamovible en nuestro un amoroso y Todopoderoso Dios es una defensa impenetrable.

El yelmo de la salvación. El yelmo se utilizaba para proteger la cabeza del soldado; el área más vital de su cuerpo después de su corazón. Satanás trata de usar nuestra mente como una fuerza destructiva, llenándonos de duda, temor y tentaciones. En especial quiere que dudemos de la salvación de Dios y su amor para con nosotros. Protegemos nuestra mente con la seguridad de la salvación que proviene de la Palabra de Dios.

La espada del Espíritu, que es la Palabra de Dios. Esta es la única herramienta ofensiva que se menciona en este pasaje. Jesús usó la Palabra de Dios como una espada para cortar cada una de las tentaciones de Satanás en el desierto (ver Mateo 4:1-119). Nosotras, también, podemos responder las mentiras y los engaños de Satanás con el arma de la Palabra de

Dios que siempre funciona. Por eso, es importante para nosotras no solo estudiar la Biblia, sino también memorizar los versículos de la Escritura que podamos declarar en medio de la batalla.

Pablo nos anima a usar cada parte de nuestra armadura espiritual para resistir los ataques de Satanás y permanecer firmes en Dios. Observa que nos dice que oremos en todo tiempo y en toda situación. En la guerra espiritual, necesitamos estar alertas y persistir en nuestras oraciones por nosotras mismas, nuestra familia y los cristianos en todo el mundo. De hecho, al enfrentar nuestros temores un buen grito de guerra puede ser: "¡Alertas y orando!". Nos mantenemos alertas al tomar precauciones sabias y realistas cuando está a nuestro alcance hacerlo. También permanecemos alertas al reconocer que nuestro enemigo, Satanás, "como león rugiente, anda alrededor buscando a quien devorar" (1 Pedro 5:8). Como sabemos esto, oramos por la protección de Dios y por su poder y ponemos nuestros desafíos y temores en las manos amorosas de nuestro Padre celestial. Entonces podemos estar firmes y resistir la tentación de permitir que el temor se establezca en nuestro corazón y en nuestra mente.

NUESTRO LIBERTADOR

En el capítulo anterior mencioné a mi amiga Leslie, cuya hija sufrió una lesión hepática crítica que la tuvo al borde de la muerte a causa de un accidente en un Go-cart. Leslie dice que aunque no entendía porqué Dios permitió que sucediera este accidente (o por qué permitió cualquiera de las otras tragedias que enfrentó los dos años anteriores), sintió el consuelo total y la fuerza de Dios en medio de cada una de ellas. Dice que literalmente sintió la cobertura cálida del amor de Dios protegiéndola a través de toda la ordalía, desde la estancia en terapia intensiva a la larga recuperación de su hija en casa.

Preguntarle a Dios: "¿Por qué?", no está mal necesariamente, siempre y cuando nos demos cuenta de que es posible que no obtengamos respuesta. Como Job tuvo que reconocer (puedes leer su historia en el libro de la Biblia que lleva su nombre), nosotras como seres humanos finitos no podemos comenzar a entender todos los caminos de nuestro Creador omnisciente. Solo podemos descansar en el hecho de que nuestro poderoso y asombroso Dios es capaz de llevarnos a través de las tormentas de la vida. Salmo 34:17-19 dice: "Claman los justos, y Jehová oye, y los

Ninguna otra pasión le roba a la mente todas sus facultades de acción y razonamiento con tanta eficacia como el temor. —Edmund Burke

libra de todas sus angustias. Cercano está Jehová a los quebrantados de corazón; y salva a los contritos de espíritu. Muchas son las aflicciones del justo, pero de todas ellas le librará Jehová". ¿Este versículo nos promete que ya no tendremos problemas en la vida? No, más bien, nos promete que Dios nos va a librar de en medio de ellos.

¿Qué pasó con mi amiga Lynn, quien perdió a su hija a manos de la leucemia? ¿Liberó Dios a su familia de sus problemas? Si le preguntas a Lynn si Dios se hizo presente cuando ella enfrentó el temor más grande que cualquier padre puede enfrentar (la pérdida de un hijo) ella podría decirte: "Sí, Dios nos libró. Nos sostuvo a todos en su mano amorosa, en especial en el momento en que hizo entrar a nuestra hija en su Reino". Ninguna de nosotras sabe lo que depara el futuro, pero sabemos que Aquél que tiene el futuro en sus manos es el mismo para sostenernos en este momento. Podemos confiar en Él, aun y cuando no comprendamos todo lo que esta sucediendo a nuestro alrededor.

En Mateo 6:25-27 Jesús dice: "Por tanto os digo: No os afanéis por vuestra vida, qué habéis de comer o qué habéis de beber; ni por vuestro cuerpo, qué habéis de vestir. ¿No es la vida más que el alimento, y el cuerpo más que el vestido? Mirad las aves del cielo, que no siembran, ni siegan, ni recogen en graneros; y vuestro Padre celestial las alimenta. ¿No valéis vosotros mucho más que ellas? ¿Y quién de vosotros podrá, por mucho que se afane, añadir a su estatura un codo?". El número de los días de nuestra vida sobre la tierra (y el de nuestros hijos, nuestro marido y nuestras amigas) está en las manos de Dios, no en las nuestras. ¡Nuestras preocupaciones y temores no pueden añadirle a nuestra vida ni siquiera una hora! En lugar de preocuparnos inútilmente, necesitamos invertir nuestro tiempo en escuchar la voz de Dios que nos dice continuamente: "No temas; no te preocupes. Yo soy el buen pastor que cuida con ternura de su rebaño. Tengo mis ojos puestos en ti". No importa cuales sean los temores que enfrentemos en la vida, podemos confiar en que Él está con nosotras, y que nos librará.

"ME VOY A QUITAR LOS ESQUÍES"

Mi amiga Dana utiliza la frase: "Me voy a quitar los esquíes" con mucho afecto cada vez que enfrenta un desafío difícil y necesita ánimo y fortaleza. Voy a dejar que ella te diga en sus propias palabras de dónde salio esa frase:

Una de las lecciones más valiosas que aprendí en mi vida sucedió en una pista para esquiar cuando tenía doce años. Había sido un día largo y estaba cansada, mojada y fría. Mis pies me estaban matando, y me había caído más de lo normal. Mientras mi papá y yo íbamos deslizándonos por un sendero fácil, llegamos a una abertura. Yo me sentí aliviada pensando que estábamos solamente a cinco minutos de un fuego cálido, calcetines secos y un mullido sofá. Pero entonces vi que había un último precio que pagar antes de descansar: ahí, entre nosotros y la falda de la montaña, había una bajada más. No recuerdo su nivel de dificultad, pero en mi mente era como una cobra negra. Tenía más obstáculos de los que Moisés podía haber sorteado y me imaginé la silueta de mi trasero sobre cada uno de ellos.

¡Ya no podía más! Yo ya no iba a descender esquiando por ninguna otra ladera ese día, así que se me ocurrió un plan para resolver el problema: simplemente me quitaría los esquíes y caminaría cuesta abajo. Mi papá ya había comenzado a esquiar cuesta bajo, pero se detuvo y volteó para ver si lo estaba siguiendo. Le grité desde donde estaba:

—Me voy a quitar los esquíes y voy a bajar caminando.

—Olvídalo —respondió con firmeza.

—Pero papá, estoy cansada y no lo voy a lograr —le rogué.

—No te preocupes, solo sígueme —me dijo con confianza.

Mi papá es el tipo de persona que espera que cuando te dice que hagas algo, no te pongas a pensarlo, sino que lo hagas de inmediato. Con lágrimas escurriendo por mis mejillas, inicié el descenso. Uno al lado del otro comenzamos a bajar. Cuando me caía él se detenía y me esperaba, y luego continuábamos lentamente. No fue fácil y me caí muchas veces, pero logré bajar la montaña. Lo gracioso es que cuando miré hacia arriba desde abajo, no parecía tan grande o tan difícil como yo la había visto desde la arriba.

Han habido muchas más montañas que conquistar desde entonces, y a veces parecen abrumadoras. Pero sé que mi Padre celestial me está esperando y me esta diciendo: "No te preocupes, solo sígueme". Puede ser que no sea fácil, y quizá resbale, pero Él va a estar ahí para recogerme y animarme.

Ahora cada vez que tengo miedo de algo o tengo ganas de rendirme, le llamo por teléfono a mi papá y le digo: "Me voy a quitar los esquíes". Él siempre me recuerda que Dios está conmigo y que me va ayudar a bajar la montaña.[4]

¿Y tú, querida hermana? ¿Qué bajadas atemorizantes te parecen demasiado difíciles de tomar? ¿Cuáles son los temores que te han paralizado, que te han convencido de que no tienes ni la fe ni la fuerza para llegar del otro lado segura y a salvo? Recuerda que tu Padre celestial está contigo. Si confías en su dirección sabia y en su cuidado amoroso, Él te va a ayudar a descender de la montaña del temor hacia el valle de la paz, el gozo y la vida abundante.

¡Dios está contigo, mujer positiva de fe! ¡No temas!

PUNTO DE PODER

Lee: Todo el libro de Ester. (No es tan largo y definitivamente es una historia bastante interesante acerca de una mujer que enfrentó su temor.) Describe el peligro que amenazaba a la nación de Israel. ¿Cuáles fueron los pasos sabios y valientes que tomó Ester para prevenirlo? ¿De quién dependió ella para el resultado final de la situación?

Ora: Glorioso Rey de los cielos, tú eres digno de alabanza y honor. Tú siempre me estás sosteniendo con tu diestra de justicia. Gracias por recordarme continuamente en tu Palabra que no tenga temor, porque tú estás conmigo. ¡Qué gran consuelo tengo en ti! Ayúdame a enfrentar los temores de mi vida que me paralizan y que evitan que avance en la fe. Te los entrego y te pido que los reemplaces con tu paz. ¡Ayúdame a no temer! Te amo, Señor. Te lo pido en el nombre de Jesús, amén.

Recuerda: "Dios es nuestro amparo y fortaleza, nuestro pronto auxilio en las tribulaciones" (Salmo 46:1).

Practica: Toma unos minutos para identificar aspectos de tu vida que en este momento estén paralizados por el temor. ¿Qué acciones razonables o precauciones puedes tomar para ayudarte a reducir tu preocupación? En oración entrégale a Dios los factores que están fuera de tu control. Entrégalos en sus manos, y confía en Él para el resultado.

Cada mañana, haz un esfuerzo conciente de "vestirte" la armadura de Dios. Permanece alerta, y rehúsa permitir que los pensamientos de temor se establezcan en tu mente o en tu corazón.

Principio poderoso 7

Conviértete en una mujer llena de esperanza

*El optimismo es la fe que nos guía a obtener un logro.
Nada se puede hacer sin esperanza o sin confianza.*
—Helen Keller

Espere Israel a Jehová, porque en Jehová
hay misericordia, y abundante redención con él.
—Salmo 130:7

15

DEJA DE QUEJARTE Y COMIENZA A SONREÍR

Lleva las gafas brillantes de la esperanza

¡Detrás de las nubes ronda la luz de las estrellas,
A través de las tormentas caen los rayos del sol;
Porque Dios, que ama todas sus obras,
Ha dejado su esperanza con todos nosotros!
—John Greenleaf Whittier

El funeral del líder soviético Leonid Brezhnev parecía ser el último lugar en que se pudiera encontrar esperanza, no obstante, ahí apareció un pequeño rayo de esperanza. Se dice que la viuda de Brezhnev se quedó junto al féretro justo antes de que lo cerraran. En el momento en que los soldados tocaron la cubierta para cerrarlo, ella se apresuró y con su mano hizo el signo de la cruz sobre el pecho de su marido; un acto flagrante de desobendiencia civil en esta fortaleza de poder ateo. Con este acto, la esposa de Brezhnev ofreció una imagen hermosa y valiente de la esperanza. Era claro, que ella creía en la vida más allá de la tumba. Tenía la esperanza de la misericordia y la esperanza de la salvación; y basó su esperanza en un hombre que murió sobre una cruz hace dos mil años.[1]

El mensaje de la Biblia es un mensaje de esperanza. La esperanza no es solo un sentimiento de expectación, porque uno puede esperar que sucedan cosas buenas o que sucedan cosas malas. No, la esperanza es el anhelo de que suceda algo maravilloso; es el deseo y la espera de que suceda lo mejor. Este es el tipo de esperanza que tenemos como cristianos basándonos en nuestra fe en Cristo. Tenemos la expectativa de la vida eterna con Cristo en nuestro hogar celestial, a pesar de los desafíos y de las dificultades que experimentemos en nuestra vida sobre la tierra. Tenemos la convicción de que todo obra para nuestro bien si amamos a Dios y somos llamadas conforme a su propósito (ver Romanos 8:20). Tenemos la esperanza de saber que Dios está obrando en nuestra vida tanto a través de los momentos tristes como de los felices. En 1 Pedro 1:3-7 se describe la esperanza viva que los creyentes están destinados a experimentar:

> Bendito el Dios y Padre de nuestro Señor Jesucristo, que según su grande misericordia nos hizo renacer para una esperanza viva, por la resurrección de Jesucristo de los muertos, para una herencia incorruptible, incontaminada e inmarcesible, reservada en los cielos para vosotros, que sois guardados por el poder de Dios mediante la fe, para alcanzar la salvación que está preparada para ser manifestada en el tiempo postrero. En lo cual vosotros os alegráis, aunque ahora por un poco de tiempo, si es necesario, tengáis que ser afligidos en diversas pruebas, para que sometida a prueba vuestra fe, mucho más preciosa que el oro, el cual aunque perecedero se prueba con fuego, sea hallada en alabanza, gloria y honra cuando sea manifestado Jesucristo.

Sí, tenemos una esperanza viva; una esperanza basada en Dios y en su salvación a través de su Hijo, Jesús. Es una esperanza que nadie nos puede quitar. Incluso cuando un ser querido muere, nos entristecemos y estamos de luto, pero no como aquellos que no tienen esperanza; porque sabemos que un día volveremos a ver a esa persona. ¡Qué vacía debe parecerle la vida a los que no han comprendido a nuestro Dios amoroso y grande, quien tiene un plan para este mundo y para ellos! ¡Y también que triste! Las palabras *esperanza* y *gozo* muchas veces se encuentran juntas en la Escritura por una buena razón. Romanos 5:1-2 explica porque los cristianos pueden regocijarse en la esperanza: "Justificados, pues, por la fe, tenemos paz para con Dios por medio de nuestro Señor Jesucristo; por quien también tenemos entrada por la fe a esta gracia en la cual estamos firmes, y nos gloriamos en la esperanza de la gloria de Dios".

Las cristianas deberían ser las personas más optimistas del mundo. ¡Después de todo, somos las únicas que tenemos una verdadera esperanza! Pero las creyentes caen en la trampa de poner su esperanza en el aquí y en el ahora, en lo que se puede ver y sentir, igual que todos los demás. Mucha gente pone su esperanza en las riquezas, en la fama, o en las circunstancias perfectas y esperan que estas cosas les traigan vida, gozo y fuerza para vivir. Pero en su carta a Timoteo, Pablo nos advierte en contra de poner nuestra esperanza en esas cosas: "A los ricos de este siglo manda que no sean altivos, ni pongan la esperanza en las riquezas, las cuales son inciertas, sino en el Dios vivo, que nos da todas las cosas en abundancia para que las disfrutemos" (1 Timoteo 6:17). La esperanza vale tanto como aquello en lo que está fundada. Podemos estar confiadoa en nuestra esperanza cuando nuestra esperanza está en el Señor.

Otra historia de esperanza en el escenario de la ex Unión Soviética tiene como protagonista a Alexander Solzhenitsyn, un prisionero político soviético de medidos del siglo XX. Se le forzó a trabajar doce horas diarias en tareas que exigían una gran fuerza física, mientras que se le alimentó con una dieta frugal; por lo tanto, Solzhenitsyn estaba a punto de renunciar a toda esperanza. Estaba hambriento y gravemente enfermo, así que los médicos lo desahuciaron. Una tarde, mientras estaba cavando una zanja a pleno rayo del sol, simplemente dejó de trabajar. Él sabía que los guardias lo iban a golpear de una manera severa; sin embargo, él no podía continuar. Fue cuando vio que un prisionero cristiano se acercó a él de una forma precavida. El hombre dibujo rápidamente una cruz sobre la tierra con su bastón y luego la borró. En ese gesto valiente de amor y aliento, toda la esperanza del Evangelio inundó el alma de Solzhenitsyn; esa esperanza lo ayudó a soportar ese día difícil así como a soportar los años de prisión que siguieron.[2]

La esperanza de la cruz es poderosa; es la esperanza de que Cristo pagó el precio de nuestra salvación. Es la esperanza de que Cristo resucitó de los muertos y que ese mismo poder que lo levantó está obrando en nuestra vida. Podemos regocijarnos en esta esperanza; y podemos descansar en ella. Como dijo el escritor de Hebreos: "La cual tenemos como segura y firme ancla del alma, y que penetra hasta dentro del velo" (Hebreos 6:19).

RENUNCIA A LA MURMURACIÓN

Una podría pensar que los israelitas fueron un grupo de personas optimistas. El Dios del universo los había liberado milagrosamente de la esclavitud egipcia. Se estaban dirigiendo hacia la Tierra Prometida no solo con su libertad, sino también con las riquezas de Egipto; un regalo extra de despedida de parte de Dios. Una pensaría que fácilmente pondrían su esperanza en el Señor y en su provisión, pero no lo hicieron. Más bien, estaban atrapados en sus incomodidades y en sus dificultades temporales. Es verdad que sus tiendas en el desierto no eran el Ritz Carlton. Pero les esperaba una satisfacción y un gozo increíbles cruzando apenas el Jordán. Tristemente, los israelitas decidieron quejarse y murmurar acerca de sus circunstancias en lugar de confiar en Dios y poner su esperanza en sus promesas.

¿Cómo se sintió Dios a causa de sus quejas pesimistas? Números 11:1 dice: "Aconteció que el pueblo se quejó a oídos de Jehová; y lo oyó Jehová, y ardió su ira, y se encendió en ellos fuego de Jehová, y consumió uno de los extremos del campamento". Dios no estaba contento con sus quejas y murmuraciones porque eran evidencia de su falta de fe. Era un asunto destructivo que mataba su esperanza e interfería con el plan de Dios para bendecirlos.

¿Y nosotras? ¿Somos distintas de los israelitas quejumbrosos? ¿De qué tendemos a quejarnos y a murmurar en nuestra travesía temporal aquí en la tierra? Sin duda, Dios se siente de la misma forma con nuestras murmuraciones como con las de los israelitas. Pablo nos dice en Filipenses 2:14: "Haced todo sin murmuraciones y contiendas". No obstante, la mayoría de nosotras tendemos a ignorar esta norma y no dejamos de hablar acerca de nuestros problemas.

El tiempo, las palabras y la energía que les dedicamos a la murmuración y a la queja no producen nada. Cuando nos quejamos y lloriqueamos, estamos alimentando la duda en lugar de la fe. Quitamos nuestros ojos de la esperanza que tenemos en Dios y los ponemos en los problemas inmediatos y las cosas temporales. Por supuesto, habrá ocasiones en que veamos que algo no está bien y necesitemos hacer algo para llevar a cabo un cambio positivo, pero lo podemos hacer sin quejarnos o murmurar.

Romanos 12:12 nos da el remedio para la queja: "Gozosos en la esperanza; sufridos en la tribulación; constantes en la oración". ¡La próxima vez que sientas la tentación de lloriquear o quejarte, tómate una dosis de Romanos 12:12! Puede parecer una tontería, pero te recomiendo que pongas una botella vacía de medicina sobre la mesa de la cocina con una etiqueta que diga:

> ## Rx: Aplasta-quejas
> Reduce los síntomas del lloriqueo, la
> murmuración y la queja.
> Tómese a la primera señal de descontento.

En un pedazo de papel escribe Romanos 12:12 y métalo en la botella. Luego, cuando sientas ganas de quejarte, abre el frasco y sigue las instrucciones:

1. Gozosa en la esperanza. Significa que nos gocemos y encontremos placer en la expectativa de que Dios está obrando con poder en nuestra vida. Sabemos que nuestro futuro es brillante cuando esperamos un hogar celestial.

2. Sufrida en la tribulación. Como tenemos esperanza en Dios, podemos ser pacientes cuando la vida se ponga difícil. Sabemos que nuestras circunstancias presentes solo son temporales; *van* a pasar. De acuerdo con Santiago 1:2-4, podemos estar alegres incluso cuando enfrentemos pruebas y luchas, ya que prueban nuestra fe y desarrollan perseverancia; una cualidad necesaria si es que vamos a convertirnos en mujeres positivas de fe maduras y competas.

3. Constante en la oración. No podemos evitar el dolor y las dificultades en la vida, pero podemos permitir que estas cosas nos ayuden a madurar mientras perseveramos con gozo en la esperanza y somos fieles en la oración; cada vez en que le entregamos nuestros dilemas y derrotas a Dios todos los días en oración, Él es fiel para darnos sabiduría dirección, consuelo y fortaleza. Imagínate qué sucedería si tú y yo oráramos más y nos quejáramos menos. Nos convertiríamos en mujeres mucho más positivas, gozosas y esperanzadas; y todos a nuestro alrededor clamarían por conocer a Aquél en quien hemos puesto nuestra esperanza.

LLEVABA UNAS GAFAS BRILLANTES

Estoy segura de que conoces la historia de Helen Keller. Nació en 1880 y contrajo varias enfermedades en su niñez que la dejaron en un mundo oscuro carente de sonido y de luz. Como no podía comunicarse, se convirtió en una niña frustrada y enojada; hasta que la esperanza vino a su vida en la forma de una maestra llamada Anne Sullivan. Helen aprendío a leer, a escribir y a hablar a través de la enseñanza paciente y amorosa de Anne. Pasado el tiempo se graduó de la universidad Radcliffe con el grado suma cum laude, publicó la historia de su vida y se volvió una figura pública reconocida y respetada.

La vida de Helen Keller representa una de las historias más extraordinarias de esperanza, valentía y perseverancia en la historia de los Estados Unidos. Quizá llevaba gafas oscuras en público; pero en su espíritu y en su actitud, claramente llevaba unas gafas brillantes que enfocaban su mirada en el potencial de la vida más que en sus dificultades. A través de estas gafas veía las oportunidades en lugar de la derrota, esperanza en lugar de desaliento. ¿Cómo se puede llegar a ser una persona llena de esperanza delante de desafíos tan inmensos? Esta es la clave, en palabras de Helen: "Pon tu rostro hacia la luz del sol y no podrás ver las sombras".[3]

Como Helen, podemos escoger qué "gafas" llevar día a día. A pesar de nuestras circunstancias, podemos escoger portar las gafas brillantes de la esperanza, a través de las cuales podemos ver la mano de Dios obrando en nuestra vida; o podemos escoger las gafas oscuras del desaliento, a través de las cuales solo podemos ver nuestros problemas inmediatos. Si llevamos estas gafas oscuras el suficiente tiempo, nos volvemos personas enojadas, amargadas y sin esperanza; o sea, seríamos mujeres murmuradoras y quejumbrosas crónicas. Es una decisión diaria. ¿Pondremos nuestros ojos en Dios y su provisión, o nos enfocaremos en nuestras desventajas; sea en una enfermedad seria, en un marido difícil, en un ambiente de trabajo desagradable, en una familia disfuncional o en un coche descompuesto? ¿Estamos dispuestas a ver más allá de la desventaja para ver las posibilidades?

Dios no removió las desventajas de Helen; pero logró grandes cosas a través de ellas. No le quitó a Pablo el aguijón no identificado, aunque Pablo le pidió a Dios tres veces que lo removiera. Más bien, Pablo aprendió que la gracia de Dios era suficiente para que él pudiera sobrevivir e incluso florecer a pesar del desafío (ver 2 Corintios 12:7-10). Quizá nuestras dificultades tampoco desaparezcan, pero eso no quiere decir que Dios no esté con nosotras. Él es poderoso para obrar en nosotras y a través de nosotras sin importar las batallas que enfrentemos.

En eso descansa nuestra esperanza. La esperanza va más allá de lo que podemos ver y sentir aquí y ahora. Romanos 8:24-25 dice: "Porque en esperanza fuimos salvos; pero la esperanza que se ve, no es esperanza;

porque lo que alguno ve, ¿a qué esperarlo? Pero si esperamos lo que no vemos, con paciencia lo aguardamos". ¡Pon tu esperanza en Dios! Su obra en nosotras no esta terminada. Como alguien dijo: "La esperanza es poner la fe en acción cuando sería más fácil dudar".[4]

TODO DEPENDE DE TU PERSPECTIVA

Este es un pequeño poema acerca de una rana con una perspectiva llena de esperanza:

Dos ranas cayeron en un profundo recipiente de crema,
Una era bastante optimista.
Pero la otra veía todas las cosas de una forma oscura,
"Nos vamos a ahogar", clamó, sin hacer nada.
Así que con un último grito de desaliento,
Estiró sus piernas y dijo: "Adios".
La otra rana dijo con una feliz sonrisa,
"No puedo salir, pero no me voy a rendir
Voy a nadar hasta que se me acaben las fuerzas,
Entonces moriré mucho más contenta".
Con valentía nadó hasta que comenzó a suceder
Que sus esfuerzos comenzaron a hacer que la crema se esponjara
Finalmente en la cima del recipiente se detuvo,
Y alegremente saltó fuera de él.
¿Cuál es la moraleja? Es muy sencilla de encontrar:
Si no puedes brincar, no dejes de nadar.[5]

¡La perspectiva lo es todo cuando hablamos de esperanza! Una rana perdió la esperanza y murió ahogada en un recipiente de crema; la otra esperó lo mejor, hizo lo que pudo y terminó librándose de sus problemas. La esperanza la hizo seguir avanzando; y puede hacernos avanzar a nosotras también. Con una perspectiva brillante y un punto de vista eterno, podemos ver más allá de los detalles presentes. Podemos librarnos de hundirnos en la crema de la vida.

Cierta mujer que conozco tiene una voz maravillosa. Lamentablemente, a menudo deja caer las manos en derrota y se dice a sí misma: "Nunca seré una cantante. Nadie me va ayudar para darme la gran oportunidad que necesito. No tengo contactos en la industria. Creo que voy a renunciar". Ella está perdida en la crema. La esperanza dice: "Hay muchas oportunidades a tu alrededor en las que puedes usar tu talento. Aunque el público sea poco y los escenarios no estén iluminados, puedes ser una bendición para muchas personas". La esperanza dice: "Dios tiene un plan para tu vida. Si pasas por las puertas abiertas que están frente a ti y mantienes tus ojos en el Señor, te va a llevar a alturas mayores de las que nunca te has podido imaginar".

Cuando perdemos la esperanza, nos hundimos; pero incluso en ese momento Dios está ahí para levantarnos, lo único que tenemos que hacer es buscar su mano. Mateo 14:22-33 narra la historia de cuando Jesús caminó sobre el agua para alcanzar a sus discípulos quienes estaban en una barca en medio del lago azotados por una tormenta. Cuando Pedro vio a Jesús, con arrojo clamó: "Señor, si eres tú, manda que yo vaya a ti sobre las aguas". Jesús respondió: "Ven". Así que Pedro descendió de la barca y comenzó a caminar, hasta que vio el fuerte viento y las olas a su alrededor. Se asustó y de inmediato comenzó a hundirse, pero antes de que se hundiera completamente se las arregló para clamar: "¡Señor, sálvame!". Jesús respondió extendiendo su mano para sacar a Pedro del agua. Y le dijo a este discípulo empapado: "¡Hombre de poca fe! ¿Por qué dudaste?".

Pedro comenzó con su esperanza puesta en el Señor. No titubeo en descender de la barca cuando Jesús le dijo: "Ven". Pero entonces Pedro quitó sus ojos de Jesús y los puso en el viento y las olas; y se hundió. ¿Te ha pasado? Es tan fácil perder la perspectiva. Las dificultades y los desafíos de la vida nos asombran y nos distraen por todos lados, quitando nuestra atención del Señor y de la esperanza que tenemos en Él. Como Pedro, cuando quitamos los ojos de Jesús y los ponemos en las circunstancias, comenzamos a hundirnos en el desaliento. ¡Pero también como Pedro, cuando clamamos con esperanza a Aquél que nos ama y tiene el poder de salvarnos experimentamos milagros!

SIGUE SONRIENDO

Me encantan las palabras de Emily Dickinson acerca de la esperanza: "La esperanza es eso con plumas que se posa en el alma y canta una melodía sin palabras que nunca se detiene".[6] Cuando tenemos esperanza dentro de nosotras, rebosa como una fuente a todos a nuestro alrededor. Nuestra esperanza levanta el ánimo de los demás como una canción sin fin, e inspira esperanza en ellos también.

¿Cómo podemos compartir la esperanza? Vamos a hablar más de esto en el siguiente capítulo, pero lo que quiero enfatizar es que no es difícil. Algunas veces solo se necesita una sonrisa. Proverbios 15:13 dice: "El corazón alegre hermosea el rostro; mas por el dolor del corazón el espíritu se abate". Como mujeres de esperanza, debemos tener un corazón lleno de gozo y de esperanza. ¡Tenemos razones para sonreír! Podemos sonreír hoy, porque sabemos que viene un día mejor. Podemos sonreír al futuro, porque conocemos a Aquél que tiene el futuro en sus manos. Una sonrisa es como un regalo de esperanza que le ofrecemos a los demás. Habla más que mil palabras, diciendo: "Voy a estar bien. Viene un día mejor. Dios está con nosotros".

Abraham Lincoln dijo: "He descubierto que la mayoría de las personas son tan felices como ellos mismos hacen que su mente sea".[7] La pregunta es: ¿Qué tan feliz quieres ser? ¿Vas a escoger hoy ponerte las gafas de la esperanza en Dios o vas a llevar las gafas del "lado oscuro" de las circusntancias? ¿Vas a sonreír más y a murmurar menos, o al revés?

En el ejemplar de la revista *Parade* (Desfile) del 5 de agosto de 2001 se publicó un pequeño artículo acerca de un grupo tejano llamado Secret Society of Happy People (La sociedad secreta de la gente feliz). El artículo señala que a las personas felices no suelen invitarlas a contar su historia en los programas de entrevistas en vivo de la televisión, aunque varias investigaciones han probado que una perspectiva positiva puede ayudar a tener una vida más larga. La sociedad de la gente feliz declaró el mes de agosto como el mes de "Admite que eres feliz". Ellos esperaban que el mes del buen humor influenciara a la gente, y que todos pasaran menos tiempo pensando y hablando de lo que los hace sentir miserables.

Como mujeres esperanzadas, deberíamos declarar cada día como el día de "Admite que tienes esperanza". El salmista dijo: "¿Por qué te abates, oh alma mía, y por qué te turbas dentro de mí? Espera en Dios; porque aún he de alabarle, salvación mía y Dios mío" (Salmo 43:5). Tú y yo tenemos razones para apartarnos de la tristeza y de la melancolía y estar alegres: Dios, a través de Cristo nos ha dado una esperanza viva y permanente. Como dijo Thomas Manton: "¡Qué base tan excelente de esperanza y confianza tenemos cuando reflexionamos en estas tres cosas en oración: el amor del Padre, la obra de Cristo y el poder del Espíritu!".[8] Tomemos la decisión diaria de compartir esta esperanza con el mundo.

Así como Dios es el autor de nuestra salvación, Cristo es la encarnación de nuestra esperanza. —Geoffrey B. Wilson

PUNTO DE PODER

 Lee: La historia de la esperanza de la mujer sunamita en 2 Reyes 4:8-37. ¿Qué cualidades positiva ves en esta mujer? ¿Qué hizo cuando parecía que la esperanza para su hijo se había terminado? Observa que ella no le dijo a nadie acerca de la muerte de su hijo, más bien, se fue directo con el profeta de Dios. ¿Qué podemos aprender de su ejemplo?

 Ora: Dios de esperanza, te alabo por tu Palabra y por tu poder, que me ha dado esperanza para la travesía de la vida. Gracias por mi esperanza mayor: Que voy a vivir contigo un día en la gloria. Renueva mi esperanza y ayúdame a no perder de vista lo eterno. Hoy y cada día ayúdame a tener una actitud de esperanza más que una actitud de desaliento o melancolía. Ayúdame a ser gozosa en la esperanza, sufrida en la tribulación y constante en la oración. En el nombre de Cristo, amén.

 Recuerda: "Gozosos en la esperanza; sufridos en la tribulación; constantes en la oración" (Romanos 12:12).

 Practica: Escribe un enunciado de esperanza. Que sea tu recordatorio personal de esperanza, basado en la verdad de Dios. Puede ser algo semejante a lo siguiente:

Mi esperanza está basada en el hecho de que Dios me ama y que envió a su Hijo Jesús a morir en la cruz como pago por mis pecados. Resucitó para darme la esperanza de vida eterna. Y tengo esperanza para cada día porque sé que todas las cosas en mi vida obran para bien como promete Dios en Romanos 8:28 a los que lo aman y son llamados conforme a su propósito.

Pon tu enunciado de esperanza en tu Biblia y vuélvelo a leer cada vez que necesites quitar tu vista de las circunstancias inmediatas y ponerla nuevamente en Jesús.

16

BOCADILLOS DELICIOSOS

Sírvete una porción generosa de esperanza y ánimo

*Cree en que tus pensamientos tiernos y amorosos y
tus deseos de bien tienen el poder de ayudar a las almas
atribuladas de la tierra a levantarse más alto.*
—Ella Wheeler-Wilcox

Abigail Van Buren ocasionalmente publica historias de "actos de bondad inusuales" que le envían los lectores en su columna popular "Dear Abby". Hace poco publicó la carta de una mujer originaria de Long Island quien estaba reflexionando acerca de una visita que había hecho años atrás a la ciudad de Albuquerque, Nuevo México. El propósito del viaje de esta mujer era estar sola para finalmente aceptar la muerte de su esposo. Este era su primer viaje de vacaciones sin él. Al sentarse sola en un restaurante encantador, notó que el personal estaba preparando una mesa especial cerca de ella, con un arreglo floral y un cubo para champagne. Pocos minutos después, una pareja fue llevada a la mesa. Ella reconoció al hombre de inmediato como una celebridad. Ella trató de no mirar a la pareja demasiado a menudo ya que estaba bastante cerca de su mesa.

Para su sorpresa un mesero se le acercó y le dijo: "A la pareja de la mesa de la esquina le gustaría enviarle una copa de champagne". Cuando le preguntó si ella estaría de acuerdo, aceptó con gusto. Luego, llamando la atención de la pareja, levantó su copa con un gesto de gratitud y brindó por ellos en esa ocasión especial.

El famoso caballero se inclinó hacia ella y le dijo: "No es una ocasión especial, es solo la celebración de la vida; por los buenos tiempos que vienen".

En su carta a "Dear Abby" la mujer dijo que cada vez que ella se siente deprimida, piensa en esa pareja especial y en su "celebración de la vida". Abby escribió lo siguiente al respecto: "La gente feliz suele estar inclinada a difundir la alegría".[1]

La pareja de Nuevo México le ofreció un rayo de esperanza a un alma necesitada esa noche. Enviar la copa de champagne fue un pequeño acto de bondad de su parte, pero fue un regalo permanente para esta mujer que compartió su historia con Abby casi diez años después. Nosotras, también, tenemos canastas llenas de esperanza que podemos compartir con el mundo a nuestro alrededor. Como el muchacho que le ofreció a Jesús sus cinco panes y sus diez peces, Dios puede tomar nuestros pequeños regalos de esperanza y multiplicarlos en la vida de otros. ¡Nunca subestimes el poder de tus palabras y de tus acciones para darle esperanza a tu familia, a tus amigas y a todas las personas a tu alrededor!

PASA LA ESPERANZA

Los momentos más satisfactorios de la vida son aquellos en los que animamos a la gente a que suba a mayores alturas. Cuando le pasamos esperanza a los que amamos, muchas veces terminamos participando en sus sueños renovados y nos volvemos una parte de sus experiencias importantes en la vida. Cuando le damos esperanza a aquellos que no conocemos bien, quizá nunca conozcamos el resultado a largo plazo; pero como la pareja de Nuevo México, llegamos a experimentar el gozo inmediato de ver la luz de la esperanza encenderse en los ojos de alguien más.

¿Cómo podemos alentar con eficacia a alguien en el camino de su vida? ¿Cómo le pasamos esperanza a otro? La respuesta comienza con pasos sencillos; pequeños actos de ánimo y bondad, basados en el reconocimiento del gran valor y dignidad de otra persona a los ojos de Dios. Así como cada una de nosotras hemos sido creadas de una forma única por Dios, cada persona tiene un valor esperando ser descubierto. Puede ser sencillo, sin carácter noticioso, pero cada persona tiene algo que ofrecer; cada persona tiene una contribución para este mundo.

Podemos contribuir a que este potencial dado por Dios crezca y florezca al mirar con profundidad en el interior de una persona y sacar a la superficie las buenas cosas que veamos sembradas ahí. Cuando hacemos esto, regamos esa vida con esperanza. Necesitamos tener los ojos bien abiertos para encontrar las cualidades permanentes que pocas veces se desvanecen o disminuyen, como el amor, el gozo, la paz, la paciencia, la benignidad, la bondad, la fe, la mansedumbre y el dominio propio. Estas son cualidades que Dios desarrolla a través de la obra del Espíritu Santo, y son las que queremos fomentar en los demás.

Las maestras, las ejecutivas, las jefas, las entrenadoras, y especialmente las mamás tienen muchas oportunidades intrínsecas a sus tareas diarias para alentar el potencial de otros e inspirar esperanza en ellos. La leyenda del béisbol Reggie Jackson describe al entrenador ideal: "Un gran entrenador tiene la cualidad de hacer que sus jugadores piensen que son mejores de lo que creen que son. Te fuerza a tener una buena opinión de ti mismo. Te hace saber que cree en ti. Él hace que puedas sacar más de dentro de ti mismo; y una vez que descubres lo bueno que en realidad eres, nunca te conformas con jugar a un nivel menor que lo mejor de ti".[2]

¿No sería maravilloso si nosotras, como mujeres positivas, regularmente alentáramos y le diéramos esperanza a la gente a nuestro alrededor? ¿Si siempre estuviéramos buscando y haciendo salir las buenas cualidades, las habilidades y los talentos de otros? Qué bendición sería escuchar a la gente decir: "Esa Karol Ladd, tiene la cualidad de hacer que las personas piensen que son mejores de lo que creen que son. Las fuerza a tener una buena opinión de sí mismas. ¡Sí, les hace saber que cree en ellas!". Nuestro mundo sería un lugar mejor si nos tomáramos el tiempo e hiciéramos el esfuerzo de ayudar a otros a reconocer su valor. Como dijo Goethe: "Trata a las personas como si fueran lo que deberían ser, y vas a ayudarlas a convertirse en aquello que son capaces de llegar a ser".[3]

MANZANAS DE ORO

"Manzana de oro con figuras de plata es la palabra dicha como conviene", así dijo Salomón en Proverbios 25:11. De acuerdo con la Biblia, las palabras son valiosas y poderosas. Pueden ser encantadoras y producir vida, o pueden ser amargas y destructivas. Pueden ser las herramientas a través de las cuales construyamos nuestro futuro, alentemos un sueño o desatemos gran potencial; o pueden ser las armas a través de la cuales destruyamos una reputación, minimicemos una autoimagen o apaguemos un fuego interior. Si recuerdas, quizá puedan venir a tu mente ocasiones en las que las palabras que otros dijeron te animaron o te apagaron. ¡Como mujeres positivas, necesitamos dar vida con nuestras palabras!

Recuerdo la primera vez que mi esposo me escuchó dirigirme a un grupo grande de hombre y mujeres. Ya había hablado sobre el tema en particular muchas veces antes, pero estaba nerviosa en extremo, de pensar que Curt estaba ahí. ¿Y si decía un chiste que no le hiciera gracia al público? ¿Y si se me olvidaba lo que tenía que decir? ¿Y si el materia era aburrido? ¡Cuando terminara la conferencia tendría que vivir (en lo próspero y en lo adverso) con un miembro del público! (¿Les mencioné que Curt es sumamente franco y que para él es importante hablar la verdad en amor aunque duela?) Gracias a Dios, la conferencia me salió bien, y la gente se rió en los momentos apropiados. Curt se aproximó rápidamente hacia mí y me dijo: "¡Estuviste fantástica! ¡Sabía que eras buena, pero no sabía que eras tan buena!". ¡Él creía en mí! Sus palabras de aliento me dieron la esperanza y el ánimo para seguir adelante. Todavía hoy las puedo escuchar sonando en mis oídos.

¿Cuándo fue la última vez que le diste una dosis sana de ánimo a otra persona? Las palabras de esperanza pueden ser impartidas de muchas formas. No hace mucho, me di cuenta de que yo estaba regañando mucho a una de mis hijas adolescentes por cada pequeño problema. (Ella también se dio cuenta). Sabiendo lo poderosas que son las palabras, al darme cuenta que le estaba llamando la atención a cada rato por algunas cosas nada importantes, decidí cambiar. Primero, determiné preocuparme de lo verdaderamente importante y no darle importancia a los detalles. Segundo, determiné asegurarme de darle palabras de esperanza cada día.

Ya tenía el hábito de decirle: "Te quiero", varias veces al día. Así que comencé a decirle en otros momentos: "Grace, creo en ti". "Grace, Dios tiene un plan maravilloso para tu vida". "Grace, Dios te va a bendecir y va a usar tus dones y talentos". Comencé a impartirle a mi otra hija palabras similares de esperanza: "Joy, tú tienes un corazón tierno y misericordioso de sierva que es una gran bendición para mí y para otros". "Joy, es hermoso ver como el amor de Dios brilla a través de ti", "Joy, Dios está obrando de una forma poderos en tu vida". Con el tiempo, comencé a ver valentía, disciplina y un renovado vigor por la vida, creciendo en mis dos hijas.

Hace algunos años, cierta canción que llegó a ser de las más populares decía en su letra: "Acentúa lo positivo, elimina lo negativo". He descubierto que cuando me concentro en las cualidades positivas de las personas a mi alrededor y las alimento con palabras de ánimo, sus mejores cualidades tienden a desarrollarse y a crecer. En el proceso, sus cualidades negativas tienden a ocuparse de sí mismas y a disminuir en prominencia. Al ofrecerle bocadillos deliciosos de esperanza a mi familia la fortalezco grandemente; y eso me trae un gran placer. ¡Las palabras de ánimo ayudan a mis hijas y a mi esposo a crecer a su máximo potencial y también me levantan a mí!

Por supuesto, las palabras de esperanza y aliento no siempre tienen que ser verbales. Algunas veces me es más fácil escribir un mensaje de ánimo para una amiga que tomar el teléfono y llamarla. Eso está bien, ¡ya que la palabra escrita es poderosa! Tengo un archivo en mi casa con la etiqueta: "Palabras de ánimo". En él coloco los mensajes y cartas amables, de apoyo y de esperanza que recibo de la gente. Algunas son de amigas. Otras son de las personas que me han escuchado hablar o que han leído mis libros. Sus palabras de ánimo son una fuente de gran fuerza y esperanza para mí. Incluso, durante el proceso de escritura de este libro, recibí varias cartas de lectoras de mi libro anterior, *El poder de una madre positiva*. Sus mensajes fueron una inspiración, en particular en esos momentos (¡todo escritor los tiene!) en los que me sentí seca o desanimada. Estas cartas me animaron a terminar la tarea que estaba delante de mí. ¡Tú tienes el resultado final de ello en tus manos!

VIENTOS DE ESPERANZA

Hace algunos años, la actriz Sandra Bullock protagonizó una película de la 20th Century Fox titulada *Vientos de esperanza*. La película comienza con la aparición del personaje de Sandra en un programa de televisión en vivo de dudosa reputación, en el que frente a una audiencia nacional, se entera de que su marido está teniendo una aventura con su mejor amiga. Perpleja y quebrantada, decide llevarse a su hijita y regresar a la casa de su madre en su pueblo natal. Ahí en el pequeño y sencillo pueblo de Smithville, comienza a enfrentar su dolor y a ver un rayo de esperanza en su vida. Le toma tiempo, no es fácil, no sucede como lo planeó; pero con el tiempo la esperanza gana y el personaje de Sandra encuentra la paz y el gozo que estaba buscando.

Y el Dios de esperanza os llene de todo gozo y paz en el creer, para que abundéis en esperanza por el poder del Espíritu Santo. —Romanos 15:13

La mayoría de las personas que conocemos y amamos no van a recibir una revelación que destruya sus vidas en televisión nacional, pero siempre tendrán su porción de dificultades y desafíos. Necesitamos decirles: ¡Hay esperanza! Esperanza para un mejor día, esperanza de vida eterna. Esperanza de que Dios puede tomar incluso las malas experiencias y de alguna forma usarlas para bien. Muchas veces, al sentarnos junto a una persona que esté en dolor o se encuentre batallando con algo lo único que podremos darle para que se sostenga es el hecho de que Dios está con ella y que la ama. Él le dará fuerza momento a momento; y si persevera confiando en él se volverá una persona mejor, más fuerte y más positiva.

El siguiente poema escrito por un autor anónimo lo expresa bien:

El camino difícil

Por cada monte que he tenido que escalar,
Por cada piedra que lastimó mis pies,
Por toda la sangre, el sudor y la suciedad,
Por las tormentas enceguecedoras y el calor ardiente,
Mi corazón canta una canción de agradecimiento:
¡Estas fueron las cosas que me fortalecieron![4]

Muchas veces he utilizado prácticas de laboratorio para demostrar algunas lecciones en mis conferencias para mujeres. Se puede llevar a cabo un experimento excelente con un huevo. ¿Sabías que puedo hacer flotar un huevo? Intenta hacer lo siguiente: Coloca un huevo en un recipiente con agua. Te darás cuenta de que se hunde hasta el fondo. Entonces saca el huevo del recipiente y añádele sal al agua, y haz que se disuelva. "Voila", ya tienes agua salada. Y como el agua salada tiene una densidad mayor que el agua simple, ahora el huevo flotará cuando lo coloques de nuevo en el recipiente.

Jesús le dijo a sus discípulos que eran la "sal de la tierra" (Mateo 5:13). La sal tiene muchas cualidades maravillosas. En nuestro experimento podemos ver que puede hacer flotar un huevo; así como nuestro mensaje de esperanza puede levantar a un alma que se esté hundiendo. La sal también sazona y preserva. Pablo nos dice en Colosenses 4:6: "Sea vuestra palabra siempre con gracia, sazonada con sal, para que sepáis cómo debéis responder a cada uno". Nuestra palabras pueden ser poderosas herramientas de vida y de edificación en las manos de Dios.

¡Cuando están llenas de su gracia y de su verdad, los vientos de esperanza levantan a los demás!

PIES HERMOSOS

Mi querida amiga Beth es una mujer positiva y un verdadero agente de ánimo para mí. Nos reímos juntas de muchas cosas. Una vez, mientras estábamos bromeando acerca de las cualidades de las que podíamos presumir, ¡Beth dijo que una de las mejores cualidades que ella tenía eran sus pies hermosos! Ambas estuvimos de acuerdo en que no era el tipo de información que a ella le hubiera gustado poner en su solicitud para el premio de la Mujer del Año; pero hasta el día de hoy, nos reímos de su cualidad física sobresaliente. ¡De veras que tiene pies hermosos!

¿Sabías que la Biblia habla de personas con pies hermosos? Sí, tú y yo también podemos tener pies hermosos. (¡Ten cuidado, Beth!) Isaías 52:7 dice: "Cuán hermosos son sobre los montes los pies del que trae alegres nuevas, del que anuncia la paz, del que trae nuevas del bien, del que publica salvación, del que dice a Sion: ¡Tu Dios reina!'". Pablo cita este pasaje en su carta a los romanos cuando habla acerca del poder de nuestras palabras al compartir el Evangelio:

> Que si confesares con tu boca que Jesús es el Señor, y creyeres en tu corazón que Dios le levantó de los muertos, serás salvo. Porque con el corazón se cree para justicia, pero con la boca se confiesa para salvación. Pues la Escritura dice: Todo aquel que en él creyere, no será avergonzado. Porque no hay diferencia entre judío y griego, pues el mismo que es Señor de todos, es rico para con todos los que le invocan; porque todo aquel que invocare el nombre del Señor, será salvo.
>
> ¿Cómo, pues, invocarán a aquel en el cual no han creído? ¿Y cómo creerán en aquel de quien no han oído? ¿Y cómo oirán sin haber quien les predique? ¿Y cómo predicarán si no fueren enviados? Como está escrito: ¡Cuán hermosos son los pies de los que anuncian la paz, de los que anuncian buenas nuevas!
>
> —*Romanos 10:9-15*

La esperanza mayor que podemos darle a otra persona es la esperanza que tenemos en Dios a través de Cristo Jesús. Cuando compartimos el

Evangelio, nuestras palabras se convierten en un mensaje de paz para aquellos que están inquietos, un mensaje de amor para aquellos que están enojados y un mensaje de esperanza para aquellos que están desesperanzados. Les ofrecemos sanidad y restauración cuando les compartimos las buenas noticias de que ellos también se pueden reconciliar con Dios a través de la fe en su Hijo, Jesús. Pedro nos dice: "Sino santificad a Dios el Señor en vuestros corazones, y estad siempre preparados para presentar defensa con mansedumbre y reverencia ante todo el que os demande razón de la esperanza que hay en vosotros" (1 Pedro 3:15). Si le pidiéramos a Dios que abra nuestros ojos para ver las miles de oportunidades que tenemos para dar razón de la esperanza que hay en nosotros, y luego si abriéramos nuestra boca para hablar esa verdad en amor, entonces tendríamos pies hermosos (por supuesto, metafóricamente hablando). ¿Por qué Beth tendría que ser la única con pies hermosos?

LA PERSPECTIVA DE CHARLIE BROWN

A lo largo de los años mi amiga Peni me ha enviado una gran variedad de mensajes por correo electrónico muy divertidos. Uno reciente fue una prueba de dos partes que encontré particularmente interesante. Ella dice en la introducción de su mensaje que en realidad no necesito responder a las preguntas; solo necesito leer la prueba para entender el punto. Supuestamente fue desarrollada por Charles Schulz, el creador de la tira cómica "Peanuts" (Maníes). Hela aquí:

1. Nombra a las cinco personas más ricas del mundo.
2. Nombra a los últimos cinco ganadores del trofeo Heisman.
3. Nombra a las últimas cinco ganadoras del certamen Miss América.
4. Nombra a diez personas que hayan ganado el premio Nobel o el premio Pullitzer.
5. Nombra los últimos seis ganadores del Oscar para mejor actor y mejor actriz.
6. Nombra a los últimos diez ganadores de la serie mundial.

¿Cómo te fue? ¡Probablemente tan mal como a mí! Ahora necesito que resuelvas la segunda parte:

7. Enumera algunas maestras que te ayudaron en tu travesía a lo largo de la escuela.
8. Nombra tres amigos que te hayan ayudado a sobrellevar un tiempo difícil.
9. Nombra a cinco personas que te hayan enseñado algo que haya valido la pena.
10. Piensa en algunas personas que te hayan hecho sentir apreciado y especial.
11. Piensa en cinco personas con las cuales disfrutes pasar el tiempo.
12. Nombra a seis héroes cuyas historias te hayan inspirado.

Eso fue un poco más fácil, ¿no? La razón es que las personas que han impactado nuestra vida no son necesariamente los que han logrado la fama, la fortuna o el éxito en el mundo; son aquellos que se interesan en nosotros; quienes nos dan esperanza y ánimo para alcanzar nuestro potencial más alto.

Tú y yo no necesitamos ser celebridades o héroes nacionales para tener una influencia positiva en los demás. Solo necesitamos ofrecer aliento a través de nuestra sonrisa sincera, nuestro toque amoroso, nuestras palabras de esperanza e incluso nuestros vítores de apoyo. Recientemente, mis hijas y yo nos ofrecimos como voluntarias en una competencia local de natación camino a los Paraolímpicos. Creo que los participantes de estas competencias únicas posiblemente son las personas más agradables que he conocido. Son vigorosos, alegres, inocentes y amorosos, y tienen la capacidad sorprendente de ir más allá de sus desafíos físicos y mentales. ¡En estas competencias, nadie pierde!

Cuando llegamos a la competencia de esa mañana, el director de voluntarios nos indicó que estuviéramos a la orilla de la piscina, para ayudarles a los participantes a salir del agua después de cada carrera, y luego acompañarlos a la ceremonia de premiación. Pero cuando llegamos a la piscina, vimos que muchos voluntarios ya estaban ayudando a lleva a cabo lo que se nos había pedido. Así que alguien más nos instruyó: "Pónganse sobre uno de los carriles y animen al nadador". Así que Joy, Grace y yo tomamos nuestras posiciones, cada una en un carril diferente y comenzamos vitorear.

¿Te has dado cuenta de que es difícil vitorear y llorar lágrimas de gozo al mismo tiempo? Una y otra vez mis ojos se anegaron en agua al

La palabra que Dios ha escrito en la ceja de cada hombre es Esperanza. —Víctor Hugo

ser conmovida por el arrojo de los competidores. Solo podía pensar que muchos de ellos, al comenzar su entrenamiento, tuvieron que echar mano de cada gramo de valentía que tenían dentro de sí para entrar al agua. Luego para aprender a nadar. Y finalmente, para competir. Todos tenían discapacidades en un nivel u otro; algunos tenían que ser metidos al agua en sus sillas de ruedas. Cada brazada requirió intensa energía y fuerza; sin embargo, con valentía terminaron sus pruebas sin quejarse. Las sonrisas de gozo que irradiaban de su rostro, trajo lágrimas al mío.

¡Mis hijas y yo gritamos con todo el corazón durante tres horas y media! Abrazamos a estos maravillosos competidores olímpicos y no nos importó empaparnos en cada abrazo. Cuando nos fuimos a casa ese día, sabíamos que no éramos las mismas personas. Comenzamos a ver la vida desde una perspectiva distinta. Lo que parecían desafíos enormes en nuestra vida comenzaron a verse mucho menores bajo esta nueva luz. El dilema de cuál vestido escoger para la fiesta de fin de cursos palideció en comparación con la lucha de cierto competidor olímpico para decidir cuál de sus zapatos iba en el pie derecho.

Nuestro día en los Paraolímpicos nos enseñó que podíamos esforzarnos con valentía a pesar de las dificultades. Nos enseñó que podíamos terminar nuestras responsabilidades sin quejarnos. Después de todo, ¡teníamos muy pocas cosas de que quejarnos! También nos enseñó que el papel del que vitorea es tan importante como del que lleva la cuenta de los puntos; e incluso todavía más. Mis hijas y yo llevamos esperanza a la piscina ese día en forma de abrazos y gritos de ánimo. Regresamos con una nueva perspectiva llena de esperanza de la vida, que recibimos del ejemplo de estos competidores especiales.

Recuerda, no tenemos que ser famosas. No tenemos que ser ricas. No tenemos que esperar a que se acaben los problemas en nuestra vida antes de comenzar a animar a los demás en su propia vida. En este momento, justo donde estamos, podemos comenzar a pasar nuestros deliciosos bocadillos de aliento y esperanza a nuestra familia, nuestras amigas y a todas la personas a nuestro alrededor. Cuando lo hagamos; cuando quitemos los ojos de nosotras mismas y derramemos nuestra vida en los demás con palabras, acciones y vítores que inspiren esperanza, no podremos evitar llenarnos también de esperanza a nosotras mismas. Y es en ese momento cuando nos volvemos verdaderas mujeres positivas.

PUNTO DE PODER

Lee: Marcos 5:25-34. Es la historia de la esperanza de una mujer. ¿Durante cuánto tiempo había estado enferma esta mujer? ¿Qué medidas había tomado para tratar de mejorar sin lograrlo? ¿Se rindió? ¿A qué la llevó su esperanza, qué fue lo que hizo? En el versículo 34, Jesús le dice a esta mujer que su fe la ha *salvado*. ¿Al ver esto, de qué forma esta historia ha tomado un nuevo valor a tus ojos?

Ora: Te alabo, maravilloso Señor, porque eres bueno en verdad. Gracias por traer el brillo de tu Hijo a mi vida. Gracias por el brillo radiante en mi cara que solo proviene de ti. ¡Quiero compartir esos rayos de esperanza con el mundo a mi alrededor! Ayúdame a traer esperanza y ánimo a los demás a través de mis palabras y mis acciones, y ayúdame a guiarlos a ti, la fuente de toda esperanza. En el maravilloso nombre de Jesús, amén.

Recuerda: "Espere Israel a Jehová, porque en Jehová hay misericordia, y abundante redención con él" (Salmo 130:7).

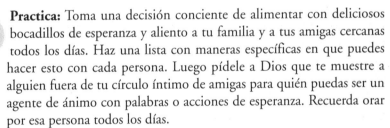

Practica: Toma una decisión conciente de alimentar con deliciosos bocadillos de esperanza y aliento a tu familia y a tus amigas cercanas todos los días. Haz una lista con maneras específicas en que puedes hacer esto con cada persona. Luego pídele a Dios que te muestre a alguien fuera de tu círculo íntimo de amigas para quién puedas ser un agente de ánimo con palabras o acciones de esperanza. Recuerda orar por esa persona todos los días.

Conclusión

¡PERSEVERA!
Produce un cambio poderoso

*Hemos aprendido que el poder es una fuerza
positiva si se usa para propósitos positivos.*
— Elizabeth Dole

Beth Anne DeCiantis estaba determinada a calificar para el maratón en las pruebas olímpicas estadounidenses de 1942. Para poder calificar, la corredora tenía que terminar la ruta de cuarenta y dos kilómetros en menos de dos horas y cuarenta y cinco minutos. Beth comenzó la carrera con firmeza, pero comenzó a tener problemas cerca del kilómetro treinta y siete. Llegó a la recta final con solo dos minutos para calificar. A solo ciento ochenta metros de la meta, sucedió lo impensable: se tropezó y cayó. Se quedó en el piso durante veinte segundos a causa de la sacudida, pero la multitud gritaba: "¡Levántate!". El reloj seguía adelante, solo le quedaba un minuto.

Beth se puso de pie y lentamente comenzó a caminar. Pero a poco más de cuatro metros de la meta y con diez segundos en el reloj, se volvió a caer. Con gran determinación comenzó a avanzar a gatas, mientras la multitud la animaba. Finalmente, cruzó la meta arrastrándose sobre sus manos y rodillas. ¿Cuál fue su tiempo? Dos horas, cuarenta y cuatro minutos, y cuarenta y siete segundos.[1]

Cuando la carrera se puso difícil, Beth Anne DeCiantis persistió. ¡Qué fácil podía haber sido rendirse! Ella tuvo varias oportunidades de darse por vencida, pero no lo hizo. Perseveró a pesar del dolor y de la lucha, y alcanzó su meta.

Hay momentos en la vida de cada una de nosotras en los que queremos tirar la toalla y decir: "¡Olvídalo! ¡Esto es demasiado difícil! ¡Quiero renunciar!". Cometemos errores, la gente hace cosas que nos ofenden, suceden tragedias, la tristeza prevalece. Nos preguntamos si podemos o debemos seguir adelante. ¡Querida hermana, persevera! Como lo hizo Beth Anne DeCiantis, como lo hizo Helen Keller, como lo hizo Harriet Tubman, como lo hicieron Sara, Ester, Rut y María; así también nosotras. Solo tenemos que vivir nuestra vida un paso a la vez. La perseverancia es la clave para llegar a la meta.

Recuerdo la historia del gran misionero William Carey. Cuando Carey comenzó a pensar en viajar a la India como misionero, su padre sintió la necesidad de señalarle que no tenía la preparación académica necesaria para la tarea. Carey respondió: "Puedo arrastrarme".[2] En muchos casos aquél que logra resultados perdurables para el Reino y para el bien de la humanidad no es quien puede hacer las cosas con rapidez o con facilidad, sino más bien, aquellos que se arrastran y persisten a través de los tiempos buenos y los tiempos malos. ¡Persevera aunque sea a gatas!

UN ESPÍRITU INQUEBRANTABLE

La historia está repleta de relatos de personas que perseveraron aun a gatas. Aunque quizá no estemos concientes de todos los desafíos que enfrentaron, muchas de las historias de éxito son en realidad historias de personas que tuvieron persistencia y un espíritu inquebrantable: Personas que estaban determinadas a alcanzar su meta. Es probable que estés familiarizada con las siguientes personas, pero sabías que:

- El primer libro para niños del doctor Seuss fue rechazado por veintitrés editores.
- The Coca-Cola Company vendió solamente cuatrocientas botella de refresco en su primer año.
- En los primeros tres años de operación, Henry Ford estuvo en bancarrota dos veces.
- La poesía de Robert Frost fue rechazada por el editor de poesía de la revista *Atlantic Monthly* en 1902 a través de una carta que decía:

Nuestra revista no tiene espacio para sus versos vigorosos.

- Michael Jordan fue echado del equipo de básquetbol de su escuela.
- En 1905 la universidad de Berna rechazó la disertación doctoral de Albert Einstein diciendo que era irrelevante y pretenciosa.
- Joan Benoit fue sometida a una cirugía de rodilla diecisiete días antes de las pruebas olímpicas estadounidenses para el maratón. No solo fue incluida en el equipo, regresó a casa con la medalla de oro.
- Vince Lombardi tenia cuarenta y siete años cuando finalmente llegó a ser entrenador en jefe de un equipo de la NFL.[3]

¿Qué tenían todas estas personas en común? ¡Perseveraron! Aunque enfrentaron desánimo, no se rindieron. Como cristianas, de todas las personas en este mundo no deberíamos darnos por vencidas delante del desánimo. Pablo explica: "Por tanto, no desmayamos; antes aunque este nuestro hombre exterior se va desgastando, el interior no obstante se renueva de día en día. Porque esta leve tribulación momentánea produce en nosotros un cada vez más excelente y eterno peso de gloria; no mirando nosotros las cosas que se ven, sino las que no se ven; pues las cosas que se ven son temporales, pero las que no se ven son eternas" (2 Corintios 4:16-18). ¡En otras palabras, necesitamos tener nuestra vista en la panorámica eterna y dejar de preocuparnos por los detalles!

PERSISTE CON ENTUSIASMO

En 1964 J.V. Cerney escribió un libro titulado *How to Develop a Million-Dollar Personality* (Cómo desarrollar una personalidad de un millón de dólares). En él describió los beneficios psicológicos de tener entusiasmo en la vida. Esta es su lista con las diez razones principales para ser entusiasta:

1. Ayuda a la digestión.
2. Mejora el metabolismo.
3. Alivia la tensión.
4. Favorece la función muscular.
5. Estimula la circulación.
6. Auxilia la acción endócrina (hormonas).

Nunca, nunca, nunca te rindas. —Winston Churchill

7. Estabiliza la presión sanguínea.
8. Estimula un dínamo de energía.
9. Provee un sentimiento de euforia (bienestar).
10. Establece una reserva de poder para los períodos en los que te sientes desanimado.[4]

¡Qué increíble! ¿Alguna vez te habías imaginado que el entusiasmo fuera tan benéfico para nuestro cuerpo? Pero los beneficios no terminan ahí. El entusiasmo tiene una gran responsabilidad por lo que tú y yo somos capaces de lograr en este mundo. Se llevó acabo una encuesta a un grupo de millonarios que habían empezado desde abajo, y les pidieron que hicieran una lista con las cualidades que habían contribuido para su éxito y que les asignaran un valor. El cómputo final dio el siguiente resultado:

Habilidad	5%
Conocimiento	5%
Disciplina	10%
Actitud	40%
Entusiasmo	40%

Algunas veces podemos incrementar nuestras habilidades o nuestro conocimiento con ayuda del exterior, pero la disciplina, la actitud y el entusiasmo solo puede provenir del interior de nosotras mismas. Por supuesto, todas tenemos días en los que no nos sentimos vivaces, despiertas o vigorosas. Eso está bien. En la introducción de este libro, mencioné que la palabra *entusiasmo* proviene de la palabra griega *en theos*, que significa "Dios dentro de uno". El entusiasmo no es una cualidad hacia el exterior sino que es un deseo interior basado en la seguridad que tenemos de que Dios está con nosotras y su Espíritu Santo nos llena. Para las mujeres positivas de fe, el entusiasmo es más que su definición moderna de un interés intenso y energético. Más bien, es un anhelo profundo y un deseo persistente de usar los dones y talentos que Dios ha puesto en nosotras, sabiendo que Él nos va a dar la fuerza y el poder para expresarlos de una manera tan positiva que va a bendecir a otros y le va a dar gloria a Él.

Ralph Waldo Emerson dijo: "El entusiasmo es uno de los motores más poderosos del éxito. Cuando haga algo, hágalo con todas sus fuerzas. Ponga toda su alma en ello. Séllelo con su propia personalidad. Sea activo, sea energético, sé entusiasta y fiel, y logrará su objetivo".[6] Pablo lo dice de otra manera: "Y todo lo que hagáis, hacedlo de corazón, como para el Señor y no para los hombres" (Colosenses 3:23).

Cada día podemos decidir si vamos a ser entusiastas o no en nuestra vida. Como autora de varios libros sobre cómo organizar fiestas, suelo hablar con las mujeres del tema de las fiestas y el entretenimiento. Pero, como hice notar en mi último libro, *El poder de una madre positiva*, hay una fiesta que se celebra en todo el mundo, a la cual tenemos una invitación abierta: La fiesta de la autocompasión. ¡No aceptes la invitación! En lugar de enfocarnos en nuestros problemas y circunstancias y de sentir compasión por nosotras mismas, decidamos estar agradecidas por la bondad de Dios y seamos entusiastas y esperanzadas acerca del futuro sabiendo que Dios está con nosotras. Él está obrando en nosotras en este mismo momento y tiene grandes planes para nuestra vida.

DECIDE AVANZAR

Todas hemos cometido errores. Todas tenemos de qué avergonzarnos en el pasado. Todas hemos pecado. Es fácil darnos un buen regaño en nuestra mente, diciéndonos a nosotras mismas que somos tontas, unas fracasadas, que no somos capaces o que no merecemos avanzar en la vida. Sí, Dios odia el pecado porque sabe como puede destruir nuestra vida. Pero no nos odia. Es un Dios perdonador. Es un Dios de nuevos comienzos. Su amor y perdón nos puede dar la valentía para apartarnos de nuestro pecado y comenzar a avanzar de nuevo en una dirección positiva.

La Biblia se trata de avanzar hacia adelante y no mirar atrás. Pablo, quien había perseguido a los cristianos durante su juventud y que tenía mucho de qué arrepentirse, dijo que ciertamente se olvidaba de lo que estaba atrás y que se esforzaba para alcanzar lo que estaba delante de él (ver Filipenses 3:12-14). Revolcarnos en aquello de lo que nos avergonzamos no es saludable. Quizá tengamos remordimiento o pesar a causa del pecado durante un tiempo, y con toda razón; pero finalmente debemos dejarlo atrás y avanzar en perdón y en novedad de vida.

Podemos encontrar la motivación suficiente para avanzar en la historia de la mujer que fue sorprendida en adulterio y que fue traída delante de Jesús para ser juzgada. Sus acusadores, los dizque justos fariseos, querían atrapar a Jesús en el proceso de castigar a la mujer por su pecado. La ley de Moisés decía que una mujer atrapada en adulterio debería ser apedreada. ¿Jesús actuaría de acuerdo con la ley o se metería en problemas tratando de romperla? Jesús respondió a su desafío inclinándose a tierra y escribiendo con su dedo sobre la arena; posiblemente enumerando los pecados personales de los acusadores, como algunos eruditos sugieren. La historia termina de la siguiente forma:

> Y como insistieran en preguntarle, se enderezó y les dijo: El que de vosotros esté sin pecado sea el primero en arrojar la piedra contra ella. E inclinándose de nuevo hacia el suelo, siguió escribiendo en tierra. Pero ellos, al oír esto, acusados por su conciencia, salían uno a uno, comenzando desde los más viejos hasta los postreros; y quedó solo Jesús, y la mujer que estaba en medio. Enderezándose Jesús, y no viendo a nadie sino a la mujer, le dijo: Mujer, ¿dónde están los que te acusaban? ¿Ninguno te condenó? Ella dijo: Ninguno, Señor. Entonces Jesús le dijo: Ni yo te condeno; vete, y no peques más.
>
> —*Juan 8:7-11*

Seamos claros: Jesús no estaba condonando el adulterio. Habló firmemente en contra de él en otras ocasiones (ver Mateo 5:27-30; 19-18). Más bien, su mensaje a esta mujer era que dejara de pecar y avanzara. ¿Hay algún pecado que necesita ser tratado en tu vida? Deja de leer en este momento y lleva esos pecados delante del Padre, confiésalos y pídele perdón. Pídele que te dé la fuerza para apartarte de ellos y para mantenerte lejos de ellos. Puedes hacer esto con confianza, sabiendo que Dios es fiel y justo para perdonar tus pecados y limpiarte de toda maldad (ver 1 Juan 1:9). ¡Ahora vete y no peque más!

Satanás, nuestro enemigo es un acusador. Le encantaría desarmar nuestro entusiasmo y cuartar nuestro potencial en la vida al bombardearnos con culpa y remordimiento. Cuando nos encontremos siendo atacadas con pensamientos debilitantes, necesitamos ponernos nuestra armadura (como aprendimos en el capítulo 14). Necesitamos levantar nuestro escudo de la fe, mostrando que Jesús se hizo cargo de nuestros pecados en la cruz y que estamos perdonadas completamente.

Por supuesto, no debemos engañarnos pensando que porque Dios es un Dios perdonador, el pecado no es gran cosa. El pecado tiene consecuencias. Dios nos perdona, pero no quita los problemas inevitables que

Así que, hermanos míos amados, estad firmes y constantes, creciendo en la obra del Señor siempre, sabiendo que vuestro trabajo en el Señor no es en vano. —1 Corintios 15:58

desencadenaron nuestras malas decisiones. No obstante, nos ama lo suficiente para estar con nosotras incluso en las dificultades que nosotras mismas produjimos.

VIVE EN CONTENTAMIENTO

Una parte importante de avanzar en nuestra vida es aprender a tener contentamiento. Vivir en contentamiento no quiere decir que nos estanquemos o que vivamos en la monotonía, defendiendo el estado de las cosas como están. No, el contentamiento es una cualidad del corazón que se encuentra en muchos de los revolucionarios de nuestro mundo. Ciertamente es una cualidad que debemos desear tener como mujeres positivas. Una mujer contenta es aquella que acepta a las personas y las circunstancias a su alrededor y hace lo mejor que puede en su situación. Tiene una paz interna, por la cual deja a Dios la cosas que no puede cambiar, pero que se esfuerza en cambiar las que sí puede. Pablo habló de su propio contentamiento en Filipenses 4:11-13: "No lo digo porque tenga escasez, pues he aprendido a contentarme, cualquiera que sea mi situación. Sé vivir humildemente, y sé tener abundancia; en todo y por todo estoy enseñado, así para estar saciado como para tener hambre, así para tener abundancia como para padecer necesidad. Todo lo puedo en Cristo que me fortalece".

Quizá has escuchado o incluso memorizado el último versículo: "Todo lo puedo en Cristo que me fortalece". Filipenses 4:13 se utiliza a menudo como una frase motivacional para decir que podemos lograr cualquier cosa que nos propongamos con la ayuda de Dios. ¿Pero te habías dado cuenta de que Pablo está hablando acerca de contentamiento en este pasaje? Filipenses 4:13 era la clave para su contentamiento.

¿Podemos decir lo mismo? ¿Nuestro contentamiento está basado en nuestra relación con Cristo, Aquél que nos da la fuerza para atravesar las diferentes circunstancias de la vida? ¿O nuestra felicidad y contentamiento depende de los "si solo" de la vida?

- Si solo tuviera un mejor trabajo.
- Si solo mi esposo fuera amable y sensible.
- Si solo fuera más trabajador.
- Si solo tuviera una casa más grande.
- Si solo pudiera renovar mi cocina.

- Si solo no tuviera este jefe.
- Si solo mi niñez no hubiera sido tan mala.
- Si solo alguien hubiera creído en mí.

¿Cuál es el "si solo" que está evitando que estés contenta? Contrarresta ese "si solo" pensando con una nueva frase: "Pero Dios puede". Ora por tu situación, cambia lo que debe ser o puede ser cambiado y deja todo lo demás en manos de Dios. Desea el contentamiento como una de las virtudes más altas.

Sin duda, Pablo fue uno de los más grandes conquistadores de la historia del cristianismo. Fue un apóstol positivo, que siempre animaba, que siempre enseñaba, que siempre sembraba nuevas congregaciones. Predicó y viajó ampliamente, y a menudo se encontró en dificultades e incluso en circunstancias que amenazaron su vida. Sin embargo, a donde quiera que Dios lo llevó, él estaba contento en su espíritu, por lo cual su corazón tenía la motivación constante de perseverar. Incluso cuando fue apresado, no se sintió derrotado ni perdió su contentamiento. Más bien, hizo todo lo que pudo por hacer avanzar el Evangelio y alentar a las primeras iglesias. Muchas de las cartas que tenemos en el Nuevo Testamento fueron escritas por Pablo desde la celda de una prisión ¡Incluyendo la carta a los Filipenses que habla del contentamiento!

¿En qué celda estas viviendo en este momento? ¿Qué circunstancias están amenazando con atraparte y evitar que avances en tu caminar con Dios? Ten cuidado; un espíritu descontento solo te va a llevar a la amargura, al enojo, y a la frustración, y va a evitar que avances hacia la vida abundante que Dios ha planeado para ti. ¿Qué hubiera pasado si Pablo se hubiera sentado en su celda, sintiendo compasión de sí mismo y hubiera dicho: "Esto no es justo. Yo no debería estar aquí. Mi ministerio se acabó"? ¡No tendríamos algunas de las enseñanzas más grandes de la Biblia! ¿Tú también puedes estar contenta y permitirle a Dios que obre a través de ti a pesar de las dificultades que enfrentas?

TÚ DECIDES

Como mujeres positivas debemos tomar decisiones positivas cada día. Mi esperanza es que este libro te haya animado a hacer exactamente eso. Le pido a Dios que tú puedas:

- Decidir tener fe en lugar de duda.
- Decidir buscar la sabiduría en lugar de vagar sin dirección en la vida.
- Decidir orar en lugar de preocuparte y asustarte.
- Decidir experimentar gozo en lugar de amargura.
- Decidir amar en lugar de odiar.
- Decidir vivir con valentía en lugar de en temor.
- Decidir tener esperanza en lugar de desaliento.
- Decidir vivir con entusiasmo sabiendo que Dios tiene un propósito y un plan para tu vida, y que Él te dará la fuerza para llevarlo a cabo.

¡Persevera! Avanza victoriosamente en el camino que Dios ha puesto delante de ti, a pesar de los obstáculos y las zanjas inevitables. No desperdicies el tiempo quejándote de lo que está mal, de lo que no tienes o de lo que otras personas están haciendo o pensando. Celebra lo que está bien en tu vida. Disfruta lo que tienes. Y sobre todo, disfruta de estar con las personas a las que amas.

Como mujer positiva, puedes ser un faro de luz brillando en un mundo oscuro. Puedes ser un vaso del amor de Dios, de su gozo de su perdón y de su esperanza en un mundo con una gran necesidad por cada una de esas cosas. Nunca subestimes la influencia poderosa que puedes tener sobre tu familia, tus amigas y el mundo que te rodea. Después de todo, el poder de la mujer positiva no es tu poder, sino el de Dios.

PUNTO DE PODER

Lee: Hechos 18:2, 18,24-26; Romanos 16:3-4; y 1 Corintios 16:19. ¿Cuál fue el papel que desempeñó Priscila en la primera iglesia? ¿Cuáles eran los dones que al parecer tenía? ¿Cuál de los siete principios de una mujer positiva puedes ver obrando en su vida? ¿Crees que sus acciones hayan tenido consecuencias eternas?

Ora: ¡Señor, tú eres un maravilloso y amoroso Padre celestial! Tú perdonas mis pecados y sanas mis enfermedades. Redimes mi vida del foso y me coronas con amor y misericordia. Renuevas mis fuerzas como las del águila. ¡Te amo, Señor! Ayúdame a seguir avanzando en mi caminar contigo. Enséñame con ternura y guíame a lo largo del camino, y ayúdame a tomar decisiones positivas cada día. Ayúdame a perseverar para tu gloria hasta el día en que me encuentre contigo cara a cara. En el nombre de Jesús, amén.

 Recuerda: "Y todo lo que hagáis, hacedlo de corazón, como para el Señor y no para los hombres" (Colosenses 3:23).

 Practica: Hojea una vez más este libro y subraya o aparta con un clip las páginas y los pasajes que fueron particularmente importantes para ti. Repasa los versículos a memorizar al final de cada capítulo y determina aplicarlos a tu vida desde este día en adelante.

NOTAS

Introducción: La aventura más grande

1. Adaptado de: Edward Rowell and Bonnie Steffen; *Humor for Preaching and Teaching* (Humor para predicar y enseñar); Baker Books; Grand Rapids, Mich.; 1996; 176.

Capítulo 1: Es cosa de mujeres

1. Adaptado de: *Comentario exegético devocional a toda la Biblia por Matthew Henry;* Libros Clíe; 1983; 6 (del original en inglés).
2. Edith Deen; *All the Women of the Bible*(Todas las mujeres de la Biblia); Castle Books; Edison; N.J.; 1955; 69.
3. J. C. Webster and K. Davis, ed.; *A Celebration of Women* (Celebración de la mujer); Watercolor Books; Southlake, Tex.; 2001; 171.
4. Peggy Anderson; *Great Quotes from Great Women* (Grandes frases de grandes mujeres); Celebrating Excellence Publishing; Lombard, Ill.; 1992; 62.
5. Mabel Bartlett and Sophia Baker; *Mothers-Makers of Men* (Las madres: hacedoras de hombres); Exposition Press; New York; 1952; 92.
6. Anderson; *Great Quotes from Great Women;* 11.
7. Gail Rolka; *One Hundred Women Who Shaped World History (Cien mujeres que definieron la historia mundial*); Bluewood Books; San Mateo, Calif.; 1994; 97.
8. Robert Schwaneberg; "Stop the Trains!"(Detengan los trenes); *Readers Digest;* December 2001; 67.

Capítulo 2: Un ajuste perfecto

1. Webster and Davis; *A Celebration of Women;* 146.
2. Kenneth w; Osbeck; *101 Hymn Stories* (101 historias detrás de los himnos); Kregel Publications; Grand Rapids, Mich.; 1982; 167.
3. Ibid.; 43-44.
4. Frank S. Mead, ed.; *12,000 Religious Quotations* (Doce mil frases religiosas); Baker Book House; Grand Rapids, Mich.; 1998; 448.

Capítulo 3: La carrera de la vida

1. Wendy Northcutt; *Los premios Darwin;* Santillana; Julio; 2003
2. Richard J. Foster and Emilie Griffin, ed.; *Spiritual Classics* (Clásicos espirituales); Harper Collins; New York; 2000; 360.
3. Michael Collopy; *Works of Love Are Works of Peace* (Las obras de caridad son obras de paz); Ignatius Press; Fort Collins, Colo.; 1996; 98.

4. Corrie ten Boom with Jamie Buckingham; *Tramp for the Lord* (Vagabunda de Dios); Revell Company; Old Tappan, N.J.; 1974; 12.

5. *At Home Live with Chuck and Jenny* (En casa en vivo con Chuck y Jenny); Family Network; Inc.; 26 de septiembre; 2001.

Capítulo 4: Una renovación espiritual total

1. Croft M. Pentz; ed.; *The Speakers Treasury of Four Hundred Quotable Poems* (El tesoro del conferenciante: cuatrocientos poemas citables); Zondervan Publishing House; Grand Rapids, Mich.; 1963; 159.

2. Walter Hooper, ed.; *Dios en el banquillo*; Andres Bello; mayo 1996; 55 (de la versión en inglés).

3. Jim Cymbala; *Poder vivo;* Vida Publishing; 2001.

4. Mead; *12,000 Religious Quotations;* 134.

5. Ibid.; 135.

6. Ibid.; 135.

7. John Blanchard; *More Gathered Gold* (Más oro reunido); Evangel Press; Hertfordshire, England; 1986; 94.

8. Joe Simnacher; *Dallas Morning News* (Noticias matutinas de Dallas); Martes 29 de noviembre; 2001; A33; 39.

9. Anderson; *Great Quotes Great Women;* 99.

10. Simnacher; *Dallas Morning News;* A33; 39.

Capítulo 5: Más preciosa que los rubíes

1. Roy B. Zuck; *The Speakers Quote Book* (El libro de frases para el orador); Kregel Publications; Grand Rapids, Mich.; 1997; 411.

2. Michael Caputo; *God Seen through the Eyes of the Greatest Minds* (La forma en que las mentes más brillantes vieron a Dios); Howard Publishing; West Monroe, La.; 2000; 165.

3. Gorton Carruth and Eugene Ehrlich; *American Quotations* (Frases estadounidenses); Grarnercy Books; Nueva York; 1988; 599.

4. Angela Beasley; *Minutes from the Great Women's Coffee Club* (La minuta del gran club de café femenil); Walnut Grove Press; Nashville; 1997;97.

5. William J. Federer; *America's God and Country* (El país y el Dios de Estados Unidos); Fame Publishing; Coppell, Tex.; 1994; 255.

6. Stephen Abbott Northrop; D.D.; *A Cloud of Witnesses* (Una nube de testigos); American Heritage Ministries; Portland, Oreg.; 1987; 285.

7. Ibid.; 484.

8. Zuck; *The Speakers Quote Book;* 411.

9. Ibid.

10. *The Pocket Book of Quotations;* Pocket Books; Inc.; Nueva York; 1942; 437.

Capítulo 6: Obtén sabiduría

1. Glenn Van Ekeren; *Speakers Sourcebook II* (El libro fuente del orador); Prentice Hall; Englewood Cliffs, N.J.; 1994;176-177.
2. Helen Kooiman Hosier; *One Hundred Christian Women Who Changed the Twentieth Century* (Cien mujeres que transformaron el siglo XX); Fleming H. Revell; Grand Rapids, Mich.; 2000; 238-241.
3. Ibid.
4. John Bartlett; *Barletts Familiar Quotations* (Frases familiares de los Barlett); Brown and Company 1855; Boston, Little; 1980; 593.
5. Anderson; *Great Quotes by Great Women*; 99.

Capítulo 7: Equipaje de sobra

1. Blanchard; *More Gathered Gold*; 227.
2. C.S. Lewis; *Letter to Malcolm: Chiefly on Prayer* (Carta Malcom: principalmente sobre la oración); Harcourt Brace Javanovich; Nueva York; 1964; 28.

Capítulo 8: Una guía sencilla para orar con eficacia

1. Knight; *Four Thousand Illustrations* (Cuatro mil ilustraciones); 485.
2. Hank Hanegraaff; *La Oración de Jesús*; Caribe Betania; Junio 15, 2002.
3. Rowell and Steffen; *Humor for Preaching and Teaching*; 135.
4. Blanchard; *More Gathered Gold*; 318.
5. Richard J. Foster and James Bryan Smith; *Devotional Classics* (Clásicos devocionales); San Francisco; Harper Collins; 1993; 320. 118.
6. Knight; *Four Thousand Illustrations*; 489.
7. *More of Gods Words of Life for Women* (Más de las palabras de vida para mujeres); Grand Rapids; Mich.; Zondervan Gifts; 2000; 207.

Capítulo 9: Llénate de gozo

1. Zuck; *The Speakers Quote Book;* 215.
2. Usado con permiso del autor.
3. Edward K. Rowell ed.; *Quotes and Idea Starters for Preaching and Teaching* (Citas y pensamientos inspiradores para predicar y enseñar); Grand Rapids; Mich.; Baker Book House; 1996; 92.
4. Knight; *Four Thousand Illustrations;* 347.

Capítulo 10: Mi vida es un circo de tres pistas

1. *The Secrets of Joy: A Treasury of Wisdom* (Los secretos del gozo: un tesoro de sabiduría); Philadelphia; Running Press; 1995; 23.
2. Ibid.; 18.
3. Gary Smalley; *Food and Love* (La comida y el amor); Wheaton; Ill.;

Tyndale House Publishers; 2001; 41.

4. John Cook; *The Book of Positive Quotations* (El libro de las frases positivas); Minneapolis; Fairview Press; 1997; 89.

5. Adapted from Jean Lush; *La mujer y el estrés;* Ballantine Books; Agosto; 1998.

Capítulo 11: Poco tiempo, muchas amistades

1. Alan Loy McGinnis; *The Friendship Factor* (El factor amistad); Minneapolis; Augsburg Publishing House; 1979; 25-26.

2. Dale Carnegie; *Cómo ganar amigos e influir sobre las personas;* Sudamericana; 1999.

3. Lewis C. Henry, ed.; *Five Thousand Quotations for All Occasions* (Cuatro mil citas para toda ocasión); Garden City; N.Y.; Double Day; 1945; 120.

4. Angela B. Freeman; *One Hundred Years of Women's Wisdom* (Cien años de sabiduría femenina); Nashville; Walnut Grove Press; 1999; 59.

5. Zuck; *The Speakers Quote Book;* 158.

6. Louise Bachelder, ed.; *A Selection on Friendship* (Selecciones sobre la amistad); White Plains; N. Y.; Peter Pauper Press; Inc.; 1966; 58.

7. *God's Little Devotional Book for Couples* (El pequeño libro devocional de Dios para parejas); Tulsa; Honor Books; 1995; 118.

8. Bachelder; *A Selection on Friendship;* 1.

9. Ibid.; 25.

Capítulo 12: Compasión ingeniosa

1. Knight; *Four Thousand illustrations;* 395.

2. Anderson; *Great Quotes from Great Women;* 19.

3. Webster and Davis; *A Celebration of Women;* 191.

Capítulo 13: Con tacones en camino de tierra

1. K. Golden and B. Findlen; *Remarkable Women of the Twentieth Century* (Mujeres sobresalientes del siglo XX); Nueva York; Friedman Publishing Group; 1998; 20.

2. D. Heyman; "Women of the Year" (Mujer del año) *US Weekly* (Estados Unidos semanal); 10 de diciembre; 2001; 55.

3. Hosier; *One Hundred Christian Women;* 198.

Capítulo 14: Enfrenta tus temores

1. Blanchard; *More Gathered Gold;* 102.

2. Zuck; *The Speakers Quote Book;* 151.

3. Blanchard; *More Gathered Gold;* 102.

4. Usado con el permiso de Dana Crawford; Dallas; Texas.

Capítulo 15: Deja de quejarte y comienza a sonreír

1. Gary Thomas; *Christianity Today* (Cristianismo hoy); 3 de diciembre de 1994.
2. Zuck; *The Speakers Quote Book*; 199.
3. Anderson; *Great Quotes from Great Women*; 11.
4. Cook; *Positive Quotations*; 285.
5. Knight; *Four Thousand Illustrations*; 471.
6. Cook; *Positive Quotations*; 288.
7. *The Secrets of Joy*; 111.
8. Blanchard; *More Gathered Gold*; 156.

Capítulo 16: Bocadillos deliciosos

1. Abigail Van Buren; "Dear Abby" (Querida Abby); Universal Press Syndicate; 13 de octubre; 2001.
2. Cook; *Positive Quotations*; 271.
3. *The Power of Hope* (El poder de la esperanza); New York; Inspirational Press; 1976; 141.
4. Cook; *Positive Quotations*; 272.

Conclusion: ¡Persevera!

1. Edward K. Rowell, ed.; *Fresh Illustrations for Preaching and Teaching* (Ilustraciones frescas para predicar y enseñar); Grand Rapids; Mich.; Baker Book House; 1997; 156.
2. Knight; *Four Thousand Illustrations*; 474.
3. Van Ekeren; *Speakers Sourcebook*; IL; 279-280.
4. Jennifer McKnight-Trontz; *Yes You Can* (Sí, tú puedes); San Francisco; Chronicle Books; 2000; 22.
5. Zuck; *The Speakers Quote Book*; 131.

ACERCA DE LA AUTORA

Karol Ladd está influenciando de manera positiva a las mujeres de hoy que saben que tienen un propósito. Es egresada de la universidad Baylor y ha escrito doce libros incluyendo su libro de éxito, *El poder de una madre positiva*. Karol, quien antes de escribir libros se dedicaba a la docencia, ahora aplica sus habilidades de liderazgo para comunicar un mensaje de esperanza a las mujeres de todos los sectores de la sociedad. Su personalidad vivaz ha hecho de ella una conferencista popular que habla con una gran cantidad de grupos y organizaciones de mujeres cada año. Participa en los consejos de dirección de diversas instituciones y es la presidenta del ministerio Positive Life Principles, Inc. (Principios para una vida positiva, Inc) Karol vive en la ciudad de Dallas, Texas, con su marido Curt y sus hijas Grace y Joy.

Puedes obtener más información acerca de Karol en la siguiente dirección:

www.positivelifeprinciples.com